Thomas Grüter

Faszination Apokalypse

Mythen und Theorien vom Untergang der Welt

Scherz

MIX
Papier aus verantwortungsvollen Quellen
FSC® C023842

www.fischerverlage.de

Erschienen bei Scherz, einem Unternehmen
der S. Fischer Verlag GmbH, Frankfurt am Main

Satz: Dörlemann Satz, Lemförde
Druck und Bindung: Bercker Graphischer Betrieb GmbH, Kevelaer
Printed in Germany

ISBN 978-3-502-15192-0

Inhalt

Einführung

Das kleine Dorf Bugarach unweit der Pyrenäen in Südfrankreich hat ein Problem: Es werde, so behaupten einige Esoteriker, den bevorstehenden Weltuntergang überleben. Ein außerirdisches Raumschiff soll am nahe gelegenen Berg Pic de Bugarach unter der Erde warten, um pünktlich zum Weltende einige glückliche Erdbewohner mit in den Weltraum zu nehmen. Eigentlich müsste das die Dorfbewohner nicht interessieren, aber bereits seit 2010 haben sich immer mehr UFO-Gläubige auf den Weg nach Bugarach gemacht, um noch ein Ticket für das fliegende Rettungsboot zu ergattern. Sie erwarten das Weltende bereits am 21. 12. 2012, und da wird es Zeit. Die 189 Dorfbewohner fühlen sich zunehmend genervt.

»Viele kommen und beten am Berg. Einen habe ich gesehen, wie er völlig nackt irgendein Ritual vollführt hat«, klagt der Bürgermeister Jean-Pierre Delord.

Sigrid Benard, die das Gasthaus »Maison de la Nature« betreibt, berichtet, dass neuerdings zwei Drittel ihrer Gäste Esoteriker sind. Einige haben in der Nähe Grundstücke gekauft und bereitwillig horrende Preise bezahlt. Die Einheimischen sehen sich einer plötzlichen Teuerung ausgesetzt, die es ihnen immer schwieriger macht, Grund und Boden zu erwerben.

Für die Esoteriker lohnt sich die Investition. Delord berichtet über seltsame sektenartige Seminare für bis zu 800 Euro pro Woche. »Für diesen Preis treffen sie einen Guru, werden auf eine Prozession geführt, können sich taufen lassen und was für einen Blödsinn sonst noch, alles gegen Bargeld.«

Die Einheimischen fürchten, dass im Dezember 2012 ganze Horden von Weltuntergangsflüchtlingen in das Dorf einfallen.

»Das ist nicht zum Lachen«, sagt Bürgermeister Delord. »Wenn morgen zehntausend Leute auftauchen sollten, dann kann ein Dorf von zweihundert Einwohnern damit nicht fertig werden. Ich habe die Regionalverwaltung über unsere Befürchtungen informiert, und ich möchte, dass im Dezember 2012 die Armee bereitsteht, wenn es nötig sein sollte.«

Warum ausgerechnet am 21. 12. 2012? Zu diesem Zeitpunkt endet angeblich der Mayakalender, und die Mayas haben ihre Zeitrechnung offenbar so abgepasst, dass sie genau mit dem Weltuntergang aufhört. Nun endet an jedem 31. Dezember mein Wandkalender, ohne dass ich je befürchtet habe, die Welt werde untergehen. In den achtziger Jahren behauptete der Esoteriker José Argüelles, dass mit dem Ende des Mayakalenders auch das Ende der Geschichte kommen werde. Das war zwar noch kein Weltende, aber es klang gut. Deshalb haben viele andere die Idee aufgegriffen und zu einem veritablen Untergangsszenario ausgebaut.

Das hat wiederum die seriösen Forscher auf den Plan gerufen, die darauf hinweisen, dass der Kalender nicht endet, sondern nur umspringt, etwa wie unsere Zeitrechnung von 1999 auf 2000. Vielleicht aber auch nicht, denn der Anfang der Mayazeitrechnung ist nicht sicher bekannt. Nur wenn er auf den 11. August 3114 v. Chr. fällt, wäre jetzt ein größerer Periodenwechsel fällig. Weil die Mayakultur jedoch erlosch, bevor jemand eine korrekte Umrechnung erstellen konnte, kennt niemand den Nullpunkt des Mayakalenders mit ausreichender Sicherheit.

Das Märchen vom Raumschiff unter dem Berg bei Bugarach ist ein klassischer Erlösungsmythos. Der Ablauf ist immer gleich: Die Welt geht unter, aber einige Glückliche werden wundersam gerettet und begründen eine neue, bessere Menschheit. Schon antike Mythen und Sagen berichten davon, dass es vor unserem Zeitalter bereits andere gegeben hat, die aber durch eine große Katastrophe zerstört wurden. Oft geht dem Untergang eine *Endzeit* voraus. In ihr zerfallen die göttliche Ordnung und die menschliche Moral. Wenn die Welt erst zu einem Misthaufen verkommen ist, so lautet das Fazit der Mythen, ist eine Grundreinigung unausweichlich. Einige wenige Auserwählte dürfen danach eine neue bessere Welt aufbauen.

Die Zerstörung kann natürlich jederzeit wieder erfolgen. Viele Religionen prophezeihen ein zyklisches Weltende (Hinduismus) oder ein einmalig-endgültiges (Christentum oder Islam).

Christen und Muslime erwarten im Vorfeld gewaltige göttliche Zeichen und erdumspannende, verzweifelte Kämpfe der wenigen Guten gegen die Heerscharen des übermächtigen Bösen. Mit göttlicher Hilfe werden aber die Guten siegen. Sobald das geschehen ist, wird Gott ein Weltgericht abhalten. Es folgt eine zeitlose Welt des Friedens, in der die von den Toten auferstandenen Gläubigen und Gerechten ewig und in Freude leben, während die Gottlosen und Sündigen in der Hölle schmoren. Nichts hat die Kultur von Christen und Muslime so sehr geprägt wie der Glaube an die finale göttliche Gerechtigkeit. Er durchdringt ihre gesamte Kultur und beeinflusst nicht nur die Gläubigen, sondern auch Wissenschaftler und Politiker, ja, die gesamte Grundhaltung der Völker.

Die Endzeit- und Weltuntergangserwartung der Christen und Muslime hat vier wichtige Komponenten:

- Der zentrale Konflikt in der Welt spielt sich zwischen den Polen Gut (Gott) und Böse (Teufel) ab. Das ist keineswegs selbstverständlich: In der Antike gab es zwar das Ideal eines tugendhaften Lebens, aber nicht den alles beherrschenden Gegensatz zwischen Gut und Böse.
- Gott verkörpert eine absolute Gerechtigkeit, die nicht nur das Verhältnis der Menschen untereinander regelt, sondern auch ihre innersten Gedanken erkennt und beurteilt.
- Gott wird eines selbstgewählten Tages einen Gerichtstag abhalten und die bis dahin aufgeschobene Gerechtigkeit durchsetzen. Danach zerstört er die Welt und ersetzt sie durch einen Ort ewiger Belohnung oder ewiger Strafe. Glaube und ein den göttlichen Gesetzen entsprechendes Leben führt zur Belohnung (Erlösung), böse Taten oder Unglaube zur Bestrafung.
- Unmittelbar davor verschlimmert sich der Zustand der Welt im Sinne einer Endzeit, die ein (scheinbares) Erstarken des Bösen

mit sich bringt. Der Zerfall der Ordnung und des Rechts darf deshalb als Zeichen der bevorstehenden Ausübung universeller Gerechtigkeit gesehen werden.

Dieses Weltbild wird bereits Kindern eingeprägt. Selbst der als wissenschaftliche und atheistische Theorie angelegte Marximus-Leninismus predigt den Glauben an Endzeit und Erlösung. So paradox es klingen mag: Er wurzelt tief im christlichen Weltbild.

Der sogenannte Transhumanismus des beginnenden 21. Jahrhunderts zeigt ähnliche Züge. Er propagiert die Überwindung von Krankheit und Tod durch die Verbindung von Mensch und Computer. Im Verlauf einer Endzeit, die noch in diesem Jahrhundert beginnen soll, werden sich Menschen mit Computern zu gottgleichen, machtvollen und unsterblichen Wesen vereinen.

Der Ursprung und die Entwicklung des Endzeit- und Weltgerichtsglaubens sind ein wichtiger, wenn nicht der wichtigste Schlüssel zum Verständnis unserer christlichen Kultur und des Islam. Nicht nur die Religion, auch die Literatur ist fasziniert vom Weltende. Im Mittelalter und in der frühen Neuzeit war der Weltuntergang kein Thema, weil die Bibel den Fahrplan eindeutig vorgab. Allenfalls über die Auslegung konnte man streiten (wovon die Theologen auch ausgiebig Gebrauch machten). Die Aufklärung und die aufkommenden Naturwissenschaften drängten im 18. Jahrhundert den Einfluss der Theologie zurück, und im 19. kamen immer mehr Bücher auf den Markt, die sich mit dem Aussterben der Menschheit befassten. Heute ist die apokalyptische Literatur ein eigenes Genre. Dabei ist das alte Thema der Hybris und des blinden Stolperns in ein absehbares Verderben immer noch das vorherrschende Thema.

Aber auch die Wissenschaft hat sich mit der Zukunft der Zivilisation, der Menschheit, der Erde und des Kosmos befasst. Nachdem die Menschheit mehr als sechs Jahrzehnte des atomaren Wettrüstens überlebt hat, nehmen die meisten Menschen diese Bedrohung kaum noch wahr. Aber noch immer reichen die Waffenarsenale der Atommächte aus, um die Erde in die Steinzeit zurückzubomben.

Heutzutage drehen sich die meisten Weltuntergangsszenarien eher um die Frage, ob die Menschen die bevorstehende Verknappung und Verteuerung wichtiger Rohstoffe verkraften können oder ob die Zivilisation daran scheitern wird. Wenn wir es nicht selber schaffen, uns auszurotten, könnte uns eventuell die Natur diese Aufgabe abnehmen. Letztlich sind wir darauf angewiesen, dass die Erde ein lebensfreundlicher Ort bleibt, eine Temperaturerhöhung oder -absenkung um nur 20 Grad Celsius über zwei Jahre würde die Menschheit vermutlich nicht überleben.

Das alles ist, wie wir sehen werden, recht unwahrscheinlich. Die größte Gefahr für das Überleben der Menschheit ist immer noch die Menschheit selbst. Aber auch wenn die Menschen die Erde und das Sonnensystem überwinden und die Milchstraße erobern, werden sie eines Tages aussterben, denn irgendwann endet sogar das Universum. Noch weiß niemand genau, ob es zusammenstürzen oder einen stillen Tod durch die Auflösung aller Materie sterben wird. Der endgültige Tod des Universums wird unbeobachtet bleiben, denn intelligentes Leben wird bereits einige Zeit vorher nicht mehr möglich sein. Dieses Thema werden wir ganz zum Schluss behandeln, zunächst wollen wir die vielfachen Vorstellungen der Religionen zum Weltende nachzeichnen.

1 Religion

Die Religionen der Welt unterscheiden sich in ihren Erzählungen vom Weltende ebenso sehr wie in den Schöpfungsgeschichten. Einige kennen kein definiertes Weltende, andere ein äußerst konkretes, und wieder andere sehen die Welt in einem Zyklus aus Erschaffung und Zerstörung gefangen. Daneben berichten viele heilige Schriften von vergangenen Weltuntergängen, von Beinahe-Katastrophen, die jeweils nur ganz wenige Menschen überlebt haben.

Fingerübungen für das Ende: Mythen von Beinahe-Katastrophen

Antike: Vier Zeitalter, Götterzorn und fahrlässige Brandstiftung

In der antiken griechischen, römischen, keltischen oder ägyptischen Mythologie gab es kein ausdrückliches Weltende. Warum auch? Die Welt der griechischen Götter erinnert an eine dekadente Adelsgesellschaft, der Olymp an eine mykenische Burg. Anders als Christen und Juden haben die Griechen und Römer kein Gesamtwerk religiöser Mythen und Sagen verfasst, wie es die Bibel darstellt. Woher stammt dann unser umfangreiches Wissen um die Familiengeschichte und die Taten der antiken Götter? Die vielen verstreut überlieferten Geschichten stammen bei genauer Betrachtung aus nur wenigen Quellen, und zwar aus der *Ilias* und *Odyssee* von Homer, der *Theogonie* des Hesiod und den *Metamorphosen* von Ovid.

Die ersten beiden geben einen recht frühen Stand des griechischen Götterglaubens wieder. Homer schrieb vermutlich im 8. Jahrhundert v. Chr., Hesiod im 7. Jahrhundert. Die *Theogonie* ist ein Lehrgedicht, das in knapper Form die Götterwelt und ihre Sagen vorstellt. Sie ist auch heute noch die wichtigste Quelle, wenn es um das Gesamtbild der griechischen Götterwelt geht. Der römische Dichter Ovid hat in seinem Hauptwerk, den *Metamorphosen*, 700 Jahre später viele der alten Motive aufgenommen und dichterisch ausgestaltet. Möglicherweise hat sich Ovid noch auf weitere Quellen gestützt, die aber verloren oder nur in Fragmenten bekannt sind. Ganz sicher aber kannten weder Römer noch Griechen eine verbindliche heilige Schrift mit einer Liste von Glaubenssätzen.

Im Grunde gleichen die Mythen über Zeus, Hera, Apollon und Aphrodite einer amerikanischen Soap-Opera, die uns in endlosen Fortsetzungen die Abenteuer des Götter-Clans ausmalt. Nach jeder Folge wird die Ausgangssituation sorgfältig wiederhergestellt, die Gegenwart dauert ewig, eine Zukunft ist den Göttern nicht beschieden. Immerhin haben sie eine Vergangenheit: Sie wurden geboren oder sind entstanden. Zeus' Vater hieß Kronos, sein Großvater Uranos. Sie waren Titanen, urwüchsige, ungehobelte Protogötter (Göttervorstufen) mit einem eher abstoßenden Benehmen. Kronos pflegte seine Kinder aufzufressen, denn ihm war prophezeit worden, sein Sohn werde ihn einst stürzen. Zeus entkam diesem Schicksal und überwältigte Kronos. Dann zwang er ihn, seine Geschwister wieder auszuspeien. Als Götter waren sie unsterblich und hatten deshalb überlebt. In einem langen Krieg, der Titanomachie (dem Titanenkampf), besiegte Zeus mit seinen Verbündeten die alten Götter und verbannte die meisten von ihnen in den Tartarus, den Strafort der Unterwelt.

Ovid verwendet in seinen Erzählungen die römischen Götternamen, nicht die griechischen, wobei der Inhalt der Mythen aber unverändert bleibt. Aus Zeus wird bei ihm Jupiter, Helios, der Sonnengott, heißt Phoebus, und der Meeresgott Poseidon hört auf den Namen Neptun. Die Übersetzung von Götternamen war in der Antike durchaus üblich. Man ging davon aus, dass die Essenz, das Wesen eines Gottes gleich blieb, auch wenn die Völker ihm einen eigenen Namen gaben.

Die antiken Götter waren keine moralischen Vorbilder und keine gerechten Richter, im Gegenteil, sie logen und betrogen, sie raubten Frauen und ermordeten Menschen aus Wut oder Neid. Nicht nur die Götter, auch die Göttinnen vergnügten sich gerne mit geeigneten menschlichen Partnern, und zwar keineswegs nur mit deren Zustimmung. Anders als im Christentum und im Islam wurde niemand im Jenseits für seine Taten belohnt oder bestraft, alle Menschen endeten als Schatten in einer tristen Unterwelt. Nur ausgewählte Helden oder die sterblichen Nachkommen von Göttern durften hoffen, in die elysischen Gefilde aufgenommen zu werden. Dort herrschte ewiger Frühling, Rosen wuchsen auf den Wiesen, und ein süßer Trank ließ alle irdischen Leiden vergessen. Normale Sterbliche, ganz gleich wie tugendhaft oder heldenmütig sie auch waren, hatten dort keinen Zutritt. Sie mussten nach ihrem Tod unweigerlich ins Schattenreich hinabsteigen.

Die Idee eines Jüngsten Gerichts oder auch nur eines individuellen Richterspruchs nach dem Tod des Einzelnen war den Griechen und Römern der Antike fremd. Dennoch gab es auch in ihrer Mythologie Weltuntergänge, aber sie lagen wie die Sintflut der Bibel in der fernen Vergangenheit. Ovid gibt sie ausführlich wieder.

Drei Zeitalter, so schrieb er, seien bereits vergangen: Das Goldene, das Silberne und das Eherne. Im Goldenen Zeitalter herrschte ein ewiger Frühling. Die Menschen waren aus eigenem Antrieb ehrlich und friedlich. Es gab keine Verbrechen und keine Kriege. Der Boden musste nicht bestellt werden, die Erde spendete freiwillig ihre Gaben. Krankheiten und Gebrechen waren unbekannt. Im nachfolgenden Silbernen Zeitalter kamen die Jahreszeiten auf, die Menschen brauchten Schutz vor schlechtem Wetter und mussten ihr Brot mit der mühsamen Arbeit auf dem Acker verdienen. Auch ihre Gesundheit ließ deutlich nach. Das Bronzene oder Eherne Zeitalter gehörte den Helden des Krieges. Sie waren schwer bewaffnet und grausam, aber noch immer tugendhaft.

Die Menschen der Antike sahen sich selbst im vierten Zeitalter, dem des Eisens, des unansehnlichsten der Metalle. Auch die Menschen wurden schlechter, die Moral litt, und ein gewisser König Lycaon wagte es sogar, dem als Gast bei ihm weilenden Jupiter Menschenfleisch vorzusetzen. Der Göttervater durchschaute ihn aber und verwandelte ihn in einen Wolf (griechisch: Lykos = der Wolf). Immer noch wütend, beschloss er dann, die ganze Erde zu vernichten. Den übrigen Göttern passte das nicht: Wollte Jupiter die Erde etwa den wilden Tieren übereignen? Aber nein, er versprach ihnen, bessere Menschen zu schaffen, wenn er die gegenwärtige Sündenbrut erst ausgerottet hatte. Schon wollte er mit gewaltigen Blitzen die Menschen verbrennen, da fiel ihm ein, dass er damit vielleicht den Äther in Brand setzte, der wiederum die Himmelsachse entzünden konnte. Das wäre sogar für die unsterblichen Götter gefährlich gewesen. Also entschied sich Jupiter für eine große Flut. Er ließ es regnen, wochenlang, monatelang, die Krume saugte sich voll, die Ernte verfaulte auf den Feldern. Jupiters Bruder, der Meeresgott und Erderschütterer Neptun, half ihm: Er ließ die Quellen übersprudeln und die Flüsse über die Ufer treten. Erdbeben öffneten dem Wasser neue Wege. Die Menschen retteten sich in Boote und auf Flöße. »Alles war Meer, und dem Meer fehlte jegliche Küste«, schreibt Ovid. So ertranken Menschen und Tiere. Die wenigen, die sich auf improvisierte Flöße retten konnten, mussten jämmerlich verhungern. Nur ein Ehepaar überlebte: Deucalion und Pyrrha. Ihr Floß war am Gipfel des Parnassgebirges gestrandet, dem letzten Stück Land, das noch aus dem Wasser ragte. Da beschloss Jupiter, dem Regen ein Ende zu setzen, denn die beiden waren tugendhaft und fromm, genau richtig für einen Neuanfang. Neptun befahl Triton, sein Horn zu blasen und die Wasser zurückzurufen.

Als das Wasser sank, stellte Deucalion entsetzt fest, dass seine Frau und er die letzten lebenden Menschen waren. Sie beschlossen, den in der Nähe liegenden Tempelbezirk von Delphi aufzusuchen und die Göttin Themis um Rat zu fragen. In einem Orakelspruch empfahl sie ihnen, »den Tempel zu verlassen, ihr Haupt zu verhüllen, die Gürtel der Gewänder zu lösen und die Knochen der großen Mutter hinter sich zu werfen«.

Nach einigem Überlegen erklärte Deucalion, die große Mutter sei vermutlich die Erde und ihre Knochen müssten Steine sein. Aber warum sollten sie Steine über die Schultern nach hinten werfen? Weil es immerhin nicht schaden konnte, wagten sie einen Versuch. Aus den Steinen, die Pyrrha warf, wuchsen Frauen, aus denen des Deucalion Männer.

»Deshalb sind wir ein harter, schwer arbeitender Menschenschlag und bekunden so, woraus wir geboren sind«, schließt Ovid seine Erzählung mit lakonischem Humor.

Bei anderer Gelegenheit erzeugte Phaeton, der Sohn des Sonnengottes Phoebus (griechisch Helios), unabsichtlich einen Weltbrand. Phoebus hatte den Phaeton mit der Meeresnymphe Klymene gezeugt, aber seinen Sohn noch nie gesehen. Vielleicht hatte er bei den vielen Nymphen, die seinen Weg gekreuzt hatten, einfach die Übersicht verloren. Auf jeden Fall freute sich Phoebus, als Phaeton ihn eines schönen Tages besuchen kam und sich als sein Sohn zu erkennen gab. Der überraschte Vater versprach, er werde Phaeton einen Wunsch erfüllen. Dieser bat darum, einen Tag lang den Sonnenwagen über den Himmel fahren zu dürfen. Das war ein vermessener Wunsch, denn nur ein Unsterblicher konnte die wilden Rosse auf dem Pfad der Sonne halten, und selbst unter den Göttern traute nur Phoebus sich diese Aufgabe zu. Phaeton aber war sterblich. Phoebus erklärte seinem Sohn die Lage und schlug vor, er möge sich etwas anderes wünschen. Aber Phaeton bestand darauf, den Sonnenwagen zu fahren. Versprochen war versprochen, und trotz aller väterlichen Bedenken durfte er mit der Morgendämmerung des nächsten Tages den Wagen über den Himmel lenken. Schon nach kurzer Zeit verlor er die Kontrolle über Pferde und Weg. Der Wagen raste in wilden Schleifen über den Himmel und kam der Erde zu nahe. Städte und Wälder gerieten in Brand, Flüsse verdampften. Bei dieser Gelegenheit entstand die Libysche Wüste, und der Nil versteckte seinen Kopf (seine Quelle). Die Quelle des Nils gehörte in der Tat zu den großen Geheimnissen der Antike. Schließlich schoss Jupiter den unfähigen Wagenlenker mit einem Blitz von der Deichsel. Der Strahl tötete Phaeton auf der Stelle. Die Rosse rissen sich los, der Sonnenwagen brach in Stücke, und Phaeton stürzte vom Himmel in den Fluss Eridanos. Die hesperischen Najaden bargen und begruben ihn. Auf seinen Grabstein, berichtet Ovid, meißelten sie die Worte:

> »Hier liegt Phaeton, Lenker des väterlichen Wagens. Wenn er ihn auch nicht hielt, so fiel er immerhin bei einem kühnen Wagnis.«[1]

Einen Tag trauert der Sonnengott am Grab seines Sohnes, und es erschien keine Sonne am Himmel. Aber, so spottet Ovid, es brannte ja überall und so gab es genug Licht.

Vielleicht musste auch erst der Wagen repariert und die Pferde eingefangen werden. Wer diese unerfreuliche Aufgabe übertragen bekam, wird nicht berichtet. Aber vermutlich durfte Vulkan (griechisch Hephaistos), der Handwerker unter den Göttern, den Sonnenwagen in einer Nachtschicht wiederherrichten.

Die Erde wird geflutet

Götter scheinen gelegentlich Gefallen daran zu finden, die Menschen an den Rand des Aussterbens zu bringen. Und wenn man den Sagen vieler Völker Glauben schenken will, betrachteten sie eine große Überschwemmung als das geeignete Mittel (siehe Deucalion und Pyrrha). Das babylonische, in akkadischer Sprache abgefasste Atrachasis- oder Atrahasis-Epos ist mit einem Alter von mindestens 3700 Jahren der älteste schriftlich überlieferte Flutmythos der Welt. Ursprünglich, so beginnt die Geschichte, teilten sich drei Götter die Herrschaft über die Welt: An beherrschte den Himmel, Enlil die Erde und Enki die Quellen und den unterirdischen Süßwasser-

1 Es mag sein, dass der VW-Konzern beim Namen des Luxusautos Phaeton nicht den bekanntesten Bruchpiloten der Antike, sondern den gleichnamigen Kutschwagen im Sinn gehabt hat. Vielleicht hatten sie aber auch einen ganz besonderen Sinn für Humor.

ozean. Menschen gab es noch nicht, und die Götter wohnten auf der Erde. Auf der Stufe unter den herrschenden großen Göttern bilden sieben weitere die Aristokratie dieses archaischen Gemeinwesens, und der Rest – arbeitete. Irgendwann wurde ihnen das zu viel, und sie organisierten den ersten schriftlich bezeugten Streik der Geschichte. Enki, der auch Schöpfergott war, versprach ihnen Erleichterung und schuf mit der Muttergöttin Mama die Menschen, damit sie den Göttern zu Diensten waren. Diese Idee erwies sich als sehr erfolgreich, hatte aber beträchtliche Nebenwirkungen: Die Menschen vermehrten sich ungehemmt, und nach 1200 Jahren begann ihr Lärm den Göttern auf die Nerven zu gehen. Enlil beschwerte sich, dass er nicht mehr schlafen könne. Die Götter beschlossen, eine Seuche zu schicken. Der gelehrte Atrachasis (der überaus Weise) betete zu Enki, und der verhinderte das Schlimmste, indem er die Menschen anwies, dem Gott der Krankheiten zu opfern, damit die Seuche ein Ende habe. Der Sage nach war Atrachasis ein König und, wie der griechische Halbgott Prometheus (der Vorausdenkende), ein Kulturheros.

Nach weiteren 1200 Jahren schickten die Götter eine Dürre, dann eine Hungersnot, aber das alles half nur für eine gewisse Zeit, und bald herrschte wieder der übliche Lärmpegel. Schließlich wollte sich Enlil nicht mehr auf Kompromisse einlassen und beschloss, die gesamte Erde zu überfluten, um der Menschenplage ein für alle Mal ein Ende zu machen. Enki konnte ihn zwar nicht aufhalten, aber er bewegte den (offenbar äußerst langlebigen) Atrachasis dazu, eine Arche zu bauen. Wie Noach[2] rettete er darin seine Familie und alle Tierarten. Inzwischen ging den Göttern auf, dass sie soeben ihre Arbeiter und Diener umgebracht hatten, und sie litten Hunger und Durst. Nach sieben Tagen ging die Flut zurück, und Atrachasis brachte ein Dankopfer, um das sich die Götter »wie Fliegen« scharten. Enlil ärgerte sich, dass Enki ihn übertölpelt hatte, aber Enki

2 In der katholischen Einheitsübersetzung heißt es nicht mehr Noah, sondern Noach.

arbeitete mit der Muttergöttin ein Verfahren aus, das die Fruchtbarkeit der Menschen reduzieren sollte, um die fatale Überbevölkerung in Zukunft zu vermeiden.

Eine ähnliche Geschichte erzählt das babylonische Gilgamesch-Epos.

Atrachasis heißt hier Utanapishti (oder Utnapishtim) und wird für die Rettung der Tiere und Pflanzen in seiner Arche als einziger Mensch mit der Unsterblichkeit belohnt. Allerdings erklärt das Gilgamesch-Epos nicht, warum die Götter die Erde überfluteten. Dafür zeigt es erstaunliche Parallelen zur Sintfluterzählung der Bibel: Utanapishtis Arche strandet auf einem hohen Berg, und wie Noach schickt er Vögel aus, um zu erkunden, ob die Erde schon bewohnbar ist.

Damit sind wir beim biblischen Sintflutmythos angelangt. Angesichts des allgemeinen Sittenverfalls wollte Gott die Welt überfluten, aber den ehrlichen, aufrechten, gottesfürchtigen Noach wollte er verschonen. Warum Gott beschloss, alle Landtiere für die Bosheit der Menschen büßen zu lassen, hat er Noach nicht verraten. Wenn man den Mythos liest, stößt man auf verwirrende Widersprüche. In Gen 6,19 (lies: Genesis, sechstes Kapitel, neunzehnter Vers) weist Gott Noach an:

> Von allem, was lebt, von allen Wesen aus Fleisch führe je zwei in die Arche, damit sie mit dir am Leben bleiben; je ein Männchen und ein Weibchen sollen es sein.

In Gen 7,2 steht dagegen:

> Von allen reinen Tieren nimm dir je sieben Paare mit und von allen unreinen Tieren je ein Paar, auch von den Vögeln des Himmels je sieben Männchen und Weibchen, um Nachwuchs auf der ganzen Erde am Leben zu erhalten.

Mal dauert die Flut 40 Tage, mal 300 Tage (150 Tage zunehmend, 150 Tage abnehmend). Insgesamt ist die Geschichte wegen ihrer Widersprüche und Wiederholungen nur schwer lesbar. Bei genauem

Hinsehen fällt auf, dass die Bibel nicht eine, sondern zwei Flutgeschichten enthält, die ineinander verschränkt sind. Die ältere (auch J genannt, weil dort Gott durchgehend als Jahwe bezeichnet wird) stammt vermutlich aus den überlieferten Schriften der Priesterschaft des Königreichs Juda mit der Hauptstadt Jerusalem. Sie enthalten eine frühe Version der Sintfluterzählung und weitere Teile der fünf Bücher Moses. Über den Entstehungszeitraum streiten sich die Gelehrten, er wird zwischen ca. 950 und 722 v. Chr. angesetzt. Warum ausgerechnet 722? In diesem Jahr eroberte Assur das nördlich von Juda gelegene Königreich Israel. Davon findet sich in J keine Spur, die Sammlung ist also vermutlich früher entstanden. Der andere Text, die sogenannte Priesterschrift P, entstammt einer späteren Zeit und geht ebenfalls auf die Priester zurück, denn außer ihnen war kaum jemand des Schreibens mächtig. Zwischen J und P hat der Glaube sich weiterentwickelt, die Priester beanspruchen jetzt die Rolle der Mittler zwischen Gott und den Menschen. Gott spricht in P nicht mehr persönlich, er hat sich in höhere Sphären zurückgezogen und schickt nur noch seine Engel. Die Schrift P stammt entweder aus der Zeit um 700 v. Chr. oder aus der Zeit des Babylonischen Exils (597–539 v. Chr.). Später hat jemand diese beiden Schriften (und weitere) zur endgültigen Bibel zusammengefasst. Dabei wollte er offenbar keine der alten Schriften für falsch erklären und hat mehrere Versionen der Erzählungen ineinandergeschachtelt.

In J ist von sieben Paaren der reinen Tiere die Rede, denn Noach wird nach seiner Rettung ein Dankopfer darbringen. Reine Tiere sind solche, die als Opfertiere geeignet sind. Hätte er von allen Tieren nur ein Paar mitgenommen, wären die reinen Arten mit dem Dankopfer ausgestorben. Das wäre keine gute Idee gewesen, nachdem Noach sich so abgemüht hatte, sie zu retten. In der priesterlichen Version P der Geschichte ist von dem Opfer keine Rede mehr, denn nach ihrer Auffassung steht es ausschließlich Priestern zu, die Opferriten zu vollziehen. Noach ist zwar Stammvater der Menschen, aber keineswegs ein Priester. Also reicht in der Version P ein

Paar von jeder Tierart. Mit kleinlichen Fragen wie dem Transport weit entfernter Tierarten zur Arche oder dem eventuellen Tod von Tieren auf der Arche gibt sich keine der beiden Versionen ab. Wir haben es eindeutig mit einer Sage zu tun.

Gott ließ es 40 Tage regnen (J) bzw. öffnete die Schleusen des Himmels und der Erde (P). Als gebildete Männer kannten die späteren Priester offenbar das akkadische Weltbild, nach dem die Erde eine Insel mit einer Luftblase zwischen einem unterirdischen und einem himmlischen Ozean ist. Ein allmächtiger Gott würde es natürlich nicht einfach regnen lassen, nein, er würde die ganze Gewalt der Schöpfung gegen die Menschen einsetzen. Wie auch immer, Noach ging mit seiner Frau, seinen drei Söhnen und deren Frauen an Bord, und die Arche schwamm auf. Das Wasser überschwemmte auch die höchsten Berge, und »alles, was auf der Erde durch die Nase Lebensgeist atmete, kam um«. Erst nach 40 Tagen (J) bzw. mehr als einem Jahr (P) konnten Noach, seine Familie und die versammelte Tierwelt die Arche verlassen. Noach baute einen Opferaltar (J) und brachte Gott von jedem reinen Tier und jedem reinen Vogel ein Exemplar als Brandopfer dar (nein, fragen Sie jetzt nicht, wie groß dieser Haufen gewesen sein muss). Gott gefiel der Duft des Opfers, und er beschloss, die Erde wegen des Menschen nicht noch einmal zu verfluchen, denn »das Trachten des Menschen ist böse von Jugend an«. Das bedeutet wohl am ehesten, dass es sinnlos ist, wegen der sowieso unverbesserlichen Menschen gleich die halbe Schöpfung einzureißen. Im Anschluss segnete Gott Noach und seine Söhne und versprach ihnen, in Zukunft keine Sintflut mehr zu schicken. Die Schilderung des Opfers steht nur in J, die Priesterversion schweigt dazu. Dafür gibt sie Noach eine Reihe göttlicher Befehle und Regeln mit auf den Weg.

»Seid fruchtbar und mehret Euch und bevölkert die Erde«, fordert Gott und legt zugleich fest, dass die Menschen alles Fleisch, das sie essen, ausbluten lassen müssen. Der Regenbogen gilt seither als Zeichen des Bundes zwischen Gott und den Menschen. »Meinen Bogen setze ich in die Wolken; er soll das Bundeszeichen sein …«

Der Atrachasis-Mythos, das Gilgamesch-Epos und die biblische Sintfluterzählung weisen erstaunliche Ähnlichkeiten auf. Sie müssen deshalb nicht aus der gleichen Quelle stammen, aber wir dürfen annehmen, dass die Grundidee der Geschichte im ganzen Vorderen Orient bekannt war. Sie lautet etwa so: Ein früher Held baut, von einem Gott gewarnt, eine Arche für seine Familie und alle Tierarten, strandet auf einem Berg, schickt Vögel aus, um die Beschaffenheit des Landes zu testen und erhält für seine Rettungstat eine göttliche Belohnung. Um diesen Kern herum entwickeln die Völker und Gruppen ihre speziellen Mythen. So ist in der Bibel von Überbevölkerung nicht die Rede, im Gegenteil, Gott fordert Noach und seine Söhne ausdrücklich auf, viele Kinder zu zeugen, damit sie sich auf der ganzen Erde ausbreiten. Im Atrachasis-Mythos haben die Menschen anders als in der Bibel keine Schuld auf sich geladen, sie waren lediglich zu laut.

Generationen von Priestern haben die Sintflut-Erzählungen mit allerlei religiösen Symbolen angereichert. Ein Beispiel: Haben Sie sich schon mal die Bauanleitung für die Arche angesehen? Gott befahl Noach, eine große Kiste aus Zypressenholz zu bauen, 300 Ellen lang, 50 Ellen breit und 30 Ellen hoch. Von einem Kiel, einem Ruder oder einem Segel hat er nichts gesagt. Bei Beginn der Sintflut sollte Noach sich ins Innere begeben und alle Luken schließen. Im Gilgamesch-Epos hat die Arche zwar andere Maße, ist aber ebenfalls ein Kasten, kein Schiff. Noachs und Utanapishtis Archen waren also dicht geschlossene riesige Kisten ohne jede Steuerungsmöglichkeit, der Albtraum eines jeden Seefahrers! Vermutlich ist die Arche eher als mythischer Tempel zu verstehen, ein von höheren Mächten geschützter innerer Raum. Während draußen die Welt untergeht, liegt in der Arche wohlverwahrt der Keim der Erneuerung des Lebens.

Auch die amerikanischen Indianer haben ihre Flutmythen. Der deutschamerikanische Anthropologe Frans Boas fand bei mehreren Indianervölkern an den Großen Seen eine Legende, deren Grundelement er so wiedergibt:

Um die Großen Seen herum finden wir eine Sintflutlegende. Eine Anzahl von Tieren rettete sich in ein Kanu oder auf ein Floß, und mehrere von ihnen tauchten auf den Grund des Wassers, um das Land heraufzubringen. Der erste Versuch misslang, aber schließlich gelang es Bisamratte, etwas Schlamm heraufzubringen, welcher dann auf magische Weise vergrößert wurde und die Erde formte.

Diese und andere Legenden gehen nicht davon aus, dass eine Verwahrlosung menschlicher Sitten die Katastrophe auslöst. Eine Legende der Quichua im ecuadorianischen Amazonasgebiet berichtet von einer Flut, die nur »richtige« Menschen überlebten, während die übrigen ertranken. Der knapp vermiedene Weltuntergang schuf also Platz für eine neue und perfektere Welt, weil die Tüchtigen jetzt unter sich waren. Nicht die moralische Reinigung, sondern die Belohnung von Klugheit und richtiger Vorsorge steht hier im Vordergrund.

Flutlegenden dienten auch dazu, bestimmte Erscheinungen der Gegenwart zu erklären. Ein Beispiel aus Deutschland:

Der Teutoburger Wald ist ein Höhenzug, der sich von dem Städtchen Hörstel im äußersten Norden von Nordrhein-Westfalen in östlicher Richtung bis Horn-Bad Meinberg erstreckt. Wie sein Name andeutet, ist er weitgehend von Wald bedeckt, nur einige wenige Felsformationen stehen frei. Darunter sind die Externsteine bei Horn-Bad Meinberg und die Dörenther Klippen. Sie bestehen aus Osning-Sandstein, einem harten Sedimentgestein aus der Oberkreide, das der Verwitterung besser standhielt als die umgebenden Gesteine und deshalb hoch aufragende Felsgruppen und -türme bildet. Einer der Felsen in den Dörenther Klippen sieht aus wie ein gekrümmt stehender Mensch und heißt deshalb »das hockende Weib«. Eine in der Gegend sehr bekannte Sage soll die Entstehung erklären:

Am Fuße der Klippen lebte vor langer Zeit eine Frau mit ihren Kindern. Sie lagen damals am Meer, und bei Flut pflegte das Wasser zuweilen bis fast an die Klippen vorzudringen. Eines Tages aber stieg das Meer so hoch wie nie und drang in ihre Hütte. Mit den Kindern rettete sie sich auf die Klippen, aber die Wellen überspülten auch die Spitzen der Felsen. Sie hockte sich auf den höchsten Felsblock und nahm die Kinder auf den Rücken. Immer weiter stieg das Wasser und begann, sie mit tausend kalten Fingern vom Felsen zu zerren. In ihrer Not flehte sie zu Gott: »Lieber Gott, wenn ich schon sterben muss, dann rette wenigstens die Kinder.« Da versteifte sich ihr Rücken und sie hatte wieder festen Stand. Doch als das Wasser fiel, konnte sie sich nicht mehr rühren, denn Gott hatte sie versteinert, um die Kinder vor der Flut zu retten.

Dieser Flutmythos erklärt ausschließlich das Aussehen des Felsens, er hat keine Verbindung zu einer vorzeitlichen Katastrophe. Eventuell haben auch andere, ähnliche Legenden einen solchen Hintergrund. Beispielsweise findet man in verschiedenen europäischen Gebirgen in einigen tausend Metern Höhe versteinerte Abdrücke von Meerestieren. Die frühen Menschen mussten also annehmen, dass eine große vorzeitliche Flut die Tiere dorthin gespült hatte.

Herkunft und Bedeutung der Flutmythen

Nahezu alle Völker kennen Flutmythen. Ist vielleicht die Zerstörung allen Landes durch reißendes Wasser eine Grundangst des Menschen? Dafür gibt es bislang keine Belege. Andererseits kommen verheerende Überschwemmungen fast überall vor. Eine mythische Erzählung von einer weltumspannenden Flut als göttliche Übersteigerung einer tatsächlich erlebten Katastrophe wäre also durchaus plausibel. Zu den frühesten Mythen hat vermutlich der ständige Anstieg des Meeresspiegels nach der letzten Eiszeit beigetragen (die Geologen sprechen bei einer dauerhaften Überschwemmung von Land von einer *Transgression*). Viele steinzeitliche Küstengebiete liegen heute tief unter Wasser. Der Persische Golf, in den die Flüsse Euphrat und Tigris münden, ist im Durchschnitt keine

50 Meter tief und war vor 12 000 Jahren, am Ende der letzten Eiszeit, eine flache Schwemmland-Ebene. Damals regnete es dort deutlich mehr als heute, und auch die benachbarte Saudi-arabische Wüste war eine Savanne mit guten Lebensbedingungen für Menschen. Zwischen etwa 7000 und 4000 v. Chr. eroberte das Meer mit einer Geschwindigkeit von ca. 100 Meter pro Jahr den Persischen Golf und drängte die Menschen zurück. Damals muss die Gegend fruchtbar, dicht besiedelt und feucht gewesen sein. Aber das Leben der Menschen war auch von heftigen Monsunregen und dem aussichtslosen Kampf gegen das unerbittlich vordringende Meer geprägt. So wäre es kein Wunder, wenn sich Erzählungen von großen Fluten über die Jahrhunderte fortgepflanzt hätten. Gegen 4000 v. Chr. reichte das Meer bis fast zum heutigen Bagdad. Die historische Metropole Ur in Chaldäa war eine Hafenstadt direkt am Golf. Erst als der Meeresspiegel nicht mehr anstieg, rückte die Küste wieder vor, denn die Flüsse Euphrat und Tigris luden die mitgeführten Sedimente im flachen Golf ab, der daraufhin immer mehr verlandete. Ur liegt heute mehr als 200 Kilometer von der Küste entfernt. Etwa 4000 v. Chr. wurde das bis dahin feuchte Klima trockener, und die Wüsten breiteten sich aus. Flüchtlinge kamen in das immer noch fruchtbare Zweistromland, das bald unter Überbevölkerung litt. Alle diese Erfahrungen könnten in den Atrachasis-Mythos eingeflossen sein.

Natürlich gibt es auch andere Meinungen zu diesem Thema. Die Archäologen William Ryan und Walter Pitman sehen den Ursprung des biblischen Sintflutmythos am Schwarzen Meer. Am Ende der letzten Eiszeit war das Schwarze Meer ein Süßwassersee (Euxines-See) ohne Verbindung zum Mittelmeer. Erst der Anstieg des Meeresspiegels öffnete den Bosporus, und salziges Meerwasser bahnte sich seinen Weg in den See. Ryan und Pitman waren an der Erforschung der Spuren dieses Ereignisses maßgeblich beteiligt. Der Spiegel des Schwarzen Meeres lag damals tiefer als der des Mittelmeers und so wurden auch weite Landstriche an der Nordküste des ehemaligen Sees überschwemmt. Ob die dort wohnenden Völker aber daraufhin in alle Richtungen ausschwärmten und die Sintflutlegende bis zum Zweistromland und nach Palästina trugen, ist höchst unsicher. Nicht nur im Vorderen Orient, sondern überall in der Welt stieg der Meeresspiegel in den letzten 10 000 Jahren um mehr als 100 Meter an. Alle altsteinzeitlichen Siedlungen am Mittelmeer, an der Nordsee und am Atlantik sind versunken. Die Erinnerung an immer wieder überflutete Dörfer, an die Flucht vor den ständig steigenden Wassermassen mag der Kern vieler Flutmythen sein.

Fast alle diese Erzählungen haben eines gemeinsam: Sie sind in einer fernen Vergangenheit angesiedelt, einer buchstäblich versunkenen archaischen Kulturstufe, in der Götter und Menschen sich aneinander rieben und kein tragbares Modell für ein dauerhaftes Zusammenleben gefunden hatten. So sind die Fluterzählungen im Grunde keine Endzeitmythen, vielmehr erzählen sie, wie Götter und Menschen es lernten, miteinander auszukommen und friedlich zusammenzuleben.

Der Tod der letzten Sonne

Der Glaube der antiken Römer und Griechen kannte keine Prophezeiungen über ein Weltende. Auch bei den Juden entwickelte sich die Idee von einem göttlichen Gericht als Schlussstrich unter die Welt erst im letzten Jahrhundert vor Christus.

Erst im Christentum und noch stärker im Islam wurde der Glaube an das Jüngste Gericht zum festen Bestandteil der Religion. Bevor wir aber die Ausbildung dieser Mythen nachzeichnen, möchte ich Sie zunächst auf einen Rundgang durch verschiedene Religionen der Welt einladen. So kann man beispielsweise die Kultur der Azteken mit ihren blutigen Menschenopfern nur verstehen, wenn man den Weltendemythos dieses Volkes kennengelernt hat.

Während die Religionen der europäischen und vorderasiatischen Antike einen stabilen Kosmos mit unsterblichen Göttern lehrten, sahen sich die Azteken in Mexiko ständig und unmittelbar vom Weltende bedroht. Ihr oberster Gott war die Sonne. Jede Nacht musste er durch die dämonenverseuchte Unterwelt nach Osten wandern. Nur ständige Opfer machten ihn stark genug dafür. In Europa ist nahezu unbekannt, wie hoch diese Kultur entwickelt war, bevor der spanische Konquistador Hernán Cortés sie 1521 zerstörte.

Die Azteken leiten ihren Namen von ihrer mythischen Urheimat Atzlán (Silberreiherland) ab. Ihre Kultur entstand keineswegs aus dem Nichts, im Gegenteil, im Hochtal von Mexiko gab es bereits seit 500 v. Chr. permanente Siedlungen. 45 Kilometer nordöstlich der Aztekenhauptstadt Tenochtitlán (dem heutigen Mexico City) liegt die Ruinenstadt Teotihuacán. Sie war seit etwa 50 n. Chr. bewohnt und wurde über lange Zeit planmäßig und schachbrettartig ausgebaut. Ihre gigantischen Tempelanlagen stehen noch heute und ziehen Touristen aus aller Welt an. 500 n. Chr. war Teotihuacán mit ca. 125 000 Einwohnern eine der größte Städte der damaligen Welt. Zur Zeit der Aztekeneinwanderung lag sie allerdings bereits in Trümmern. Das namenlose Volk, das sie errichtet hatte, hatte die Stadt im 10. Jahrhundert aufgegeben. Einige hundert Jahre später errichteten die kriegerischen Tolteken ein großes Reich, das mit der Zerstörung ihrer Hauptstadt Tollan (heute Tula) ein gewaltsames Ende fand. Ihre Religion kannte bereits Menschenopfer, eine Tradition, die in aztekischer Zeit buchstäblich mörderische Ausmaße annahm.

Die einwandernden Azteken verdingten sich zunächst als Söldner und gründeten erst im Jahre 1325 auf Schilfinseln im abflusslosen und salzigen Texcocosee die Stadt Tenochtitlán, die schnell zu ihrer Hauptstadt wurde. Der See ist längst verschwunden, und das ehemalige Tenochtitlán ist zum Zentrum von Mexiko-Stadt geworden. In den nächsten 200 Jahren stiegen die Azteken zur führenden Großmacht in Mittelamerika auf. Tenochtitlán wurde planmäßig und prächtig ausgebaut. Militärisch war die Stadt durch ihre Lage im See fast uneinnehmbar, lediglich drei Dämme führten von verschiedenen Seiten über den See. Straßen und Wasserwege bildeten ein effektives und dichtes Verkehrsnetz in der Stadt. Zu ihrer Blütezeit im 15. Jahrhundert hatte Tenochtitlán mehr Einwohner als das zeitgenössische Paris! Die Gesellschaft war streng gegliedert: An der Spitze standen der König und seine Familie. Die Anführer der Kriegervereinigungen und besonders tapfere Krieger bildeten den Adel. Die große Masse des Volkes bestand aus Gemeinfreien und Sklaven. Eine ganz besondere Stellung hatten die Priester inne. Nur ihre Gebete, Rituale und Blutopfer garantierten den Nacht für Nacht bedrohten Fortbestand der Welt.

Die Azteken glaubten, ihr Zeitalter sei die *fünfte Sonne*. Die vorangegangenen vier *Sonnen* waren jeweils mit einer Weltkatastrophe untergegangen. Dabei verschwand auch die Sonne vom Himmel, so dass jedes Zeitalter eine neue brauchte. Die vier vergangenen Zeitalter waren mit je einem der vier Elemente Feuer, Wasser, Erde und Luft verbunden. Im ersten Zeitalter, dem der Erde, beherrschte ein Geschlecht von Riesen die Welt. Sie grüßten sich mit der Formel »Fall nicht!«, denn wer fiel, kam nicht mehr hoch, weil er zu schwer zum Aufstehen war. Diese Welt wurde vom Gott Tezcatlipoca (*Der rauchende Spiegel*) geschaffen, der sich auch gleich in die Sonne verwandelte. Sein Bruder Quetzalcoatl aber war neidisch auf ihn und trieb ihn in den Urozean, der die Erde umgab. Tezcatlipoca verwandelte sich daraufhin in einen riesigen Jaguar und fraß mit einer Horde von Jaguaren die Riesen auf. Damit ging die *Sonne des Jaguars* zu Ende und die *Sonne des Windes* begann. Sie gehörte Quetzalcoatl (*die grün gefiederte Schlange*), der sie erschuf und regierte. Die Menschen dieses Zeitalters ernährten sich nicht mehr von Kiefernzapfen wie die Riesen, sondern sie aßen die Früchte des Johannisbrotbaums. Am Ende dieses Zeitalters ließ Tezcatlipoca einen furchtbaren Wirbelsturm kommen, der Götter, Menschen und Tiere tötete oder in den Dschungel schleuderte. Die überlebenden Menschen verwandelten sich in Affen.

Der Fruchtbarkeitsgott Tlaloc schuf das dritte Zeitalter, die *Sonne des Regens*. Die Menschen dieser Sonne begannen mit dem Ackerbau. Quetzalcoatl ließ diese Sonne auf besonders grausame

Weise untergehen. Er schuf einen glühenden Regen, dessen Asche die Zeitalter überdauerte und noch in der fünften Sonne sichtbar blieb. Die Überlebenden wurde zu Schmetterlingen, Hunden oder Truthähnen. Die Göttin Chalchiutlicue (*die mit dem Jaderock*) beherrschte das vierte Zeitalter, *die Sonne des Wassers.* Chalchiutlicue war die Frau von Tlaloc und die Göttin der irdischen Gewässer, der Seen, Tümpel und Flüsse. Irgendwann aber ließ Chalchiutlicue das unterirdische Wasser emporsteigen und die Menschen ertranken oder verwandelten sich in Fische.

Dieser Mythos beschreibt die vorangegangenen Welten als eine Art Testläufe, als unzureichende Entwürfe, die ausgelöscht und verbessert werden, bis der gegenwärtige Zustand erreicht ist.

Zur Zeit der Azteken waren diese Zeitalter längst vergangen und hatten der fünften Sonne Platz gemacht. Sie gehörte dem Sonnengott Tonatiuh (*der leuchtend voranschreitet*). Die Menschen erreichten die höchste Kulturstufe und bauten Mais an. Aber in diesem Zeitalter gab es erstmals auch Krankheiten und Kriege. Das Zeitalter hieß auch *die Sonne der Bewegung.* Der damit verbundene Mythos ist der Ursprung der aztekischen Menschenopfer. Zwei Götter, so hieß es, hatten sich bereit erklärt, nach dem Untergang der vierten Sonne als Sonne am Himmel zu erscheinen. Dazu jedoch mussten sie sich selbst opfern, das heißt, inmitten von Opfergaben in ein heiliges Feuer springen. Der hochmütige Gott Tecuciztecal schreckte viermal zurück, der bescheidene, hässliche und pflichtbewusste Nanahuatzins hingegen sprang, ohne zu zögern, in sein Feuer, verbrannte und verschwand. Er wurde dadurch zum mächtigen und strahlenden Sonnengott Tonatiuh. Der beschämte Gott Tecuciztecal sprang jetzt ebenfalls ins Feuer und tauchte kurz darauf hell leuchtend am Himmel auf. Die Götter fürchteten, dass die Erde so viel Helligkeit nicht vertragen könnte, und so warf einer von ihnen Tecuciztecal ein Kaninchen ins Gesicht. Darauf verlor sein Licht an Kraft, und er wurde zum Mond. Noch heute kann man bei Vollmond das Kaninchen in seinem Gesicht erkennen. Der Sonnengott aber blieb am östlichen Himmel stehen und weigerte sich, den Himmel hinaufzusteigen. Nur wenn die Götter ihm einen Lehenseid leisteten und ein Blutopfer brachten, werde er seine Bahn ziehen, erklärte er. Quetzalcoatl sah sich gezwungen, die anderen Götter zu opfern. Er schnitt ihnen das Herz heraus und opferte ihr Blut. Erst jetzt zog Tonatiuh über den Himmel, und *die Sonne der Bewegung* begann. Eines schrecklichen Tages, so glaubten die Azteken, werde das gegenwärtige Zeitalter durch eine Bewegung der Erde, also durch Erdbeben, zugrunde gehen. Eine weitere Sonne werde es aber nicht geben, und die Schöpfung, die Menschen und sogar die Zeit selbst seien unwiderruflich zum Untergang verurteilt. Nur die Wiederholung des Blutopfers der Götter halte die Sonne in Bewegung und verhindere das Ende der letzten Sonne.

Die Azteken sahen sich als Sonnenkrieger, ihr oberster Gott war Tonatiuh, die Sonne. Jede Nacht, so glaubten sie, kämpfte Tonatiuh mit den Mächten der Finsternis, vielleicht starb er sogar, wanderte als Skelett durch das dunkle Tal der Toten und wurde am Morgen wiedergeboren. Es war die Aufgabe der aztekischen Priester, ihn zu unterstützen und zu stärken. Deshalb führten sie dem Sonnengott göttliche Nahrung zu, nämlich menschliches Blut. Opferblut hatte einen besonderen Namen: *chalchiuatl* – kostbare Flüssigkeit. Dieser vermutlich schon vor den Azteken verbreitete Kult überlagerte sich bald mit dem von Huitzilopochtli, den Hochgott der Azteken. Er repräsentierte die mythologische Grundlage des Machtanspruchs der Azteken über die Völker der mexikanischen Hochebene und forderte ebenfalls Menschenopfer.

Die Opferrituale verlangten echtes, nicht etwa symbolisches Blut. Die Priester brauchten also Menschenopfer. Die Azteken opferten zunächst Freiwillige, die speziell auf ihr Schicksal vorbereitet wurden und denen dafür Vorteile im Jenseits versprochen wurden. Bald reichte das nicht mehr, und so wurden Kriegsgefangene geopfert. Der Blutdurst der Sonne war aber kaum zu stillen, und so vereinbarten die Azteken mit ihren Nachbarn (die ebenfalls Menschenopfer brauchten) eine Art Scheinkriege, die sogenannten Blumenkriege, deren einziges Ziel es war, möglichst viele Gefangene zu nehmen. Möglicherweise waren die Blumenkriege zunächst eher eine Art ritterliche Turniere, in denen Krieger Ehre und Ruhm erlangten. In späteren Jahren stand aber die Gefangennahme für Menschenopfer immer mehr im Vordergrund. Auf der großen Sonnenpyramide hielten zwei oder vier Priester den Todeskandidaten an Armen und Beinen fest, während ein weiterer ihm mit einem scharfen Obsidianmesser die Brust öffnete und das Herz herausriss. Die Toten wurden dann an den Seiten der Pyramide in die Tiefe gestürzt. Die Anzahl der Opfer ging möglicherweise in die Tausende – pro Jahr. Bei größeren Feiern wurden angeblich Hunderte von Gefangenen an einem Tag geopfert. Nicht alle Forscher teilen die Meinung, dass die Menschenopfer tatsächlich stattgefunden haben. Der Schweizer Altamerikanist Peter Hassler ist beispielsweise davon überzeugt, dass sie nur symbolisch waren und die blutigen Einzelheiten von den Konquistadoren erfunden wurden, um ihr grausames Vorgehen gegen die Indianer zu rechtfertigen. In der Tat sind viele Beschreibungen der Opferung medizinisch kaum möglich (genauer möchten Sie das nicht wissen, glauben Sie mir). Andererseits gibt es archäologische Befunde, die eindeutig darauf hinweisen, dass tatsächlich Menschen geopfert wurden, wenn auch nicht in dem Maße, wie manchmal behauptet wird.

Trotz dieser grausamen Rituale waren die Azteken keineswegs primitive Wilde. Sie hatten ein hochentwickeltes Schulwesen, verfügten über eine eigene Schrift und überlieferten einen reichen Schatz an Mythen. Literatur und Kunst standen in hoher Blüte. Über die Ärzte, die *Ticiti*, hieß es beispielsweise:

> Der gute Arzt ist weise, überdenkt alles, ist wohlbewandert. Er ist ein guter Kenner der Kräuter, Steine, Bäume und Wurzeln. Er macht ganze Arbeit, ist reich an Erfahrung, untersucht alles und wägt ruhig ab …
>
> Der schlechte Arzt nimmt seine Sache nicht ernst, dieser Pfuscher, der mit seinen Medizinen die Leute umbringt, indem er sie mit ihnen überfüttert …

Das würde heute auch noch jeder Mediziner unterschreiben. Wie passt diese hochentwickelte Kultur zu den vielfachen Menschenopfern? Warum hat sich nicht, wie in anderen Religionen üblich, eine zunehmende Verschiebung zu symbolischen Opfern ausgebildet? Vielleicht hing es mit der Rivalität verschiedener Priesterschulen zusammen. Die Macht der Priester des Sonnengottes stieg natürlich mit der Bedeutung ihrer Opferrituale. Je größer der Aufwand war, den die Gesellschaft für sie treiben musste, desto größer ihr Ansehen. Möglicherweise drohten sie so glaubhaft mit dem Weltuntergang, dass niemand ihre Forderungen abweisen mochte.

Müssen wir uns die Azteken als angstgetriebene Gesellschaft vorstellen, die jeden Morgen um den nächsten Sonnenaufgang bangte? Die normalen Einwohner hatten sicherlich andere Sorgen, sie überließen den Priestern den Umgang mit den Göttern. Bei Priestern und Adel mag das anders gewesen sein. So genau lässt sich das nicht mehr feststellen. In jedem Fall aber war die Herrschaft der Azteken nicht mehr stabil, als die spanischen Konquistadoren unter Hernán Cortés an der mexikanischen Küste landeten. Die Azteken hatten die unterworfenen Völker niemals in einen Staat integriert, sondern beuteten sie lediglich aus, sie führten also eine Art Tributimperium. Dazu gehörte auch, dass die unterworfenen Völker einen ständigen Strom von Menschen für die Opferungen zu stellen hatten. Man darf wohl nicht davon ausgehen, dass die mexikanischen Völker die Menschenopfer prinzipiell abstoßend fanden, viele von ihnen praktizierten sie vermutlich selber. Aber die ständige Verpflichtung, Krieger zur Opferung abzustellen, demütigte die Völker und brachte sie gegen die Azteken auf.

Als sich zeigte, dass Hernán Cortés ein ernstzunehmender Gegner der Azteken war, schlossen sich ihm mehrere der unterworfenen Völker an. Andere blieben neutral. Trotzdem führte Cortés mit wechselnden indianischen Bundesgenossen zwei Jahre lang (1519–1521) einen regelrechten Krieg gegen die Azteken, den er letztlich nur mit sehr viel Glück gewann. Zeitweilig hatten

500 bis 1000 spanische Soldaten das Kommando über mehr als 100 000 Mann indianischer Hilfstruppen!

Auch ohne die spanischen Eroberer wäre das Reich vermutlich zerfallen, sobald ein entschlossener und kampfstarker Gegner aufgetreten wäre.

Der Fall der unsterblichen Götter

»Schwarz wird die Sonne, die Erde stürzt ins Meer, vom Himmel fallen die heiteren Sterne.« *Völuspá, Lieder-Edda*

Nur selten berichten die Sagen eines Volkes von der fast vollständigen Auslöschung aller Götter und ihres Wohnsitzes. Die nordischen Mythen bilden eine Ausnahme: Die Prophezeiung des Ragnarök (Untergang oder Schicksal der Götter, auch Götterdämmerung genannt) gehört zu den bekanntesten überlieferten Mythen. Sie beschreibt, wie sich die Götter und ihre Gegner, die vorzeitlichen Riesen und Ungeheuer, in einer gigantischen Schlacht gegenseitig umbringen. Der Wohnsitz der Götter geht in Flammen auf, und die Erde überlebt nur knapp.

Für den Mythos gibt es lediglich zwei Quellen, zwei Sammlungen von nordischen Götter- und Heldensagen unter dem Namen *Edda*. In der älteren Sammlung *Ältere Edda*, auch *Lieder-Edda* genannt, findet sich die Völuspá, ein bildgewaltiges Stabreimgedicht. Sie beschreibt die Geschichte der Welt von ihrer Schöpfung bis zu ihrem Untergang in der Götterdämmerung und darüber hinaus. Denn mit dem Ende der alten Götter beginnt ein neues, knapp angedeutetes Zeitalter.

Die *Jüngere Edda*, auch unter dem Namen *Prosa-Edda* bekannt, beschreibt ebenfalls den Weltuntergang und zitiert dabei ausführlich aus der Lieder-Edda. Der Autor der Prosa-Edda ist bekannt: Es ist der isländische Politiker, Dichter und Rechtsgelehrte Snorri Sturluson (1179–1241). Die Lieder-Edda wurde später niedergeschrieben, vermutlich gegen 1270, ebenfalls auf Island. Das Land war zu dieser Zeit bereits christlich geprägt, und es ist unklar, inwieweit christliches Gedankengut in die Mythen eingedrungen ist.

Überlieferung und Dichtung

Man darf sich die germanische Überlieferung nicht als einen Kanon heiliger Bücher vorstellen und die Germanen nicht als ein Volk im heutigen Sinne. Eine einheitliche Herkunft, Sprache oder Mythologie hat es nach heutiger Auffassung nicht gegeben. Als Germanen bezeichneten die Römer die Stämme am Rhein und östlich davon sowie nördlich der Donau und in Skandinavien. Die vielen Dörfer, Herrschaftsbereiche und Stämme hatten eine einigermaßen ähnliche bäuerliche Kultur. Ein germanisches »Urvolk« hat es aber wohl nie gegeben.

Die Götter- und Heldensagen wurden mündlich und bruchstückhaft überliefert und weitergetragen. Die Namen der Götter, ihre Funktion und die Grundmuster bestimmter Mythen waren überall ähnlich. Darauf deuten Bild- und Runensteine aus dem 10. und 11. Jahrhundert hin, die man in Schweden, England und auf der Isle of Man gefunden hat. Sie zeigen Szenen, die man mit aller Vorsicht als Ausschnitte aus dem dramatischen Endkampf der Götter interpretieren kann.

Es gab einen Grundbestand von Sagen, Märchen und Legenden, die sich aufeinander bezogen, wie man an den Anspielungen in den einzelnen Götterliedern erkennt. Begabte Sänger haben die alten Geschichten immer wieder in Verse gefasst und an den Publikumsgeschmack angepasst. Die meisten dieser Sagen sind verloren, überliefert ist lediglich die isländische Version. Skandinavische, englische oder kontinentaleuropäische Varianten sind nur in kleinsten Bruchstücken erhalten. Die germanischen Legenden bildeten keinen verbindlichen Bestandteil der Religion, sie waren lediglich Geschichten, in denen Götter vorkamen. Rückschlüsse auf religiöse

Rituale oder Glaubensbekenntnisse lassen sie nicht zu. Ein Beispiel zur Verdeutlichung: Das Märchen von Frau Holle ist vermutlich von einer vorchristlichen Gottheit abgeleitet, die Macht über das Wetter hat und in einer »Anderwelt« wohnt. In Deutschland kennt das Märchen fast jeder, aber daraus lässt sich nicht ableiten, dass die Menschen an eine Wettergöttin glauben. Ebenso kann man aus dem ungeordneten Wust von Götter- und Heldensagen kaum auf den Kern der germanischen Religion schließen. Niemand weiß, ob die Völuspá, der Gesang vom Beginn und Ende der Welt, ein Glaubensbekenntnis darstellte oder lediglich die in Island umlaufenden Legenden zusammenfasste.

Die Akteure

Weil der germanische Götterhimmel etwas unübersichtlich ist, hier zunächst die wichtigsten Personen und Ereignisse:

Am Anfang war nur die Leere, ein gähnender Abgrund, Gunningagap genannt. Daraus entwickelte sich irgendwie der zwitterhafte Ur-Riese Ymir. Es gab auch eine Ur-Kuh, Audumla, und sie leckte aus einem Salzblock den Gott Buri frei. Seine Nachfahren erschlugen Ymir und zerlegten ihn. Aus seinem Fleisch entstand die Erde, aus dem Blut das Meer, aus seinen Zähnen die Felsen, aus seinen Augenbrauen Midgard (der Wohnsitz der Menschen), aus seinem Schädel der Himmel und aus seinem Gehirn die Wolken. Am Weltende tauchen noch weitere Riesen auf, die zu Beginn der Welt geschaffen wurden, aber erst an ihrem Ende aktiv werden. Der Feuerriese *Surtur* wird dann zum wichtigsten Gegenspieler der Götter. Vorher bewacht er das feurige Land Muspelheim, das weit im Süden liegt. Er verkörpert die zerstörerische Macht des Feuers und kämpft mit einem Flammenschwert. Muspels Söhne, die Bewohner Muspelheims, werden ihn im letzten Kampf begleiten.

Zu den mythischen Ungeheuern zählt auch die Midgardschlange tief im Meer. Sie ringelt sich einmal ganz um die Welt der Menschen. Ihre Bewegungen erzeugen Sturmfluten. Den gefährlichen Fenriswolf haben die Götter nur durch einen Trick dauerhaft binden können. Am Weltende wird sich seine magische Fessel Gleipnir lösen, so dass er in die letzte große Schlacht eingreifen kann. Eventuell ist er mit dem Höllenhund Garm identisch, der vor der Gnipa-Höhle liegt und zuweilen schauerlich heult. Beim Weltende tauchen beide Ungeheuer als Gegner der Götter auf.

Die germanischen Götter gehören zwei verschiedenen Clans an: den älteren Wanen und den jüngeren Asen. Nach einem vorzeitlichen Waffengang (dem Wanen-Asen-Krieg) haben sie sich zusammengerauft und treten seitdem gemeinsam auf. Der Clanchef der Asen und Oberste der Götter ist der trickreiche, einäugige Odin. Sein Sohn Thor (gezeugt mit der Erdgöttin Jörd) ist ein junger und kraftstrotzender Krieger von eher bescheidenen Geistesgaben. Er führt den Kriegshammer Mjöllnir, der jedes Mal in seine Hand zurückkehrt, wenn er ihn geworfen hat. Sein Halbbruder Baldur ist der Gott des Lichts, der Schönheit und der Liebe, etwa mit dem griechischen Gott Apoll vergleichbar. Wie sein blinder Bruder Hödur stammt er aus der Verbindung von Odin mit Frigg, der Göttin der Liebe und Mutterschaft. Wegen seines fehlenden Augenlichts beurteilt Hödur die Menschen nicht nach ihrem Äußeren, sondern nach ihrem Herzen. Zum Schluss sollte man noch Tyr und Freyr kennen. Tyr ist für seine Tapferkeit im Kampf bekannt, zugleich ist er aber auch Schutzherr der Gerichte und des Thing, der Ratsversammlung. Freyr ist der waffenlose Gott der Ernte und des Wohlstands. Er hat sein Schwert vor langer Zeit seinem Diener Skirnir gegeben, damit der ihm bei der Brautwerbung half.

Der wichtigste Akteur aber, der Endzeitgott schlechthin, heißt Loki. Strenggenommen zählt er nicht zu den Göttern, denn er stammt von Riesen ab, trotzdem wohnt er bei den Göttern, und sein Name fällt auch bei der Aufzählung der Asen. Je nach Laune hilft er den Göttern oder spielt ihnen üble Streiche. Die Prosa-Edda schreibt über ihn:

> Loki ist schmuck und schön von Gestalt, aber bös von Gemüt und sehr unbeständig. Er übertrifft alle andern in Schlauheit und jeder Art von Betrug. Er brachte die Asen in manche Verlegenheit, doch half er ihnen oft auch durch seine Klugheit wieder heraus.

Loki verfügt über die Fähigkeit des Gestaltwandelns, er verwandelt sich zum Beispiel bei Bedarf in einen Lachs, in einen Adler oder auch in eine Stute. Mit der Riesin Angurboda hat er drei monströse Kinder: die Midgardschlange, den Fenriswolf und die Unterweltgöttin Hel.

Die Ethnologen nennen Götter wie Loki *Trickster* (Gaukler). Sie brechen bewusst alle moralischen Regeln und bringen dadurch Bewegung in das auf ewig erstarrte Leben der Götter. Sie stoßen Veränderungen an und sind in vielen Religionen auch Kulturbringer. In der griechischen Mythologie beispielsweise schuf der Gigant und Trickster Prometheus die Menschen und lehrte sie alle wichtigen Kulturtechniken. Als die Götter den Menschen das Feuer nahmen, holte Prometheus es zurück, indem er es von den Göttern stahl.

Loki kann verständlicherweise den unfassbar schönen und guten Baldur nicht ausstehen, und damit kommt Unheil über die Götter.

Der Mord an Baldur

Eines Tages bringt Loki den blinden Hödur dazu, unwissentlich seinen Bruder Baldur zu töten. Licht, Schönheit und Liebe in der Welt erlöschen. Odins Sohn Vali erschlägt daraufhin Hödur, um die Tat zu rächen. Der trickreiche Loki kommt erst einmal davon, denn niemand weiß, dass er Hödur angestiftet hat. Im Edda-Lied »Oegirs Trinkgelage« erscheint Loki in Ögirs Königshalle, beschimpft die dort versammelten Götter und gibt sich als Anstifter des Mordes an Baldur zu erkennen. In der Halle herrscht Burgfrieden, weshalb keiner der wütenden Asen auf Loki losgehen darf. Der Trickster flüchtet erst, als Thor auftaucht und ihm mit seinem Hammer droht. Die

Götter spüren Loki schließlich auf und bestrafen ihn fürchterlich: Er wird auf drei Felsen gebunden und der schmerzhafte Geifer eines »Giftwurms« tropft ihm ins Gesicht. Seine Frau steht neben ihm und fängt die Gifttropfen in einer Schale auf, bevor sie Loki treffen können. Wann immer sie die Schale ausleert, versengt das Gift Lokis Gesicht, und dann windet er sich dermaßen, dass die Erde bebt.

Halten wir hier einen Moment an. Nach Baldurs Tod ist die Welt schlechter geworden, denn alles Helle, Gute und Schöne ist mit Baldur gestorben. Die Menschen kämpfen entsetzliche Kriege, Brüder befehden sich, Väter und Söhne bringen einander um. Eventuell markiert Baldurs Tod das Ende eines vergangenen heroischen Zeitalters und den Beginn der gegenwärtigen elenden Welt. Dafür spricht eine Szene in der Lieder-Edda: In der letzten Strophe des Lieds von Wafthrudnir wird deutlich, dass Baldurs Tod bereits eine lange Zeit zurückliegt, das Götterende aber noch in der Zukunft. Andererseits könnte Baldurs Tod auch den (in der Zukunft liegenden) Beginn der Endzeit markieren. Ein Mord innerhalb einer Sippe ist ein unerhörtes Ereignis. Ein auf diese Weise geschwächter Familienverband muss schicksalhaft zerfallen. Die lange Zeit zwischen dem Frevel und dem Weltende spricht aber eher gegen diese Vorstellung.

Das Ende naht

Der Mythologie nach soll das Weltende mit einer Klimakatastrophe beginnen. Der bitterkalte Fimbulwinter dauert drei Jahre, und kein Sommer wärmt die Erde in dieser Zeit. Dann verschwindet die Sonne: Der riesige Wolf Skalli frisst sie auf, sein Zwillingsbruder Hati verschlingt den Mond. Die Sterne fallen vom Himmel und lösen gigantische Erdbeben aus. Die Berge stürzen zusammen und alle Fesseln und Bande bersten und reißen. Loki kommt frei, und der Fenriswolf zerreißt seine Fesseln. Auch die riesige Midgardschlange erwacht und kriecht an Land. Dabei entstehen gewaltige Flutwellen, die das Land verheeren. Jetzt geht das Geisterschiff Naglfar auf Fahrt, das aus den Finger- und Fußnägeln der Toten besteht. Der Riese Hrym steht am Steuer und bringt Muspels Söhne zur letzten Schlacht gegen die Götter. Die Midgardschlange verspritzt ihr Gift, der Fenriswolf speit Feuer. Himmel und Erde geraten in Brand. Muspels Söhne mit dem Feuerriesen Surtur an der Spitze reiten über die Regenbogenbrücke Bifröst, die Himmel und Erde verbindet. Unter dieser Last zerbirst sie in tausend Stücke.

Die Riesen und Dämonen ziehen zur Ebene Wigrid und stellen sich zur Schlacht auf. Die Weltesche Yggdrasil, die Verkörperung des gesamten Kosmos, beginnt zu beben. Der weise Heimdall, der Wächter der Götter, bläst das Giallarhorn (giallar = das Gellende) und alarmiert die Götter. Unter Führung des Göttervaters Odin rüsten sie sich zum Kampf, und die Schlacht beginnt.

Der Fenriswolf überwältigt Odin, aber Widar, Odins Sohn, stößt ihm sein Schwert in den Rachen und tötet ihn. Der waffenlose Freyr tritt gegen Surtur an, kann aber gegen dessen Flammenschwert nichts ausrichten und stirbt. Der mächtige Kriegsgott Thor erschlägt die Midgardschlange, aber ihr Gift tötet ihn, ehe er neun Schritte zurückgelegt hat. Tyr erschlägt nach langem Kampf den Höllenhund Garm, stirbt aber bald danach an seinen unzähligen Wunden.

Am Ende, als alle übrigen Götter tot sind, stehen sich Heimdall und Loki gegenüber. Sie fällen sich gegenseitig. Jetzt sind Götter, Riesen und Ungeheuer gestorben, Himmel und Erde stehen in Flammen. Der alte Kosmos ist untergegangen, und eine neue Erde taucht aus dem Meer auf. Sie ist grün und schön und Korn wächst darauf, obwohl es niemand gesät hat. Zwei Menschen, die Frau Lif (Leben) und der Mann Lifthrasir (der nach Leben Strebende) haben überlebt. Sie haben sich im Gehölz Hoddmimir versteckt und von Morgentau ernährt, während die Welt um sie herum verbrannte. Sie sind die Eltern eines neuen, großen Geschlechts, das die neue Welt bewohnen wird. Goldene Runentafeln (oder Kugeln) liegen im Gras. Baldur und Hödur werden wiederbelebt und herrschen zusammen mit einem ungenannten Allvater (»der Starke von oben«) über den neuen Kosmos. Auch Odins Söhne Vidar und Vali tauchen wieder auf und bewohnen »das weite Windheim« (das Windland, eventuell der untere, sichtbare Himmel).

Aber die Idylle ist nicht vollkommen: Der Drache Nidhöggur, der Dämon, der sich von Leichen ernährt, hat ebenfalls überlebt.

Nun kommt der dunkle Drache geflogen,
die Natter hernieder aus Nidafelsen.
Das Feld überfliegend, trägt er auf den Flügeln,
Nidhöggur, Leichen – und nieder senkt er sich.

Die Bedeutung des Ragnarök-Mythos

Fast alle Religionen kennen Kämpfe unter den Göttern, aber es ist eher selten, dass dabei fast alle umkommen und ihr himmlischer Wohnsitz zerstört wird. Noch seltener dürfte es sein, dass dieses Ende *vorausgesagt* wird und damit die Lebenszeit der Götter schicksalhaft begrenzt ist. In der Lieder-Edda wird diese »Prophezeiung« der Riesin Völva zugeschrieben, einer Zauberin und Seherin. Sie beschreibt zunächst die Vergangenheit, also die Entstehung der Welt, dann die Gegenwart und am Ende die zukünftige Katastrophe. »Viel weiß der Weise, sieht weit voraus, der Welt Untergang, der Asen Fall.«

Das hat bereits Generationen von Gelehrten irritiert. Der Germanist Wolfgang Golther (1863–1945) sah in der Ragnarök-Erzählung eine verzerrte und dem nordischen Verständnis angepasste Version der christlichen Apokalypse. Der Flammenriese Surtur (»der Schwarze«) stehe für den Teufel, meinte er. Die germanischen Götter ertrugen ihren Tod mannhaft, sie sterben den Heldentod, »den jeder Recke sich am Ende seines Lebens wünscht«.

Der Religionswissenschaftler Bernhard Maier weist auf Parallelen mit inselkeltischen Vorstellungen des Berstens von Himmel und Erde am Ende der Zeit hin. Die Quellen reichen aber nicht aus, um einen gemeinsamen Ursprung dieser Mythen mit dem Ragnarök-Geschehen zu belegen. Maier sieht wie Golther einen deutlichen Einfluss des Christentums und spekuliert, dass vielleicht erst die Auseinandersetzung der Nordgermanen mit dem Christentum und seiner ausgeprägten Endzeithoffnung die Ragnarök-Mythen aufgewertet hat.

Nicht Ende, sondern Übergang

Weder Golther noch Maier gehen auf die Situation zur Zeit der Entstehung der Edda ein. Die jüngere Edda stammt, wie erwähnt, wahrscheinlich vom Dichter, Rechtsgelehrten und Staatsmann Snorri Sturluson. Er lebte von 1179 bis 1241 und war in dieser Zeit zweimal Gesetzessprecher auf Island. Das war das höchste Amt in der isländischen Ratsversammlung, dem Althing. Er war also praktisch Regierungschef.

Island war zu dieser Zeit zwar unabhängig, aber die großen Familien waren zerstritten. Snorri trat für eine enge Allianz mit Norwegen ein und machte sich damit mächtige Feinde. Der norwegische König konnte ihm kaum helfen, denn bis 1217 herrschte in Norwegen Bürgerkrieg. Der neue und erst 13 Jahre alte König Håkon IV. Håkonsson musste in den Jahren darauf alle Kraft darauf verwenden, seine Macht zu sichern.

In dieser unsicheren Zeit entstand die Prosa-Edda. Die Texte der Lieder-Edda mit der Völuspá sind vermutlich älter, aber es ist wohl anzunehmen, dass Snorri sie bearbeitet oder zumindest gekannt hat. Der christliche Einfluss auf die Darstellung lässt sich kaum abschätzen, dürfte aber relativ stark sein. Island hatte bereits im Jahre 1000, also 200 Jahre zuvor, das Christentum als Staatsreligion eingeführt.

Stefanie Gropper von der Universität Tübingen weist darauf hin, dass der Ragnarök-Mythos auch in einem weltlichen Zusammenhang gedeutet werden kann, der sich auf die chaotischen Zustände des norwegischen Bürgerkriegs bezieht.

Der religiöse Inhalt der Völuspá wird dann metaphorisch aufgefasst: Das Gedicht verspricht nicht eine Erlösung nach dem Untergang der Welt, sondern nach einer großen Katastrophe wird ein ›Redeemer‹ in Gestalt eines neuen Herrschers erneut Ordnung schaffen.

Wollte Snorri also eine Streitschrift gegen die moralisch verkommenen norwegischen Herrscher seiner Zeit verfassen, verkleidet als Mythos? Der Bürgerkrieg war 1218 zu Ende gegangen, und Snorri schrieb die Edda vermutlich erst später. Oder wollte er vielleicht den neuen, noch jungen König als Erlöser feiern? Das hätte er sicher nicht so verdeckt getan, bei Huldigungen empfiehlt sich immer ein direktes, dick aufgetragenes Lob. Außerdem hatten die Figuren seines Weltende-Epos keine erkennbare Ähnlichkeit mit den Parteien des norwegischen Bürgerkriegs.

Deshalb sollte man die Völuspá und Snorris Kommentar vielleicht anders lesen. Wenn ein Mythen- und Geschichtsschreiber einer Weissagung Gewicht geben will, dann lässt er einen alten und anerkannten Propheten ein Ereignis vorhersagen, das zur Zeit der Niederschrift *bereits geschehen* ist. Nehmen wir also an, der Autor der Edda wollte klarmachen, dass die germanischen Götter tot waren und der christliche Gott Himmel und Erde beherrschte. Dann würde er wahrscheinlich ganz bewusst die literarische Form der Weissagung wählen. Damit würde er betonen, dass die Zeit der alten Götter *schicksalhaft* zu Ende gegangen ist. Zwei der Götterlieder (das Lied von Wafthrudnir und das Wegtamslied) machen klar, dass sich Odin sowohl Baldurs Ermordung als auch das Götterende hatte weissagen lassen. Trotzdem hat er niemals versucht, sein Schicksal abzuwenden oder das Leben seines Sohnes zu retten. Wir dürfen also annehmen, dass Weissagungen von Sehern nach damaligem Verständnis unabwendbar eintreffen mussten. Die alten Götter erlöschen aber nicht einfach, sie sterben ehrenvoll im Kampf, nachdem sie die urtümlichen Mächte des Chaos ein für alle Mal zerstört haben. Jetzt beginnt eine neue Welt. Darin wohnt das einzig überlebende Menschenpaar ohne Mühsal im Überfluss, und eine Götterdreiheit herrscht in Frieden und Eintracht. Der Adler frisst nur noch Fische und keine Leichen mehr. Ein wahrlich goldenes Zeitalter. Hier könnte das Lied zu Ende sein. Der zentrale Konflikt ist aufgelöst, der Kampf zu Ende, Harmonie ist hergestellt. Man erwartet eigentlich einen Satz wie:

»... und sie lebten glücklich und zufrieden bis an ihr seliges Ende.«

Stattdessen erscheint in der letzten Strophe der leichenfressende Unterweltdrache und beansprucht seinen Platz im neuen Zeitalter. Warum setzt der unbekannte Dichter einen so schrillen Misston an den Schluss?

»Unverständlich« nennt der Übersetzer Karl Simrock diese Strophe. Aber sowohl der unbekannte Autor der Völuspá als auch Snorri waren Meister ihres Fachs, die letzte Strophe kann also kein Versehen sein, sie deutet vielmehr an, dass eine Fortsetzung folgt. Aber welche? Sie wurde niemals geschrieben, auch Snorri erwähnt sie nicht, seine Interpretation der Völuspá endet hier. Ist der nächste Abschnitt vielleicht einfach verloren? Wohl nicht, vielmehr war er den Menschen damals allgemein bekannt. Fassen wir zusammen: Ein Menschenpaar im Paradies, ein dreieiniger Gott, ein Drache erscheint. Wie geht es weiter? Ganz offenbar mit dem Sündenfall, mit dem Anfang der christlichen Bibel.[3] Die alten Götter haben sich ehrenvoll verabschiedet, der christliche Gott tritt ihre legitime Nachfolge an.

Mit einem so aufgebauten Lied könnte ein Dichter kurz nach der Christianisierung Islands den Übergang zur neuen Staatsreligion gefeiert haben. Die Isländer wurden nicht gewaltsam bekehrt, der Übergang zum Christentum verlief friedlich, wenn auch nicht ohne Spannungen. Die Barden des Landes fühlten sich ganz sicher aufge-

3 Nidhöggur ist zwar ein Drache, man muss ihn sich aber als Dämon in Schlangengestalt vorstellen. Übersetzt heißt das Wort entweder: der schadensuchend Schlagende oder der neiderfüllt Schlagende. In jedem Fall will er aus niederen Motiven schaden. Eine Umdeutung hin zur Paradiesschlange ist deshalb plausibel.

rufen, die alte Mythologie passend zu ergänzen. Dichterisch war der Übergang nicht leicht zu vermitteln, streckenweise wirkt er geradezu erzwungen. Wo kam zum Beispiel die vom Wolf Skalli aufgefressene Sonne auf einmal wieder her? Snorri schreibt dazu:

> Und das wird dir wunderbar vorkommen, dass die Sonne eine Tochter geboren hat, nicht minder schön als sie selber: die wird nun auf der Bahn der Mutter reisen.

Diese Erklärung ist nirgendwo in die Mythen eingebettet, sie wirkt in der Tat reichlich bemüht. Auch andere Dinge bleiben offen. Wer hat die Sterne wieder angeheftet? Und den Mond zurückgeholt? Und warum weist Snorri nicht ausdrücklicher auf den Übergang zum Christentum hin? Zumindest die letzte Frage lässt sich leicht beantworten: Snorri verstand diese Zeilen nicht. Die alten Sagen waren für ihn Teil der dichterischen Überlieferung, nicht Bestandteil einer lebendigen Religion. Als er die Prosa-Edda schrieb, war Island seit mehr als sieben Generationen christlich. Er selbst vertrat die Theorie, dass die germanischen Götter ursprünglich mächtige Herrscher und Stammesfürsten waren, die erst in den Sagen zu Göttern erklärt wurden. Die Volüspa war für Snorri nicht mehr als ein Gedicht, dessen traditionelles Metrum sich hoffnungsvolle Barden zum Vorbild nehmen konnten.

Der Ragnarök-Mythos ist immer als bildgewaltige Metapher eines grandiosen und düsteren Endes angesehen worden, als Ausdruck des Lebensgefühls eines germanischen Kriegervolks, das lieber im Weltbrand untergeht, als sich zu unterwerfen. Diese Interpretation ist vermutlich falsch und von der Verklärung des Heldentods im 19. Jahrhundert beeinflusst. In Wahrheit beschreibt der Mythos einen Übergang, das Ende eines Zeitalters *und* den Beginn eines neuen. Die isländischen Barden erscheinen hier als Pragmatiker, die den alten Göttern einen heldenhaften Abgang ermöglichten, um dem neuen Gott Platz zu machen.

Die Zeit als endloser Kreis

Kein Anfang und kein Ende

Die Stoiker der Antike sahen die Welt als perfekten, unabänderlichen Zyklus. Ihre Lehre war im Rom der frühen Kaiserzeit weit verbreitet, und stoische Philosophen leisteten bedeutende Beiträge zur Staatslehre und zur Ethik.

Ihre Weltanschauung (Stoa) an der Grenze zwischen Religion und Philosophie stammt aus dem antiken Griechenland. Der Name leitet sich von der Säulenhalle auf dem Athener Markplatz ab, in der sich die Anhänger des stoischen Lehrers Zenon trafen. Die Lehre entstand ca. 300 v. Chr. und hatte in den folgenden 500 Jahren großen Einfluss im hellenistischen Raum und vor allem im römischen Reich. Die Stoa verlangte ein tugendhaftes Leben und eine rigorose Kontrolle der Gefühle. Die *Apathia*, die Gelassenheit selbst gegenüber heftigen Schicksalsschlägen, ist eines ihrer Ideale. Bis heute ist die »stoische Ruhe« sprichwörtlich. Dem Weisen reicht allein seine Tugend, um ein glückliches Leben zu führen. Daran muss er allerdings ständig arbeiten, denn Tugend stellt sich nicht von alleine ein. Erst wenn er den Zustand der *Apathia* erreicht hat, wird er wirklich frei sein, bis dahin bleibt er ein Sklave seiner Gefühle und der materiellen Welt. Allerdings sitzt der stoische Weise nicht in der Betrachtung seines Nabels versunken da, er hat vielmehr seinen Platz in der Welt, es ist Teil seiner Weisheit, diesen Platz zu erkennen und ihn in tugendhafter Weise auszufüllen. Die *Pflicht* ist ein weiterer wesentlicher Bestandteil der stoischen Lehre.

Die Stoiker glaubten nicht an die antike Göttergesellschaft. Ihr Gott (manche der Philosophen nannten ihn der Einfachheit halber *Zeus*) war eines der beiden ungeschaffenen und unzerstörbaren Grundprinzipien (*Archai*) des Kosmos, nicht etwa ein Clanchef mit unersättlichem Appetit auf außereheliche Abenteuer. Das andere war die Materie, die als passiv angesehen wird. Gott dagegen ist das ewige Prinzip der Logik oder der Vernunft, zugleich aber auch das

Urfeuer. Als aktives Element formt, bewegt und verändert er die Materie gemäß seinem göttlichen Plan. Gott ist der Ursprung der Kausalkette, die alles weitere Geschehen unabänderlich festlegt.

Jeder stoische Weltzyklus beginnt mit dem alles umfassenden Feuer, dann trennen sich die Elemente (Feuer, Wasser, Luft und Erde), und schließlich formt sich daraus die vielgestaltige Welt der Menschen. Irgendwann aber geht alles im Feuer auf, und ein neuer Zyklus beginnt. Man könnte annehmen, dass im Feuer auch das strenge Prinzip von Ursache und Wirkung seine Geltung verliert und bei Beginn eines jeden Zyklus die Karten neu gemischt werden. Aber die Stoa lässt sich beim *Logos* keine Kompromisse abhandeln: Der neue Zyklus läuft genauso ab wie der alte und jeder andere vor ihm. Die gleichen Menschen erscheinen, sprechen die gleichen Worte, vollbringen die gleichen Taten, denken die gleichen Gedanken. Nach der vorbestimmten Zeit stirbt alles im Feuer, nur damit anschließend das gleiche Stück erneut aufgeführt werden kann.

Der Philosoph Bertrand Russell hielt diesen Aspekt stoischer Philosophie für eine trübsinnige Sache. »Vernichtung der gegenwärtigen Welt durch Feuer und anschließend Wiederholung des gesamten Vorganges. Kann man sich etwas Sinn- und Zweckloseres vorstellen?«, schrieb er.

Hinduismus: die Billionen-Jahre-Uhr

Im Hinduismus, der drittgrößten Weltreligion, spielen Kreisläufe ebenfalls eine große Rolle.

Sowohl die Menschen als auch die Welt vergehen und entstehen ständig neu. Darüber sind sich die verschiedenen Strömungen des Hinduismus weitgehend einig, über die Einzelheiten streiten sie sich allerdings.

Ähnlich wie das Christentum und der Islam kennt auch der Hinduismus einige Hauptrichtungen und endlos viele abweichende Schulen, Lehren oder Sekten. Hinduismus ist eigentlich mehr der

Oberbegriff für eine Reihe miteinander verwandter religiöser Traditionen. Die Lehre der persönlichen Zyklen von Leben, Tod und Wiedergeburt sowie die Idee von den übergeordneten Weltzyklen werden nicht von allen Glaubensrichtungen des Hinduismus anerkannt, aber doch von der großen Mehrzahl. Wenn ich also hier von hinduistischen Glaubensvorstellungen spreche, dann meine ich den »Mainstream«. Daneben gibt es unzählige hinduistische Stammes- oder Volksreligionen mit mehr als 30 000 regionalen und lokalen Göttern, Schriften, Lehren, Ritualen und Festen.

Der Glaube an die Wiedergeburt ist fast allen hinduistischen Glaubensrichtungen gemeinsam. Samsara (Sanskrit: »beständiges Wandern«) lautet der Begriff. Die Seele (Atman = Atem oder Hauch) wandert in immer neuen Reinkarnationen durch die Zeitalter (Yugas), bevor sie endlich die Erleuchtung erfährt. Zwischendurch kann sie sich im hinduistischen Himmel oder in einer der vielen Höllen aufhalten, je nachdem, wie viel Karma (Verdienst) sie angesammelt hat.

Die hinduistische Mythologie kennt vier Zeitalter: das Krita, Treta, Dvapara und Kali. Sie repräsentieren die Zahlen vier, drei, zwei und eins. Im Krita-Yuga ist das *Dharma*, die Kraft der sittlichen und kosmischen Ordnung, am stärksten. Dharma geht aus dem Göttlichen Prinzip der Welt des Brahman hervor. Deshalb leben die Menschen im Krita-Yuga am längsten, sind am gesündesten und außerordentlich tugendhaft. Auch die Natur ist von Leben und Kraft erfüllt. Im Tetra-Yuga hat das Dharma nur noch drei Viertel der Kraft, im Dvapara die Hälfte und im letzten, dem Kali-Yuga, nur noch ein Viertel. Glücklicherweise geht es dann wieder aufwärts und über Dvapara und Tetra arbeitet sich die Welt wieder zum Krita hoch, nach anderen Überlieferungen geht es auch direkt mit dem Krita-Yuga weiter. Und schon beginnt ein weiterer Kreislauf mit erneutem Abstieg.

Das System erinnert deutlich an die antike Idee von den vier Weltzeitaltern. Nachdem das Goldene, Silberne und Eherne leider vergangen sind, so schrieben Hesiod und Ovid, müssen wir uns wohl oder übel im schlechtesten, dem Eisernen, einrichten. Auch die meisten Richtungen des Hinduismus sehen die Menschheit derzeit im Kali-Yuga (Sie haben es sicher schon geahnt).

In der Antike sah man allerdings keine Aussicht auf Besserung, während die Hindus einem erneuten Aufstieg entgegenblicken dürfen. Leider lässt der aber etwas auf sich warten. Die Tabelle zeigt den Zeitrahmen der Yugas. Dazu muss man wissen, dass die Götter ein Jahr wie einen Tag empfinden und deshalb ein Götterjahr (großzügig gerundet) 360 Menschenjahre umfasst.

Yuga	Entspricht Zeitalter	Dauer (Götterjahre)	Dauer (Menschenjahre)
Krita	Goldenes	400+4000+400	144 000+1 440 000+144 000
Treta	Silbernes	300+3000+300	108 000+1 080 000+108 000
Dvapara	Ehernes/ Bronzenes	200+2000+200	72 000+720 000+72 000
Kali	Eisernes	100+1000+100	36 000+360 000+36 000
Gesamt		12 000	4 320 000

Jedes Zeitalter braucht zehn Prozent seiner Dauer, um sich aufzubauen und noch einmal zehn Prozent für den Übergang zum nächsten Yuga. Derzeit herrscht, wie erwähnt, das Kali-Yuga. Die Menschen sind krank, leben nicht lange, und ihre Moral lässt zu wünschen übrig. Bei jeder Gelegenheit fangen sie Kriege an, trinken übermäßig Alkohol, lügen und stehlen. Leider hat das Kali-Yuga erst am 17. Februar 3102 v. Chr. mit dem Tod des Gottes Krishna begonnen und wird noch mehr als 400 000 Jahre andauern. Einige Gelehrte wie der indische Yogi und Guru Sri Yukteswar Giri glauben allerdings, dass die Berechnungsgrundlage der Yugas nicht Götterjahre, sondern Menschenjahre sind. Demnach wäre das Kali-Yuga bereits vorbei und wir wären wieder im Dvapara-Yuga. Es kann also nur noch besser werden.

Ein Zyklus der Yugas heißt Maha-Yuga (großes Zeitalter). Tausend davon (4,32 Milliarden Jahre) machen den kleinsten Weltzyklus (Kalpa) aus. Er bildet einen Brahma-Tag und endet mit einem Weltuntergang. Dann ruht die Welt für einen ebenso langen Zeitraum (Brahma-Nacht). Am Ende der Nacht wird die Welt neu geschaffen, und der nächste Zyklus beginnt. Je 360 Brahmatage und -nächte bilden ein Brahmajahr, und ein Brahma (Weltenschöpfer) lebt 100 Brahma-Jahre (ein Para).

Stellen wir uns eine Uhr vor, deren Zeiger die verschiedenen Zyklen darstellen. Dann würde der schnellste Zeiger in 4,32 Millionen Jahren einen Umlauf vollenden, der Zeiger für das Brahma-Jahr bräuchte 3,1104 Billionen Jahre und der am langsamsten vorankriechende Para-Zeiger würde erst nach 311,04 Billionen Jahren wieder seinen Ausgangspunkt erreichen! Nur mit den allerfeinsten Messgeräten würde ein Mensch überhaupt eine Bewegung der Zeiger feststellen können.

Die Azteken fürchteten in jeder Nacht um das Weiterbestehen der Welt, der hinduistische Kosmos dagegen ist in unvorstellbar langen Zyklen gefangen, die sich schicksalhaft und endlos wiederholen. Die Azteken glaubten, mit Strömen von Blut die Sonne stärken zu müssen, die Hindus leben in einem sicheren Kosmos und haben so die Gewissheit, sich nur um ihr eigenes Karma kümmern zu müssen.

Im christlichen Abendland wie im islamischen Morgenland verbinden die meisten Menschen mit dem Weltende einen Gerichtstag. Das trifft, wie wir schon gesehen haben, auf andere Religionen nicht zu. Weder die Germanen noch die Stoiker oder die Azteken sahen das Weltende als eine Instanz der ausgleichenden Gerechtigkeit.

Auch im frühen Judentum war diese Idee unbekannt, auf die Toten wartete lediglich eine freudlose graue Existenz unter der Erde. Belohnungen für gute Taten pflegte der Gott Jahwe vor dem Tod zu verteilen. Eine sehr alte Religion steht zuweilen im Verdacht, die Vorstellung vom Letzten Gericht eingeführt und auch das Christentum beeinflusst zu haben: der Zoroastrismus, benannt nach dem Religionsstifter Zarathustra, den die Griechen als Zoroaster kennen.

Was sagte Zarathustra?

Also sprach Zarathustra ist ein bekanntes Werk des Philosophen Friedrich Nietzsche. Nur hat sich der Philosoph mit den Lehren des Religionsgründers kaum befasst und dichtete Zarathustra Lehren an, die der persische Religionsstifter keinesfalls gutgeheißen hätte. Alle konkreten Weisheiten, die Nietzsche ihn in seinem Buch *Also sprach Zarathustra* sagen lässt, spiegeln die Verhältnisse im Deutschland des 19. Jahrhunderts wider, nicht die Lage in Persien vor 3000 Jahren. Immerhin wusste Nietzsche, dass Zarathustra als Erster die Welt und die Götter rigoros in Gut und Böse schied.

Die zoroastrische Religion gehört zu den ältesten noch existierenden Glaubenssystemen. Über den Gründer ist wenig bekannt, selbst die Epoche und die Orte seines Wirkens sind umstritten. Vermutlich hat er gegen 1000 v. Chr. gelebt und war gelehrter Priester einer alten, inzwischen verschwundenen Religion. Gesichert ist das aber nicht, die Schätzungen der Wissenschaftler reichen von 1750 bis 600 v. Chr. Ganz sicher lebte er in einer unruhigen Zeit, als kriegerische indo-arische Nomadenstämme wiederholt Raubzüge gegen ihre sesshaften Nachbarn unternahmen. Das würde auf eine Zeit um 1000 v. Chr. deuten. Die Sprache seiner Hymnen, der *Gathas*, ist allerdings deutlich älter. Sie steht auf einer Stufe, die man eher auf 1500 v. Chr. datieren würde. Es wäre aber möglich, dass er bei seiner Ausbildung als Priester eine altertümliche Sprache für den Gottesdienst lernen musste.

Der größte Teil von Zarathustras ursprünglichen Lehren ist verschollen. Die wenigen erhaltenen Schriften wurden lange Zeit mündlich weitergegeben und stammen aus verschiedenen Epochen. Die zentrale heilige Schrift ist die *Avesta*, in späteren Jahrhunderten (7. – 10. Jahrhundert n. Chr.) kamen noch eine Reihe von Kommentaren hinzu.

Von der Avesta ist nur ein Bruchteil erhalten. Die ältesten Teile entstanden vermutlich im 10. bis 7. Jahrhundert v. Chr., wurden aber erst im 4. Jahrhundert n. Chr. erstmals in schriftlicher Form niedergelegt. Mit der zur Zeit der Niederschrift gängigen Pahlevi-Schrift konnte man die Nuancen des Textes nicht erfassen, und so erfand ein unbekannter Schreiber die Avesta-Schrift, die mit 51 Buchstaben jeden Laut der heiligen Rezitationen genau wiedergab. Die große Sassanidische Avesta (nach dem persischen Herrscherhaus der Sassaniden) umfasste 21 Abschnitte, die jedoch größtenteils verloren gingen, als ab dem 7. Jahrhundert die Heere islamischer Araber Persien einnahmen und den Islam zur Staatsreligion machten.

Aber selbst die wenigen erhaltenen Dokumente ergeben ein deutliches Abbild einer für den alten Orient einmaligen Religion. Die meisten Völker verehrten damals viele Götter, und ihre Mythen spiegelten das irdische Leben. Die Götter hatten gute und böse Seiten, sie waren stark, mutig, hinterlistig, wollüstig, großherzig, missgünstig und jähzornig. Zarathustra räumte im Himmel gewaltig auf und lehrte, dass es nur einen einzigen Schöpfer gebe, den guten Gott Ahura Mazda (»Weiser Herr«). Er sei ewig und deshalb ungeschaffen, habe aber sechs unsterbliche Helfer, die *Yazatas* oder *Amesha Spentas*. Jeder von ihnen verkörpert eine bestimmte positive Eigenschaft. Dies sind »das gute Streben«, »die Wahrhaftigkeit«, »die erstrebenswerte (also moralisch einwandfreie) Herrschaft«, »die heilige Hingabe«, »Gesundheit (das umfassende Heilsein)«, »das lange Leben (oder Nichtsterben)«. Die Übersetzungen können nur Annäherungen sein, der genaue Bedeutungsumfang der Begriffe ist heute nicht mehr fassbar. Diese Tugenden stützen die kosmische Ordnung, die *Ascha*.

Zarathustra gab an, die Grundsätze seiner Lehre durch göttliche Offenbarung erfahren zu haben. Er lehnte die damals üblichen Tieropfer ab und propagierte das Gebet vor einem Altar in Anwesenheit eines göttlichen Feuers. Feuer und Wasser galten als wichtige Elemente und als Mittel der rituellen Reinigung. Zarathustra betonte, dass ein Gläubiger im Leben stehen sollte, bis heute lehnen die Anhänger dieser Glaubensrichtung alle Arten von Mönchstum, Askese oder Weltabkehr ausdrücklich ab.

Er war sich wohl darüber im Klaren, dass er die alten Götter nicht einfach abschaffen konnte, und so lehrte er, dass die sechs Yazatas ihrerseits die guten Götter des bisherigen Glaubens geschaffen hatten. Es gelang Zarathustra, den König Wischtaspa, Herrscher eines kleinen Stadtstaates, von seinen Visionen zu überzeugen, womit seine Religion erstmals eine staatliche Basis bekam. Leider ist völlig unklar, wo Wischtaspas Reich genau lag. Die Vermutungen über Zarathustras Wirkungsort gehen um Tausende Kilometer auseinander. Baktrien (das heutige Afghanistan) wird genauso genannt wie der Nordwest-Iran, das heutige Aserbaidschan. Sicher ist, dass sich seine Religion langsam ausbreitete. Die Perserkönige Kyros II. der Große, Darius I. der Große und Xerxes verehrten vermutlich einen Gott Ahura Mazda, aber es lassen sich keine sicheren Hinweise auf zoroastrische Lehren finden. Mit Alexanders Sieg über das Perserreich begann die große Zeit des Hellenismus im östlichen Mittelmeer und von Vorderasien bis nach Indien. Nach seinem frühen Tod teilten seine Generäle das riesige Reich, und Persien fiel an Seleukos I. Nikator, einen der größten Feldherrn des Mazedoniers. Er begründete das Seleukidenreich, das von Kleinasien bis nach Indien reichte. Der zoroastrische Glauben verlor an Bedeutung, die Griechen brachten ihre eigenen Götter mit. Erst im Sassanidenreich (224–651) lebte der Zoroastrismus wieder auf und wurde zeitweilig Staatsreligion. Nach dem Sieg der islamischen Araber über den letzten Sassanidenherrscher breitete sich in Persien der islamische Glauben immer weiter aus. Diskriminierende Gesetze förderten den Übertritt zum Islam, und die Anhänger der zoroastrischen Religion verloren an Boden. Die Religion hat sich bis heute gehalten, wenn auch die Zahl der Anhänger, der Parsen, auf weniger als 300 000 zurückgegangen ist. Die meisten von ihnen wohnen in Indien. Ein UNESCO-Projekt versucht, das Erbe dieser Religion zu bewahren.

Laut Zarathustra schuf Ahura Mazda zu Beginn des ersten Zeitalters eine rein geistige Welt ohne materielle Form. Erst in einem zweiten Akt erschuf er die Welt der Materie, so dass Wesen und Dinge jetzt eine feste Hülle und wahrnehmbare Form bekamen. Diese Stufe schloss den Schöpfungsakt ab. Aber die Schöpfung war angreifbar, und so brach Ahura Mazdas böser Zwillingsbruder, der »böse Geist« Angra Mainyu, in die Welt ein. Es entspann sich ein Kampf zwischen den Yazatas und ihrem Widersacher. Das Ergebnis war eine Art Waffenstillstand: Die gute Schöpfung konnte gerettet werden, aber das Böse blieb in der Welt. Damit begann das zweite Zeitalter, das der Durchmischung. Die Menschen müssen zwischen Gut und Böse, zwischen Wahrhaftigkeit und Lüge wählen. Eine Vorbestimmung gibt es nicht, jeder Mensch trägt die Verantwortung für sein Handeln selbst. Die Aufgabe der guten Menschen ist es, den Yazatas bei der Zurückdrängung des Bösen in der Welt zu helfen.

Alle Menschen, Männer und Frauen, Herren und Sklaven, Könige und Knechte werden nach ihrem Tod gerichtet, wobei ihr irdischer Rang keine Rolle spielt, nur das Gewicht ihrer Taten zählt. Wenn die guten Taten überwiegen, führt eine wunderschöne Jungfrau, die Verkörperung ihres reinen Gewissens, die Seele des Toten über die Cinvat-Brücke ins Paradies. Den Seelen böser Menschen erscheint die Brücke schmal wie eine Messerklinge. Während sie darüber balancieren, packt ein grauenhafter Dämon ihre Seele und wirft sie in die Hölle. Im vierten Gatha heißt es:

> Wer zum Rechtgläubigen sich gesellt, nennt künftig jubelndes Glück sein eigen; langes Schmachten in Finsternis, ekle Speise, Weherufe, in solches Dasein, ihr Lügenknechte, wird auf Grund eurer Taten euch die eigene Wesenheit führen.

Wohlgemerkt: Es geht hier nur um die Seelen, die Körper sollen erst am Ende des zweiten Zeitalters wiederauferstehen. Irgendwann, so lehrte Zarathustra, haben die Yazatas mit Hilfe der guten Menschen die Legionen des bösen Höllenfürsten Angra Mainyu besiegt und den ursprünglichen perfekten Zustand der Schöpfung wiederhergestellt. Damit ist die Zeit reif für *Frashoekreti*, das Weltgericht. Die Toten werden wiedererweckt, die Seelen mit den Körpern vereinigt, die Lebenden zusammengerufen. Dann wird *Airyaman,* der Yazata der Freundschaft und Heilung, zusammen mit *Atar,* dem Feuer, alles Metall in den Bergen schmelzen, so dass es als glühender Fluss über die Erde läuft. Die Menschen müssen hindurchwaten und »dem Gerechten wird es wie warme Milch erscheinen, dem Frevler aber wird es scheinen, als liefe er im Fleische durch flüssiges Metall«.

So sterben die Bösen einen zweiten und endgültigen Tod. Zum Schluss strömt der glühende Fluss in die Hölle hinunter, tötet den Höllenfürsten Angra Mainyu und brennt die Hölle ab.

Erst jetzt ist die Bosheit endgültig besiegt und ein neues, wunderbares Zeitalter bricht an. Die neu erstandenen Menschen altern nicht und werden niemals krank. Wie im Märchen leben sie glücklich und zufrieden bis in alle Ewigkeit. Dieses Paradies siedelt Zarathustra ausdrücklich auf der Erde an, nicht etwa im Jenseits oder in einem spirituellen Paradies. Die Menschen leben in ihren Körpern, sie sind nicht zu Geistwesen geworden.

Zarathustra war der Erste, der die Welt als Schlachtfeld zwischen guten und bösen Mächten sah, der die Auferstehung der Toten und ein Jüngstes Gericht predigte. Sein Gott war kein Stammesgott, sondern ein universeller Herrscher, der die Menschen nur nach ihren Taten, nicht aber nach Glauben, Volk oder Geschlecht beurteilt. Juden und frühe Christen können durchaus Kontakt mit seiner Lehre gehabt haben. Haben sie wichtige Elemente direkt übernommen? Hier eine Vergleichstabelle:

Religion	Zoroastrismus	Antikes Griechenland	Judentum vorexilisch	Judentum nachexilisch	Christentum
Gründer/Organisator	Zarathustra	Unbekannt	Unbekannt	Esra	Jesus
Beginn	ca. 1000 v. Chr	Unbekannt	ca. 1000 v. Chr	ca. 520 v. Chr	ca. 30–50
Götter	Einer	Viele	Einer	Einer	Einer
Reichweite des Gottes	Universell	Polis/Kultur	Israel/Juda	Universell	Universell
Opfer	Nein	Ja	Ja	Ja (nur im Tempel)	Nein
Gottgesandte	Zarathustra, später mehr	Nein	Nein	Angekündigter Messias	Jesus
Dualität gut/böse	Bestimmend	Nein	Nein	Begrenzt	Bestimmend
Individuelles Gericht nach dem Tod	Ja	Nein	Nein	Nein	Ja
Weltgericht	Ja	Nein	Nein	Nein (Sieg Jahwes über die Feinde)	Ja
Weltende	Ja (Schöpfung bleibt bestehen)	Nein	Nein	Schöpfung bleibt bestehen, Jerusalem wird Welthauptstadt	Ja (Ende der Schöpfung)
Paradies/Hölle	Irdisch, ewiges Leben für die Guten, Hölle wird ausgebrannt und verschwindet	Nein, alle Toten kommen in die Unterwelt, Eleusische Felder für wenige Auserwählte	Nein, alle Toten kommen in eine graue Unterwelt	Nein, alle Toten kommen in eine graue Unterwelt	Jenseitig, Himmel und Hölle sind ewig

Christentum und Zoroastrismus haben erstaunlich viele gemeinsame Ideen, die damals keineswegs selbstverständlich waren. Beide kennen einen zentralen Gegensatz zwischen einem guten Gott und einem bösen Gegenspieler, ein individuelles Gericht nach dem Tod und ein weiteres allgemeines Gericht am Weltende. Beide sehen ein Paradies nach dem Weltgericht vor. Der christliche Glauben kennt aber eine ewige Hölle, während der Zoroastrismus den endgültigen Tod aller Bösen vorsieht. Im Christentum verschwindet die materielle Welt am Ende der Zeit, im Zoroastrismus bleibt sie bestehen und die Menschen werden unsterblich. Kann das Zufall sein? Beweisen lässt es sich nicht, denn die Idee von einer neuen Welt nach einem Weltgericht ist möglicherweise im Judentum unabhängig vom Zoroastrismus aufgekommen. Leider ist die Entwicklung des Zoroastrismus ausgerechnet für die Zeit von 300 v. Chr. bis 200 n. Chr. nur bruchstückhaft belegt. Danach lebte er aber so stark wieder auf, dass er wohl auch in der Zwischenzeit viele Anhänger gehabt haben muss. Allerdings lässt sich für die Zeit der Entstehung, Ausbreitung und Vereinheitlichung des christlichen Glaubens ein zoroastrischer Einfluss kaum feststellen.

Die Entwicklung des Judentums ist im Gegensatz dazu sehr gut dokumentiert und macht eine unabhängige Entwicklung der Idee vom Weltgericht wahrscheinlich.

Das Weltende aus jüdisch-christlicher Sicht

Das Alte Testament: der Ursprung

Die Anfänge des jüdischen Staats liegen im Dunkeln. Die glanzvolle Herrschaft der Könige David und Salomon ist historisch nicht belegt. Niemand hat nachweisen können, dass die beiden wirklich gelebt haben, keine ägyptischen oder assyrischen Inschriften aus der damaligen Zeit erwähnen sie. Der Sage nach zerbrach das jüdische Großreich schon kurz nach Salomons Tod in ein nördliches und ein südliches Herrschaftsgebiet. Die sagenhaften 12 Stämme Israels, benannt nach den 12 Söhnen Jakobs, sollten danach nie wieder einen gemeinsamen Staat bilden. Das Südreich *Juda* lag auf dem Gebiet der Stämme Juda und Benjamin, alle übrigen Stämme bildeten das Nordreich *Israel*. Dieser Zustand begann gegen 930 v. Chr. und endete 722 v. Chr. mit der Zerstörung des Reichs Israel. Man muss sich die Stämme als weitgehend selbständige Clans vorstellen, die einen lockeren Verbund bildeten. Nur bei einer Bedrohung von außen arbeiteten sie enger zusammen. Dass sie überhaupt unabhängige Staaten bilden konnten, verdankten sie einer Schwächeperiode der sie umgebenden Großreiche. Das hethitische Reich im Nordwesten, Assur im Nordosten und Ägypten im Süden hatten zwischen etwa 1200 und 850 v. Chr. nicht die Kraft, die Gebiete zwischen Mittelmeerküste, Jordangraben und Syrien dauerhaft unter ihre Kontrolle zu bringen. In der Mitte des 9. Jahrhunderts wurde das Nordreich Israel den Assyrern tributpflichtig. Zu allem Überfluss führte das Land Aram mit der Hauptstadt Damaskus in der zweiten Hälfte des 9. Jahrhunderts einen erfolgreichen Eroberungskrieg gegen die kleineren Nachbarn. Das hörte erst auf, als die Assyrer für Ordnung sorgten und Aram tributpflichtig machten. Unter Jerobeam II. (ca. 788–747) erlebte das Nordreich eine letzte wirtschaftliche Blüte. Politisch war es während dieser Zeit ein Vasall Assyriens. Trotzdem gelang es Jerobeam, die Aramäer zu vertreiben und die alten Grenzen seines Reichs weitgehend wiederherzustellen. Den Assyrern war es vermutlich recht, dass die Aramäer etwas zurechtgestutzt wurden. Jerobeam gelang es nicht, einen starken Nachfolger aufzubauen. Nach seinem Tod regierten in schneller Folge verschiedene Könige, die ihre Macht nicht selten einem blutigen Umsturz verdankten. Ab 745 regierte in Assyrien Tiglatpileser III. Er gab sich nicht mehr damit zufrieden, seine Nachbarn zu Abgaben zu zwingen, er wollte ihr Land. Das Reich Israel nutzte eine kurzfristige Schwäche der Assyrer zur Abspaltung und zum Bündnis mit Ägypten, aber es hatte auf den falschen Partner gesetzt. Der Pharao konnte keine Hilfe bieten. Assyrien reduzierte Israel ab

738 auf einen kleinen Flecken Land rund um die Hauptstadt Samaria. 722 nahmen die Assyrer Samaria ein und Israel wurde assyrische Provinz. Der assyrische König Salmanassar V. ließ die städtische Bevölkerung fast vollständig deportieren, soweit sie nicht ins Südreich flüchten konnte. Seit dieser Zeit gelten die zehn nördlichen Stämme Israels als verloren. Sie gingen in der Bevölkerung des assyrischen Reichs auf. Die Verschleppung der städtischen Oberschicht war im Altertum eine bewährte Methode zur Vorbeugung gegen Aufstände. Die Assyrer wandten sie routinemäßig an, um ihre Provinzen ruhigzuhalten. Ohne seine Führung kann ein unterworfenes Volk nicht rebellieren.

Das Südreich Juda mit der Hauptstadt Jerusalem hielt sich länger. Es war ärmer als das Nordreich und hatte keine Verbindung zur reichen und strategisch wichtige Küstenebene. In gewisser Weise lag es im Windschatten der Geschichte.

Auf Dauer half ihm das aber auch nicht. In der zweiten Hälfte des 7. Jahrhunderts verfiel das assyrische Großreich, während zugleich das ägyptische und babylonische Reich an Stärke gewannen.

Der judäische König Josia (647–609) sah die Chance, sich aus dem Vasallenverhältnis mit Assur zu lösen und das Gebiet des ehemaligen Nordreichs Israel für Juda zu gewinnen. Interessanterweise stammen die biblischen Schriften, die von König David schwärmen, aus der Zeit seiner Regierung. Er hatte die Jerusalemer Tempelpriester auf seiner Seite, denn seine religiösen Reformen im Jahre 622 hatten den Tempel zum einzigen Heiligtum erklärt, in dem Jahwe Opfergaben dargebracht werden durften. Das Laubhüttenfest erklärte Josia zum nationalen Fest, das aber nur am Tempel gefeiert werden durfte. Alle anderen religiösen Kulte und ihre Priester mussten Jerusalem verlassen. Die religiösen Reformen waren mit umfangreichen Sozialreformen gekoppelt. Diverse Vorschriften verbesserten die Stellung der Armen gegenüber den Reichen. Sklaven waren nach sechs Jahren freizulassen. Einwanderer durften nicht benachteiligt werden. Beamte und Richter durften keine Bestechungsgelder annehmen.

Alle diese Vorschriften standen angeblich in einem alten Gesetzestext, den die Priester bei der Renovierung des Tempels zufällig entdeckt haben wollten. Falls die Priesterschaft aber von Josia weitere Großtaten oder gar die Wiederherstellung von Davids Reich erhoffte, so wurde sie bitterlich enttäuscht. Der König starb bei einem Aufeinandertreffen mit dem ägyptischen Pharao Necho II. im Jahre 609 in (oder vor) der ägyptischen Hügelfestung Megiddo.

Entweder hatte der jüdische König versucht, dem Pharao militärisch entgegenzutreten, oder es gab Meinungsverschiedenheiten um den fälligen Vasalleneid. Das biblische Buch der Chronik berichtet von Josias Heldentod auf dem Schlachtfeld, aber bei genauer Betrachtung hätte das kleine Reich Juda unmöglich ein Heer gegen den Pharao aufbieten können. Vermutlich hat Necho den Judäer einfach hinrichten lassen.

Josia hatte lange und erfolgreich regiert. Mit seinem Tod war das Königtum in Juda nicht nur geschwächt, sondern buchstäblich enthauptet. Der Traum von einer Wiedervereinigung der Reiche Israel und Juda war ausgeträumt, die Großmächte hatten das Wort. Assur war nahezu am Ende: 616 nahmen babylonische Truppen die Hauptstadt Ninive ein. Der ägyptische Pharao versuchte Stärke zu demonstrieren und verbündete sich mit Assyrien, um den weiteren Aufstieg Babyloniens zu verhindern. Es gelang ihm nicht: Der babylonische Thronprinz, der spätere König Nebukadnezar II., vernichtete 605 im nordsyrischen Karkemisch die ägyptisch-assyrischen Streitkräfte und zog mit seinem Heer bis nach Gaza. Vermutlich entrichtete Juda in diesem Jahr bereits Tribut an ihn. Trotzdem war nicht klar, wer das Ringen am Ende gewinnen würde. Wie alle Kleinstaaten der Region war Jerusalem verzweifelt bemüht, sich dem potentiellen Sieger unter den Großmächten anzuschließen. Josias Sohn Jojakim setzte auf Ägypten, nachdem Nebukadnezar II. bei einem direkten Angriff auf den großen Rivalen gescheitert war. Doch seine Rechnung ging nicht auf: Nebukadnezar tauchte mit einem gewaltigen Heer in Palästina auf und brachte den Abtrünnigen zur Räson. Im Jahre 598 schloss er Jerusalem ein und begann die Belagerung. Jojakim starb, und sein erst achtzehnjähriger Sohn Jojachin sah keine andere Möglichkeit, als zu kapitulieren. Am 16. März 597 übergab er die Stadt und musste zusammen mit einem Teil der städtischen Oberschicht den Gang ins Exil nach Babylon antreten. Nebukadnezar nahm den Tempelschatz als Beute mit und setzte Jojachins Onkel Zedekia als Vasallenkönig ein. Der beging den kapitalen Fehler, sich beim ersten Anzeichen babylonischer Schwäche einem regionalen Aufstand anzuschließen. Ägypten versprach Unterstützung, erwies sich aber erneut als unzuverlässig. Im Jahre 587 nahm Nebukadnezar Jerusalem nach längerer Belagerung ein und ließ es niederbrennen. Zedekia, seine Familie und der Rest seiner Armee flüchteten, wurden aber gestellt. Seine Soldaten zogen es vor, zu desertieren, und Zedekia geriet in Gefangenschaft. Nebukadnezar zwang ihn, bei der Hinrichtung seiner Söhne zuzusehen. Das sollte ausdrücklich das Letzte sein, was der judäische König sehen durfte. Er wurde geblendet und außer Landes ins Exil verschleppt, wo er später starb. Das war ein harter Schlag für den Glauben der Israeliten, denn mit Zedekia erlosch die Dynastie Davids. Gott hatte aber den Nachkommen Davids ewige Herrschaft versprochen (2 Sam 7). Hatte er sein Versprechen gebrochen? Nein, so behaupteten die priesterlichen Chronisten, die Menschen hätten sich von Gott abgewandt, seine Gebote missachtet und seine Gesetze gebrochen. Damit hätten sie den Bund aufgekündigt, und deshalb sei das Geschlecht Davids erloschen, sein Volk ins Exil vertrieben, sein Tempel verwüstet.

Das Exil bedeutete einen enormen Einschnitt für das jüdische Volk. Es wurde in Babylon keineswegs unterdrückt, im Gegenteil, viele Juden bauten eine erfolgreiche Existenz als Händler oder als königliche Beamte auf. Die Priester versuchten, den Glauben so weit wie möglich zu bewahren. Es entstanden Bethäuser, die Vorläufer der Synagogen. Opfer waren nicht mehr möglich, denn die Reformen von König Josia banden die Opferzeremonie an den Tempel von Jerusalem. Das Exil dauerte nicht lange: Bereits 539 v. Chr. eroberten die Perser Babylon, und ein Jahr später gestattete der Perserkönig Kyros den Juden die Rückkehr. 515 war auch der Tempel wieder aufgebaut, und der Opferdienst konnte beginnen. Vor dieser Zeit war im Glaubenssystem der Juden keine Endzeiterwartung, kein Weltende und kein Jüngstes Gericht nachzuweisen. Die ersten Hinweise darauf erschienen in der Zeit des Wiederaufbaus des jüdischen Tempels nach dem Exil.

Das neue Jerusalem

Vor großen Katastrophen pflegte Gott stets Propheten zu schicken, die das Volk, die Priester und den König wieder auf den richtigen Weg bringen sollen. Erst wenn das nichts half, ließ er zu, dass fremde Mächte die Königreiche Israel und Juda unterjochten oder zerstörten. So sahen es jedenfalls die frommen Autoren und Redaktoren[4] des Alten Testaments. In schlimmen Zeiten durfte ein Prophet aber dem Volk auch durchaus Trost zusprechen.

So ist es kein Wunder, dass kurz vor der Zerstörung Jerusalems, während des Exils und beim Wiederaufbau des Tempels gleich mehrere der bekannten Propheten auftraten, darunter Jeremias, Baruch, Ezechiel, Sacharja. Teile des Buchs Jesaja gehören ebenfalls in diese Periode, obwohl Jesaja bereits im 8. Jahrhundert gelebt hat.

Alttestamentarische Propheten suchten sich ihr Amt nicht aus, sie wurden vielmehr von Gott berufen. Wer sich selbst als Prophet ausgab, war also wahrscheinlich ein Hochstapler. Ein gewöhnlicher Mann hingegen, der plötzlich zu predigen begann, der Haus, Hof und Familie aufgab, um dem König ins Gewissen zu reden, war vermutlich echt. Propheten waren nicht auf Israel beschränkt, als Verkünder göttlichen Willens und Mahner der Mächtigen traten sie

[4] Die Schriftgelehrten, die Bibeltexte zusammenstellten, anpassten und bearbeiteten, nennt man Redaktoren (nicht Redakteure). Sie passten alte Texte oftmals so an, dass sie für ihre Zeitgenossen verständlich wurden oder sogar eine auf die aktuelle Zeit zugeschnittene Botschaft enthielten. Fünf oder mehr Bearbeitungsschichten sind keine Seltenheit.

überall im kanaanitisch-syrischen Kulturraum auf. Sie erschienen zumeist dann, wenn große soziale oder politische Spannungen das Land zu zerreißen drohten, und erinnerten die Mächtigen an ihre Pflichten. Ihre Predigten spiegelten den gärenden Unmut des Volkes wider.

Jeremias beispielsweise warnte während der Herrschaft Zedekias davor, die strengen religiösen Vorschriften Josias aufzuweichen oder sich mit Ägypten zu verbünden. Während der Belagerung im Jahre 587 plädierte er dafür, die Stadt zu übergeben und auf Gnade zu hoffen. Wegen dieses angeblichen Defätismus ließ ihn das Militär zeitweise in einen trockenen Brunnen hinab, damit er dort verhungerte. Er überlebte nur knapp. Offenbar traute sich niemand, ihn direkt umzubringen. Schließlich konnte es sein, dass er wirklich Gottes Rat verkündete.

Die Propheten des Exils beklagten die Zerstörung Jerusalems und die Versprengung der Juden. Dafür machten sie die Abwendung des Königs und der Oberschicht von Gott verantwortlich. Aber sie sprachen den vertriebenen Juden auch Trost zu. Sie bauten eine Heilserwartung auf, um den Zusammenhalt des Volkes zu stärken. Der Prophet Ezechiel (auch als Hesekiel bekannt) beispielsweise berichtete über Visionen, die Gott ihm gesandt habe. In einer davon nahm Gott seinen Geist und versetzte ihn in eine Ebene voller Knochen (Ez 37,1–14).

Gott fragte ihn, ob die Gebeine wieder lebendig werden könnten. »Das weißt du doch«, stöhnte Ezechiel oder, anders ausgedrückt: »Natürlich nicht!« Gott wies ihn an, als Prophet zu den Gebeinen zu sprechen und ihnen zu sagen, dass Gott sie wiederbeleben werde. Der Effekt war durchschlagend (wir sind, nur zur Erinnerung, immer noch in einer Vision):

> Die Gebeine rückten zusammen, Bein an Bein. Und als ich hinsah, waren plötzlich Sehnen auf ihnen und Fleisch umgab sie und Haut überzog sie.

Die gebleichten Knochen sind eine Metapher für das verzweifelte und zerstreute Israel. Schon sieht es aus, als würde es nie wieder zusammenfinden und leben, aber Gott hat sein Volk nicht verlassen.

> Ich hauche euch meinen Geist ein, dann werdet ihr lebendig und ich bringe euch wieder in euer Land. Dann werdet ihr erkennen, dass ich der Herr bin.

Ein späterer Redaktor aber zog es vor, die Auferstehungsgeschichte sehr viel realer auszulegen. Er fügte folgende Stelle ein:

> So spricht Gott, der Herr: Geist, komm herbei von den vier Winden! Hauch diese Erschlagenen an, damit sie lebendig werden!

Er betrachtete die Knochen als Überreste erschlagener Kämpfer, die Gott tatsächlich wieder lebendig werden ließ. Als der Redaktor die Stelle bearbeitete, hatte sich auch schon im Judentum die Idee einer sehr realen Auferstehung festgesetzt.

Zur Zeit des Exils entstanden auch die ersten Beschreibungen eines Letzten Gerichts. Die Propheten versprechen einen künftigen, diesmal endgültigen Sieg des jüdischen Volkes über seine Gegner. Der Gott Jahwe wird als Garant dieses Sieges beschworen. Jerusalem solle schöner werden als je zuvor. Ezechiel beschreibt die Vision eines riesigen, prächtigen neuen Tempels. Die Quelle eines Flusses sollte unter seinem Fundament entspringen, und dieser Fluss würde den Salzsee östlich von Jerusalem (das Tote Meer) heilen, so dass dort wieder Fische leben konnten. Vorher wird ein Gottesgericht die Gerechten von den Sündern trennen, und nur die Gerechten sollten in Jerusalem leben dürfen.

Auch andere drohten den Abtrünnigen mit einem Gericht. Hier ein Beispiel aus den Weissagungen des Propheten Malachi:

> »Denn wisset wohl: es kommt der Tag, brennend wie ein Ofen, da werden alle Übermütigen und alle, die gesetzlos handeln, wie Stoppeln (oder: Stroh) sein, und verbrennen wird sie der Tag, der da kommt« – so hat der HERR der Heerscharen gesprochen –, »so

dass von ihnen weder Wurzel noch Zweig übrig bleibt! Euch aber, die ihr meinen Namen fürchtet, wird die Sonne der Gerechtigkeit (d. h. der Rechtfertigung und des Heils) aufgehen mit Heilung in (oder: unter) ihren Flügeln; und ihr werdet ausziehen und hüpfen wie Jungvieh (aus dem Stall) und werdet die Gottlosen zertreten; denn sie sollen zu Staub (oder: wie Asche) werden unter euren Fußsohlen an dem Tage, wo ich es vollführe!« – so hat der HERR der Heerscharen gesprochen. (Mal 3,18–21)

Das alles spielt sich ausschließlich im Diesseits ab, ein Jenseits über die graue Existenz in der Unterwelt hinaus war damals noch nicht vorgesehen.

Am Ende des Exils waren viele babylonischen Juden nicht von der Idee begeistert, nach Jerusalem zurückzugehen. Als der Perserkönig Kyros 539 Babylon besiegt und den Juden die Rückkehr gestattet hatte, brachen nicht alle auf, wahrscheinlich nicht einmal die Mehrheit. Viele hatten sich in den fast 60 Jahren des Exils komfortabel eingerichtet, Land gekauft, Geschäfte aufgebaut, Karriere gemacht. Selbst nach der Niederlage des babylonischen Reiches war Babylon eine Weltstadt, Jerusalem hingegen ein winziges, halb zerstörtes Felsendorf an Rande der Welt. Warum also zurückkehren? Warum Steine klopfen und Balken schleppen, um ein kleineres Haus zu bauen, als das, das man in Babylon zurückgelassen hat? Und vielleicht würde schon bald der nächste Streit unter den Großmächten ausbrechen, und Jerusalem würde es wieder einmal ausbaden müssen.

Auch vor diesem Hintergrund sollte man die Prophezeiung des Letzten Gerichts sehen. Wer Jahwe die Treue hält, wer mit den Rechtgläubigen nach Jerusalem zieht, so sagen die Propheten, werde belohnt werden, die Übrigen aber werde die göttliche Strafe treffen. Wohlgemerkt: Es geht bei dem Gericht eher um Treue als um Sünden. Erst in den christlichen und muslimischen Visionen des Weltgerichts werden die Menschen nach moralischen Richtlinien beurteilt. Weil Drohungen allein aber meist nicht viel fruchten, malten die Propheten auch ein wunderschönes neues Jerusalem aus. Zum Beispiel:

> Du Ärmste, von Sturm Gepeitschte, die ohne Trost ist, sieh her: Ich selbst lege dir ein Fundament aus Malachit und Grundmauern aus Saphir. Aus Rubinen mache ich deine Zinnen, aus Beryll deine Tore und alle deine Mauern aus kostbaren Steinen. (Jes 54,11–12)

Die Redaktoren dieser Zeit ergänzten auch die Schriften alter Propheten um Heilsversprechen. Im vergleichsweise kurzen »Buch Micha« finden sich viele verschiedene Schichten wieder, von denen nur die älteste vom historischen Micha des 8. Jahrhunderts v. Chr. stammt. Er geißelte damals die Unterdrückung der Armen durch die Reichen und die habgierigen offiziellen Propheten. Er war als reiner Mahner und Unheilsverkünder bekannt. Das folgende Zitat, ein Heilsversprechen, stammt dagegen von einem anonymen Redaktor aus der Zeit unmittelbar nach dem Exil:

> Am Ende der Tage (= in der Endzeit) aber wird es geschehen, dass der Tempelberg des HERRN fest gegründet dasteht als der höchste der Berge und über die anderen Höhen erhaben; dann werden die Heidenvölker zu ihm strömen und zahlreiche Völkerschaften sich aufmachen und sagen: »Kommt, lasst uns zum Berge des HERRN hinaufziehen und zum Hause des Gottes Jakobs, damit er uns über seine Wege belehre und wir auf seinen Pfaden wandeln!« (Micha 4,1–2)

Damit erhebt der Redaktor erstmals den Anspruch, dass Jahwe nicht nur der Gott Abrahams, Isaacs und Jakobs ist, sondern der höchste Gott aller Völker.

> Denn von Zion wird Belehrung ausgehen und das Wort des HERRN von Jerusalem. Dann wird er zwischen vielen Völkern richten und mächtigen Völkerschaften Recht sprechen bis in weite Ferne. Da werden sie ihre Schwerter zu Pflugscharen umschmieden und ihre Lanzenspitzen zu Winzermessern. (Micha 4,3)

Dann wird eine immerwährende Friedenszeit anbrechen:

> Kein Volk wird noch das Schwert gegen ein anderes Volk erheben, noch sich hinfort auf den Krieg einüben; sie werden ein jeder unter seinem Weinstock und unter seinem Feigenbaum sitzen, ohne dass jemand sie aufschreckt; denn der Mund des HERRN der Heerscharen hat es verheißen. Mögen alle Völker, ein jedes im Namen (d. h. unter Anrufung des Namens) seines Gottes wandeln – wir wollen im Namen des HERRN, unseres Gottes, wandeln immer und ewig! (Micha 4,3–4)

Unter der gnädigen und allumfassenden Oberherrschaft des jüdischen Gottes wird ein ewiger Frieden herrschen, eine für die Zeit nach dem Exil beinahe typische Prophezeiung. Zwangsbekehrungen sind ausdrücklich ausgeschlossen. Einige Propheten predigten aber auch die Rache Jahwes an den Feinden:

> Die Kelter habe ich getreten, ich allein, denn von den Völkern stand niemand mir bei; da habe ich sie in meinem Zorn niedergetreten und in meinem Grimm zerstampft; dabei ist ihr Lebenssaft an meine Kleider gespritzt, so dass ich meine ganze Gewandung besudelt habe. Denn ein Tag der Rache lag mir im Sinn, und das Jahr meiner Erlösung war gekommen. Ich schaute mich um, doch niemand war da, um zu helfen; ich blickte erstaunt umher, doch niemand war da, der mir beistand; da hat mein Arm mir geholfen, und mein Grimm, der hat mir Beistand geleistet. (Jesaja 63,3)

Ezechiel erfindet einen Fürsten Gog aus dem Lande Magog. Er wird gegen Israel ziehen, aber Gott vernichtet ihn und sein Heer. Erst bebt die Erde, dann

> »werde ich in meinem ganzen Bergland das Schwert gegen ihn aufbieten« – so lautet der Ausspruch Gottes des HERRN –, »so dass das Schwert eines jeden sich gegen den andern kehrt. Und ich will das Strafgericht an ihm vollziehen durch Pest und Blutvergießen, durch Wolkenbrüche (= überschwemmende Regenfluten) und

Hagelsteine; Feuer und Schwefel will ich auf ihn und seine Krieger regnen lassen und auf die vielen Völker, die bei ihm sind.« (Ezechiel 38,21–22)

Damit deutet Ezechiel an, dass Gott in Zukunft das Land Israel und seine Bewohner vor allen Feinden schützen wird.

Eventuell sollte auch ein Endzeitkönig kommen, der als Gottes Sohn und in Gottes Namen die prachtvolle Stadt Jerusalem regieren wird. Er könnte aus dem Geschlecht Davids sein oder zusammen mit einem hohen Priester regieren. Die Propheten sind sich da nicht ganz einig.[5] Micha schreibt beispielsweise:

> Und du, Bethlehem Efrata, die du klein bist unter den Städten in Juda, aus dir soll mir der kommen, der in Israel Herr sei, dessen Ausgang von Anfang und von Ewigkeit her gewesen ist. Indes lässt er sie plagen bis auf die Zeit, dass die, welche gebären soll, geboren hat. Da wird dann der Rest seiner Brüder wiederkommen zu den Söhnen Israel. Er aber wird auftreten und weiden in der Kraft des HERRN und in der Macht des Namens des HERRN, seines Gottes. Und sie werden sicher wohnen; denn er wird zur selben Zeit herrlich werden, so weit die Welt ist. Und er wird der Friede sein. (Micha 5,1–4)

Diese Stelle zitiert Jahrhunderte später der Evangelist Matthäus, um zu belegen, dass Jesus tatsächlich der prophezeite Friedensfürst ist, der *Messias.* Nach dem Ende des Exils schien das alles doch sehr übertrieben. Tatsächlich waren die Juden gerade erst dabei, ihren Tempel notdürftig wieder aufzubauen, ein eigenes Reich lag in weiter Ferne. Erst 350 Jahre später sollte es wieder einen jüdischen Staat geben, wenn auch nur für kurze Zeit.

---

[5] Falls es jemand nachlesen möchte, beispielsweise Jes 7,14–16; Jes 9,1–6; Jes 11,1–10; Mi 5,1–5; Sach 9,9–10) Jes 32,1–8; Jer 23,5–6; Jer 33,14–26; Ez 17,22–24; Ez 34,23–24; Ez 37,21–25; Am 9,11–12; Hag 2,20–23; Sach 4,6–10; Sach 6,9–14.

In der Zeit nach dem Exil wurde der Keim der Vorstellung vom Jüngsten Gericht und dem himmlischen Jerusalem gelegt. Dort sollten die Gerechten für alle Zeiten in Frieden wohnen. Die Gerechten würden nicht etwa unsterblich sein, Gott würde ihnen lediglich ein langes, gesundes und glückliches Leben gewähren. Ewig dachte man sich allein die Stadt. Die Idee des Weltgerichts könnte durchaus von den über Juda herrschenden Persern übernommen worden sein, denn zu dieser Zeit war dort der Zoroastrismus Staatsreligion. Das ist allerdings Spekulation, für einen tatsächlichen Einfluss gibt es keine Belege.

Ein lebender Hund ist mehr als ein toter Löwe

Bis etwa 200 v. Chr. kannten die Schriften des Alten Testaments keine Auferstehung. Die Toten lagen auf immer und ewig unter der Erde, ihre Seelen führten eine Schattenexistenz im Land der Finsternis, des Staubes und des Vergessens. So beklagt sich Hiob, nachdem Gott ihm Reichtum und Gesundheit genommen hat:

> Ist mein Leben nicht kurz? Lass ab von mir, damit mir noch ein wenig Freude bleibt, bevor ich reise in das Land des Schattens und der Finsternis, in jenes rückkehrlose dunkle Land, wo der Todesschatten wohnt und keine Ordnung ist, und jedes Licht erscheint wie tiefe Finsternis. (Hiob 10,20–22)

Das Buch Hiob ist Teil der sogenannten Weisheitsliteratur und wird auf das 5. bis 3. Jahrhundert v. Chr. datiert. Es erwähnt bereits einen Teufel als Widersacher Gottes, der aber eher als Mitglied des göttlichen Hofstaats in Erscheinung tritt. Es gibt keinen Hinweis darauf, dass man ihn damals schon für einen Herrscher über ein eigenes jenseitiges Reich hielt.

Auch das Buch Kohelet (Prediger) aus der Mitte des 3. Jahrhunderts geht noch davon aus, dass die Toten endgültig tot sind. Dort steht:

Denn solange einer überhaupt noch zu den Lebenden gehört, so lange hat er noch etwas zu hoffen; denn ein lebender Hund ist mehr als ein toter Löwe. Die Lebenden wissen doch noch, dass sie sterben werden, die Toten aber wissen überhaupt nichts und haben keinen Lohn mehr zu erwarten; sogar ihr Andenken wird vergessen. (Kohelet 9,4–5)

Das Buch Kohelet ruft dazu auf, das Leben zu genießen, denn nach dem Leben kommt nur noch das Nichts. Ein späterer Redaktor hat das relativiert und einen unsterblichen Geist eingefügt:

[…] und der Staub zur Erde zurückkehrt als das, was er vorher gewesen ist, und der Odem (oder: Geist) zu Gott zurückkehrt, der ihn gegeben hat. (Kohelet 12,7)

Auch ein individuelles Gericht nach dem Tod war zur Entstehungszeit der Bücher Hiob und Kohelet noch kein Thema. Das ist durchaus bemerkenswert, denn viele der Nachbarvölker hatten bereits lange zuvor ausgefeilte Jenseitsvorstellungen entwickelt.

Die Ägypter glaubten beispielsweise, dass sie sich nach ihrem Tode vor dem Totengott verantworten mussten. Auch die zoroastrische Religion kannte das Weiterleben der Seele nach dem Tod und das individuelle Strafgericht. Beide Religionen waren den gelehrten Juden in der Zeit zwischen 500 und 300 v. Chr. gut bekannt. Sie haben diesen Glauben aber nicht übernommen. Nach ihrer Vorstellung belohnte oder strafte Gott noch im Diesseits. Im Deuteronomium, dem fünften Buch Moses, heißt es:

Wenn du aber den Weisungen des HERRN, deines Gottes, gewissenhaft nachkommst, indem du auf die Beobachtung aller seiner Gebote, die ich dir heute zur Pflicht mache, bedacht bist, so wird der HERR, dein Gott, dich über alle Völker der Erde erhöhen, und alle die folgenden Segnungen werden dir zuteil werden und bei dir eintreffen, wenn du den Weisungen des HERRN, deines Gottes, nachkommst: Gesegnet wirst du sein in der Stadt und gesegnet auf dem Felde. Gesegnet wird die Frucht deines Mutterleibes sein und die Frucht deines Ackers und die Frucht deines Viehs, der Wurf deiner Rinder und der Nachwuchs deines Kleinviehs. Gesegnet wird dein Fruchtkorb und dein Backtrog sein. Gesegnet wirst du bei deinem Eingang sein und gesegnet bei deinem Ausgang. (Deuteronomium 28,1–6)

Das hört sich gut an. Der Gerechte wird also ein langes Leben voll Reichtum und Glück führen. Es geht aber auch umgekehrt:

Wenn du aber den Weisungen des HERRN, deines Gottes, nicht gehorchst, dass du auf die sorgfältige Beobachtung seiner Gebote und Satzungen, die ich dir heute zur Pflicht mache, bedacht sein sollst, so werden alle folgenden Flüche über dich kommen und dich treffen: Verflucht wirst du sein in der Stadt und verflucht auf dem Felde. Verflucht wird dein Fruchtkorb und dein Backtrog sein. Verflucht wird die Frucht deines Mutterleibes und die Frucht deines Ackers sein, der Wurf deiner Rinder und der Nachwuchs deines Kleinviehs. (Deu 28,15–19)

Die phantasievolle Aufzählung geht noch eine ganze Weile weiter. Hier noch eine Kostprobe:

Söhne und Töchter wirst du zeugen, aber sie werden dir nicht verbleiben, denn sie müssen in die Gefangenschaft wandern. Alle deine Bäume und die Früchte deines Ackers wird das Ungeziefer aufzehren. (Deu 28,41–41)

Viel schlimmer kann es in der Hölle auch nicht zugehen.

Das Deuteronomium dürfte im 7. Jahrhundert v. Chr. entstanden sein. Bis zur Entstehung des Buchs Hiob einige Jahrhunderte später ergaben sich keine erkennbaren Veränderungen in der Jenseitserwartung. Aber auch im Judentum änderten sich die Glaubensinhalte im Laufe der Zeit. Den nächsten Stand gibt das Buch Daniel wieder, das etwa 165 v. Chr. entstand und auf das weiter unten eingegangen wird.

Fassen wir zusammen: Den postexilischen Propheten oder Redaktoren alter Prophetenbücher ging es nicht um den Weltuntergang oder ein jenseitiges Friedensreich. Sie entwarfen vielmehr das Idealbild eines mächtigen, von Gott protegierten Israel mit der Hauptstadt Jerusalem. »Seht her, so schön soll es werden, unser neues Jerusalem, unser neues Königreich, wenn ihr alle mithelft und euch anständig benehmt«, lautet die Botschaft. Eins ist allerdings neu: Jahwe ist nicht mehr nur der Gott Israels, sondern er ist ein Universalgott, der höher steht als alle übrigen Götter. Diese Vorstellung hat das jüdische Volk in den nächsten Jahrhunderten weiter ausgebaut.

Die Hellenen kommen

Die Vorgeschichte

Nach dem Ende des Exils im Jahre 538 begannen die Arbeiten zum Wiederaufbau des Tempels. 515 war es dann so weit: Ein bescheidenes Gotteshaus nach dem ungefähren Plan des zerstörten salomonischen Tempels konnte eingeweiht werden. Jerusalem war aber keineswegs das anerkannte religiöse Zentrum der Juden, im Gegenteil: Die babylonische Exilgemeinde blieb außerordentlich einflussreich. Im Jahre 458 entsandte sie den Schreiber Esra, der in Jerusalem Ordnung schaffen sollte. Das ist ganz wörtlich zu verstehen, denn in die religiöse und weltliche Verwaltung waren mafiöse Strukturen eingezogen, was zu beträchtlicher Unruhe führte. Das konnte der Perserkönig Artaxerxes als Oberherr nicht dulden und stattete Esra mit weitreichenden Vollmachten aus. Und in der Tat griff Esra entschlossen durch: Er reformierte den Gottesdienst, beschaffte vom König Geld für den Tempelbetrieb und erreichte eine Steuerbefreiung für die Bediensteten. Esra hat sicher an der endgültigen und heute bekannten Form des Pentateuch (die fünf Bücher Moses) mitgearbeitet, wenn er ihn nicht sogar selbst zusammengestellt hat. Erst seine Reformen sorgten dafür, dass Jerusalem wieder zu einem wichtigen jüdischen Zentrum wurde.

Die Rückkehrer hatten aus Babylon auch die aramäische Sprache mitgebracht. Sie war in Babylon und im Perserreich eine der Amtssprachen und verdrängte im Laufe der nächsten Jahrhunderte langsam das Hebräische. Zur Zeit Jesu sprach man im Heiligen Land Griechisch oder Aramäisch, Hebräisch war zur Sprache der Gelehrten und der Bibel geworden. Im hierarchisch organisierten, im Inneren friedlichen und durch ein modern anmutendes Straßennetz zusammengehaltenen Perserreich lebten die Juden von Jerusalem und Babylon offenbar weitgehend unbehelligt. Von Aufständen berichten weder die Bibel noch die antiken Geschichtsschreiber. Aber die Idylle hielt nicht ewig: In den Jahren 334 bis 331 vernichtete Alexander der Große in mehreren Schlachten die persische Armee und übernahm die Herrschaft. Nach seinem frühen Tod teilten sich seine Generäle das riesige Reich, das Griechenland, Ägypten, Mesepotamien, Persien und Baktrien (in etwa das heutige Afghanistan) umfasste. Israel fiel an das Ptolemäerreich mit dem Zentrum Ägypten, zu dem auch wechselnde Teile Palästinas und der kleinasiatischen Küste gehörten.

Mit Alexander begann die große Zeit des Hellenismus. Die griechische Sprache und Kultur breitete sich über den gesamten östlichen Mittelmeerraum und Persien aus. Im 3. Jahrhundert v. Chr. übersetzten Schriftgelehrte der großen jüdischen Gemeinde in Alexandria das Alte Testament ins Griechische, weil immer mehr Juden kein Hebräisch mehr sprachen (oder auch nur lesen konnten). Die Juden genossen in dieser Zeit weitgehende Religionsfreiheit. Die Volksfrömmigkeit ließ nach, und die Wahrung der Reinheit des Glaubens war immer wieder Gegenstand von Streitigkeiten in der jüdischen Oberschicht. Bis 200 v. Chr. gehörte Palästina zum Ptolemäerreich, aber in diesem Jahr besiegte der Seleukidenherrscher Antiochos III., der Große, die ptolemäische Armee bei Panion in der Nähe der Jordanquellen, und das ägyptisch-hellenistische Herrscherhaus verlor das ganze Gebiet. Wieder war die Heimat der Juden zum Zankapfel der Großmächte geworden, und wieder galt es für die jüdische Oberschicht, die Seiten klug zu wählen.

Am Anfang gelang das recht gut, aber 25 Jahre später kam es zum Konflikt mit dem Seleukidenherrscher Antiochos IV. Epiphanes (Epiphanes = der Erschienene [Gott]). Als König war es sein Privileg, den Hohenpriester des Tempels von Jerusalem zu ernennen, der zugleich höchster weltlicher Vertreter der Stadt war. Das Amt war traditionell in der Hand der Priesterfamilie der Zadokiten. Der Amtsinhaber Onias III. hatte sich jedoch auf die Seite der Ptolemäer geschlagen, was seine Gegner dem Seleukidenkönig zu Ohren brachten. Darauf ernannte Antiochos IV. im Jahre 175 v. Chr. Onias' Bruder Jason zum Hohenpriester. Wenn man der Bibel glauben darf, hatte Jason dafür eine beträchtliche Summe geboten. Dabei ging es ihm nicht um den Ruhm, sondern um den beachtlichen Verdienst, der mit dem Amt verbunden war.

Als oberster Repräsentant der Stadt Jerusalem war der Hohepriester für die Zahlung der Steuern an den König verantwortlich. Anders als später die Römer, hatten die Seleukiden keine eigenen Steuereintreiber. Vielmehr zahlten die Städte jährlich einen vorher festgelegten Betrag, den sie sich bei ihren Einwohnern und den Bauern der Umgebung zurückholten. Dabei rechneten die Steuereinnehmer im Allgemeinen sehr großzügig ab, so dass jährlich eine hübsche Summe bei ihnen hängenblieb. Auch der Tempelbetrieb selbst warf guten Profit ab. Deshalb bot Jason an, die bisherige Tributzahlung deutlich aufzustocken. Antiochos IV. konnte das nur recht sein. Aber Jasons Methode machte Schule, und bald bot ein gewisser Menelaus, Bruder des Tempelvorstehers Simon, noch mehr Geld. Prompt bekam er im Jahre 171 das Amt des Hohepriesters zugesprochen. Er gehörte nicht zu den Zadokiden, und diese mächtige Familie machte ihm bald Schwierigkeiten, denn sie hielt es für ihr ererbtes Recht, den Hohepriester zu stellen.

Unter Jason und Menelaus begann in Jerusalem eine forcierte Hellenisierung. Ein Gymnasion (eine Sportstätte) und ein Ephebeion (eine hellenistische Schule) entstanden. Das weckte den Zorn der Traditionalisten, und Menelaus geriet in die Defensive. Der Zadokitenclan wird das Seine getan haben, um die Stimmung weiter anzuheizen. Außerdem konnte Menelaus die versprochene Summe nicht zusammenbringen und musste die Steuern erhöhen, was zu allen Zeiten ein unpopulärer Akt war. Sein Bruder vergriff sich sogar am Tempelschatz und wurde an Ort und Stelle von einer aufgebrachten Menge gelyncht.

Im darauffolgenden Jahr startete Antiochos IV. einen Feldzug gegen Ägypten. Er erwies sich als der bessere Stratege, und bald hatte sein Heer das Herrschaftsgebiet der Ptolemäer auf die Stadt Alexandria reduziert. Rom, die einzige echte Großmacht am Mittelmeer, sah den Machtgewinn der Seleukiden mit Sorge. Im Juli 168 v. Chr. traf der römische Gesandte C. Popilius Laenas den König und erzwang den Abbruch des Feldzuges. In Jerusalem breitete sich das Gerücht aus, Antiochos sei tot. Damit hätte Menelaus keine Rückendeckung mehr vonseiten der Seleukiden gehabt. Prompt drang der abgesetzte Hohepriester Jason mit einer Schar Bewaffneter in Jerusalem ein und richtete ein Blutbad an. Sein Umsturzversuch schlug aber fehl, und er musste flüchten. Antiochos IV. war keineswegs tot, sondern mit einer intakten Armee und in böser Stimmung auf dem Rückzug. Er vermutete hinter Jasons Waffengang einen Aufstand und besetzte Jerusalem mit seinen Truppen. Und weil Kriege teuer sind, nutzte er die Gelegenheit, den jüdischen Staatsschatz im Tempel zu konfiszieren. Im darauffolgenden Frühjahr schickte Antiochos IV. seinen Feldherrn Apollonius, der in Jerusalem mit einer ständigen Besatzungstruppe präsent sein sollte. Dieser ließ die Stadtmauern niederreißen und in der alten Davidsstadt eine seleukidische Festung errichten. Antiochos IV. erzwang jetzt die Hellenisierung: Er ließ den jüdischen Tempelkult, die Beschneidung und die Einhaltung des Sabbat bei Todesstrafe verbieten. Ob dieses *Religionsedikt* vom König selbst, von seiner Administration oder gar von Menelaus veranlasst wurde, ist unklar. Der jüdische Gottesdienst im Tempel wurde verboten. Dort stand jetzt eine Zeusstatue und eventuell auch ein goldenes Idol mit dem Gesicht des Königs. Der Zeus Olympos war Staatsgott der Seleukiden, man darf ihn sich aber nicht als einen Gott aus rein griechischer Tradition vorstellen. Während der langen Herrschaft der Seleukiden in Syrien war er mit der kanaanitischen Gottheit Ba'al Schamen (oder auch Be'elschamen genannt), dem *Himmelsmeister*, verschmolzen. Die Makkabäerbücher der Bibel berichten von diesen Ereignissen, sie sind aber alles andere als unparteiisch, sondern schreiben aus der Position der aufständischen Juden. Sie werfen Antiochos und seinem General Apollonius diverse Gräueltaten vor, die neben dem Religionsedikt die Frommen unter den Juden schließlich zum Aufstand trieben.

Die von der Hasmonäerfamilie geführten Widerstandskämpfer begannen einen grausamen Guerillakrieg gegen die hellenisierten Juden und die seleukidischen Truppen. Als Antiochos IV. im Jahre 164 v. Chr. im Osten seines Reiches Krieg führte, eroberte der jüdische Heerführer Judas Makkabi Jerusalem. Nach dreieinhalb Jahren der Unterdrückung des jüdischen Ritus ließ er den Tempel reinigen und neu weihen. Damit waren aber die Kämpfe nicht zu Ende. Erst nach mehr als 20 weiteren Kriegsjahren und mit Unterstützung der immer mächtiger werdenden Römer gelang es dem Makkabäer Simon schließlich, einen unabhängigen jüdischen Staat auszurufen (141 v. Chr). Interessanterweise tat er jetzt genau das, was die Juden 26 Jahre vorher zum Aufstand getrieben hatte: Er zwang alle fremden Völker in seinem Herrschaftsbereich, sich zu seinem Gott zu bekennen.

Das Buch Daniel

In den dreieinhalb Jahren zwischen 167 und 164, als die jüdischen Traditionen und Riten in Jerusalem und ganz Israel verboten waren, entstand das Buch Daniel. Es ist ein Dokument des Widerstandes und eine wütende Polemik gegen den Seleukidenherrscher Antiochos IV. Epiphanes. Es enthält eine erste Endzeitoffenbarung, aus der die christliche Offenbarung des Johannes rund 250 Jahre später wichtige Teile übernehmen sollte. Das Buch baut eine ältere Legende aus, die die Abenteuer eines frühen jüdischen Helden mit dem Namen Daniel am Hof des babylonischen Königs Nebukadnezar erzählt. Zusammen mit drei anderen jungen Juden verschlägt es ihn in dessen Palast. Dank seiner Tüchtigkeit steigt Daniel zum engen Vertrauten des Herrschers auf. Die Idylle ist aber nicht von Dauer: Daniel wird denunziert, zum Tode verurteilt und landet unschuldig in der Löwengrube. Die Löwen weigern sich aber einen ganzen Tag lang, ihn zu fressen. Daraufhin erkennt der König seine Unschuld, lässt ihn herausholen und die Denunzianten mit ihren Frauen und Kindern in die Grube werfen. Diesmal zögern die Löwen keinen Moment.

Die Offenbarungen im Buch Daniel (ab dem siebten Kapitel) weisen keinen Zusammenhang mit der Abenteuergeschichte auf. Ein unbekannter Redaktor hat sie im Makkabäeraufstand, genauer gesagt ca. 164 v. Chr., an die alte Erzählung angeflickt. Gott offenbart Daniel darin, wie die Zukunft aussehen wird, und zwar bis zur Wiedereinweihung des Tempels durch Judas Makkabi.

Es handelt sich demnach um ein *vaticinium ex eventu.* Diesen klangvollen Ausdruck wollte ich Ihnen nicht vorenthalten. Er bezeichnet eine vorgebliche Prophezeiung, die ein in Wahrheit bereits stattgefundenes Geschehen beschreibt. Im 2. Jahrhundert v. Chr. gab es mehrere solche Offenbarungsbücher (das Buch Henoch werde ich noch vorstellen, siehe Seite 85). Sie schildern, welche Einblicke Gott ausgewählten Personen in seinen Weltenplan gewährt hat. Dazu gehört auch eine Vorschau auf das Ende der gegenwärtigen Welt und den Beginn einer neuen, besseren Ära.

Die Daniel-Apokalypse ist ein politisches, kein religiöses Manifest. Es schmäht den Seleukidenherrscher Antiochos IV. Epiphanes und versichert, dass die Aufständischen ein gottgefälliges Werk verrichten.

Eine Schmäh- und Spottschrift als angeblichen Bericht aus einer fernen Vergangenheit zu tarnen, hat eine lange Tradition und wird immer wieder gerne angewendet. In der jüngeren deutschen Geschichte gibt es dafür ein bemerkenswertes Beispiel: Der Historiker,

Politiker und Friedensaktivist Ludwig Quidde veröffentlichte 1894 eine kurze Schrift unter dem Titel: *Caligula. Eine Studie über den römischen Cäsarenwahn.* Darin beschreibt er mit erkennbarer Abscheu die Verschwendungssucht, den Prunk und den Wahnsinn Caligulas. Das war nicht unbedingt neu, schon antike Autoren wie Seneca, Josephus Flavius und Sueton hatten an Caligula kein gutes Haar gelassen. Quidde hob besonders Caligulas Vorliebe für militärische Manöverspiele und seinen »phantastischen Gedanken einer Bezwingung der Weltmeere« hervor. Er belegte alle Ausführungen mit Verweisen auf die Werke antiker Schriftsteller.

Sein kurzer Aufsatz löste einen Skandal aus, wie er größer kaum sein konnte. Jeder einigermaßen gebildete Mensch erkannte in dem porträtierten Herrscher den deutschen Kaiser Wilhelm II., zumal Quidde als Kritiker der kaiserlichen Prunksucht und des Militarismus bekannt war. Man wollte ihn daraufhin wegen Majestätsbeleidigung anklagen. Er leugnete jedoch, mit dem vom Cäsarenwahn befallenen Caligula den deutschen Kaiser gemeint zu haben. Jetzt hätte die Staatsanwaltschaft nachweisen müssen, dass Wilhelm II. dem übel beleumdeten Römer so ähnlich war, dass er durch die Schrift beleidigt werden konnte. Die Anklage wurde fallengelassen. Quiddes akademische Laufbahn war trotzdem abrupt zu Ende. Er konzentrierte sich fortan auf die Politik und trieb die Friedensbewegung voran. In Jahre 1927 erhielt er für seine Arbeit den Friedensnobelpreis. Seine Caligula-Biographie erlebte bereits in den ersten beiden Jahren 25 Auflagen.

Aber zurück zu Daniels Offenbarungen. Sie zeigen ihm bizarre Szenen, Fabeltiere und einen Blick auf das Gericht, das Gott am Ende der Zeit über die Menschen halten wird. Ein Engel begleitet ihn, erklärt ihm die Bedeutung seiner Visionen und erläutert ihm in einem langen Monolog das Schicksal »zukünftiger« Reiche, bis zu den Taten eines Herrschers, den er als »verächtlichen Menschen« verspottet.

Das Buch Daniel kommt mit verschiedenen Metaphern immer wieder auf eine Darstellung von vier aufeinanderfolgenden Reichen zurück, unter denen es den Menschen zunehmend schlechtergeht. Das letzte und schlimmste Reich steht für die Seleukidenherrschaft. Doch, so legt das Daniel-Buch nahe, ihre Zeit ist abgelaufen, denn sie stellt die letzte Heimsuchung der Menschen vor dem Eingreifen Gottes dar. Er wird dann das Jüngste Gericht ausrufen und ein paradiesisches und ewiges Gottesreich errichten. Einige der dargestellten Visionen sind heute noch sprichwörtlich. Ein Beispiel:

In Kapitel 2 des Daniel-Buchs verlangt König Nebukadnezar von seinen Astrologen und Magiern die Deutung eines bizarren Traums:

Er sah eine riesige Bildsäule oder Statue. Ihr Kopf war aus Gold, Arme und Brust aus Silber, Unterleib und Hüften aus Bronze, Beine aus Eisen, die Füße dagegen aus Eisen und Ton. Ein Berg stürzte herab und zerschmettere das Standbild. Dann wuchs er riesig an, bis er die gesamte Erde einnahm.

Nur Daniel wusste den Traum richtig zu deuten: der goldene Kopf stand für das babylonische Reich Nebukadnezars, dann folgten weitere Reiche von geringerer Qualität. Gemeint ist hier offenbar das persische Reich, das die unbekannten Autoren historisch falsch in ein medisches unter Darius und ein persisches unter Kyros aufteilen. Die eisernen Beine stehen für Alexander den Großen. Eisen und Ton bezeichnen die Nachfolgestaaten, die teils fest, teils brüchig sind. Daniel prophezeit:

> Aber in den Tagen jener Könige wird der Gott des Himmels ein Reich erstehen lassen, das in Ewigkeit nicht zerstört werden wird und dessen Königtum (oder: Herrschaft) auf kein anderes Volk übergehen wird. Es wird alle jene Reiche zerschmettern und vernichten, selbst aber ewig bestehen, entsprechend dem, was du gesehen hast, daß nämlich ein Stein sich von dem Berge ohne Zutun einer Menschenhand loslöste und das Eisen, das Kupfer, den Ton, das Silber und das Gold zerschmetterte. (Daniel 2,44–45)

Die Autoren dieses Textes benutzten die im hellenistischen Raum überall bekannte Metapher von den vier Zeitaltern (siehe Seite 15 f.) als Vorlage für ihre Botschaft.

Im vierten Kapitel wird Nebukadnezar plötzlich für einige Zeit wahnsinnig. Als er sich erholt hat, preist er den jüdischen Gott.

> [...] als ich wieder zu Verstand gekommen war, dankte ich dem Höchsten und pries und rühmte hoch den ewig Lebenden, dessen Herrschaft eine ewige Herrschaft ist und dessen Königtum von Geschlecht zu Geschlecht besteht. (Daniel 4,31)

Diese bizarre Szene ist eine böse Anspielung auf Antiochos IV. Epiphanes. Epiphanes bedeutet »der Erschienene [Gott]«. Aus jüdischer Sicht war das eine unerhörte Anmaßung, denn ein Mensch konnte kein Gott sein. Die Juden nannten den König deshalb gerne *Epimanes,* den *Verrückten.* Sollte er je wieder zu Verstand kommen, so deutet diese Stelle im Daniel-Buch an, wird er die Überlegenheit des jüdischen Gottes anerkennen.

Ab dem siebten Kapitel beginnen die *Apokalypsen* (griechisch: *Offenbarungen*). Sie zeigen wenig inneren Zusammenhang und sind eventuell aus verschiedenen damals kursierenden Flugschriften zusammengestellt.

In diesem Kapitel erscheinen die vier Reiche Daniel in einer nächtlichen Vision als Fabeltiere. Sie entsteigen einem sturmgepeitschten Meer. Zuerst sieht er eine Sphinx (ein geflügelter Löwe mit Menschenkopf), dann folgt ein Bär sowie ein Panther mit vier Flügeln und vier Köpfen. Zum Schluss stapft ein Monster mit zehn Hörnern, eisernen Zähnen und ehernen (oder bronzenen) Klauen an Land, das keinem der anderen Tiere gleicht. Es frisst alles auf, und was übrig bleibt, zerstampft es. Im folgenden Abschnitt macht das Biest eine sonderbare Verwandlung durch:

> Während ich nun genau auf die Hörner achtgab, sah ich, wie ein anderes, kleines Horn zwischen ihnen hervorschoss, worauf drei von den ersten Hörnern von ihm ausgerissen wurden; und jetzt sah ich, dass an diesem Horn Augen wie Menschenaugen saßen und ein Mund, der vermessene Reden führte. (Daniel 7,8)

Unmittelbar darauf sieht Daniel in seiner Vision einen Gerichtssaal mit einem würdigen und machtvollen alten Mann als Richter.

> Sein Gewand war weiß wie Schnee und sein Haupthaar wie reine Wolle; sein Thron bestand aus Feuerflammen und hatte Räder von loderndem Feuer. Ein Feuerstrom ergoß sich und ging von ihm aus; tausendmal Tausende dienten ihm, und zehntausendmal Zehntausende standen dienstbereit vor ihm. Der Gerichtshof setzte sich, und (die) Bücher wurden aufgeschlagen. Ich schaute unverwandt hin wegen des Lärms der vermessenen Reden, die das Horn führte; ich schaute zu, bis das Tier getötet und sein Leib vernichtet (= verstümmelt) und zum Verbrennen dem Feuer übergeben wurde. (Daniel 7,9b-11)

Dann erscheint ein Mensch (das genaue Wort lautet *Menschensohn*), der vor den Thron Gottes geführt wird. Gott überträgt ihm die Herrschaft über alle Völker, Nationen und Sprachen, und zwar für alle Ewigkeit. Der Daniel als Fremdenführer zur Seite gestellte Engel erläutert, dass mit den Tieren Könige oder Reiche gemeint seien. Das letzte Tier stelle das Seleukidenreich dar. Jedes Horn stehe für einen König und das kleine, freche Horn für den letzten, Antiochos IV. Dreieinhalb Jahre werde es dauern, dann werde Gott dem Volk der »Heiligen des Höchsten« (also den glaubenstreuen Juden) die Herrschaft über alle Völker der Erde anvertrauen. Diese Herrschaft solle ewig dauern.

Die dreieinhalb Jahre des Leidens stimmen ungefähr mit der Zeit zwischen dem Ende des Tempelopfers und mit der Wiedereinweihung nach dem Sieg der aufständischen Makkabäer überein.

In dieser Prophezeiung taucht Gott zum ersten Mal so auf, wie wir ihn von unzähligen Gemälden kennen: als weißhaariger alter Mann auf einem flammenden Thron. Der Historiker Norman Cohn weist darauf hin, dass diese Darstellung möglicherweise vom kanaananitischen Gott El übernommen wurde, der auch als »Vater der Jahre« bekannt war. Wenn das stimmt, entbehrt es nicht der Ironie, dass unsere bekannteste Gottesvorstellung von einem

Nachbarn des jüdischen und christlichen Gottes sozusagen entliehen ist.

Der *Menschensohn* ist von vielen christlichen Interpreten mit Jesus gleichgesetzt worden. Das lässt sich aber nicht belegen. Vielmehr symbolisiert er den König des ewigen Gottesreiches, einen von Gott mit der Herrschaft beauftragten Mann aus dem jüdischen Volk. Das hebt ihn von den als Fabeltiere dargestellten fremden Königen ab. Sie entsteigen dem Meer, das die Juden als Region des widergöttlichen Chaos betrachteten. Sie herrschen nicht im Auftrag Gottes, er toleriert sie lediglich, solange sie es nicht zu arg treiben. Für sein eigenes Reich setzt Gott persönlich einen Regenten ein. Eine ähnliche Offenbarung, aber mit anderen Parabeln, enthält das achte Kapitel. Wir sehen hier, dass sich die religiösen Vorstellungen im Judentum seit der Zeit des Exils deutlich weiterentwickelt haben. Gott ist jetzt, wie vorher nur angedeutet, der oberste aller Götter, mehr noch, es gibt keine anderen Götter mehr. Das wird im zehnten Kapitel deutlich: Dort berichtet der Erzengel Gabriel von einem Kampf gegen den Engel des Perserreichs. Wieso sollte das Perserreich einen eigenen Engel haben, und auch noch einen, der gegen Gabriel kämpft?

Im alten Orient war es selbstverständlich, dass auch die Stammesgötter in die Kriege eingriffen. So hat Jahwe seinem Volk in grauer Vorzeit bei der Eroberung des Gelobten Landes geholfen. Jetzt aber ist Jahwe zu einem universellen Gott aller Menschen geworden, und die Reiche der Menschen haben keine Götter mehr, sondern nur noch Engel. Der Ausgang ihrer Kämpfe entscheidet dann über den Sieg der menschlichen Armeen.

Im zwölften Kapitel und letzten Kapitel verspricht Daniels Engel:

> aber dein Volk wird in jener Zeit gerettet werden, nämlich ein jeder, der sich im Buch (des Lebens) aufgezeichnet findet. Und viele von denen, die im Staube der Erde schlafen, werden erwachen, die einen zu ewigem Leben, die anderen zu Schmach, zu ewigem Abscheu. Die Verständigen aber werden leuchten wie der Glanz

der Himmelsfeste, und die, welche viele zur Gerechtigkeit geführt haben, wie die Sterne in alle Ewigkeit. (Daniel 12,1b-3)

Ein geheimnisvoller Mann (der nicht näher vorgestellt wird) bestätigt Daniel, er werde nach seinem Tod »am Ende der Tage« auferweckt werden. Damit endet die Offenbarung des Daniel. Auch andere Schriften des Judentums aus dieser Zeit erwähnen die Auferstehung der Toten. Das zweite Makkabäer-Buch erzählt die schauerliche Moritat vom Martyrium der sieben Brüder und ihrer Mutter. Der Seleukidenkönig wollte sie zwingen, Schweinefleisch zu essen, aber sie ließen sich lieber foltern und umbringen. »Du nimmst uns dieses Leben, aber der König der Welt wird uns zu einem neuen, ewigen Leben erwecken«, erklärt einer der Brüder vor seinem Tod dem grausamen König.

Halten wir fest:

1. Aus dem Stammesgott Jahwe ist ein universeller Gott geworden.
2. Einige Strömungen des jüdischen Glaubens erkennen jetzt die Auferstehung der Toten oder wenigstens der Gerechten unter den Toten an.
3. Die Welt wird immer schlechter, jedes neue Reich bringt einen Abstieg. Gottes Heilsplan zielt nicht auf eine ständige Verbesserung der Welt, vielmehr wird er nach einem radikalen Schnitt am Ende der Zeit ein ewiges Gottesreich errichten.
4. Das Ende der Zeit wird schon bald erwartet. Es beendet die Heimsuchung des jüdischen Volkes.
5. Das Gottesreich wird auf der Erde errichtet, nicht im Himmel.
6. Ein »Menschensohn« steht bereit, um das Gottesreich zu regieren.
7. Einen Teufel mit einem eigenen Höllenreich gibt es noch nicht.

Das Buch Daniel bietet eine andere Sicht auf die Endzeit vor dem Reich Gottes als die heutige christliche oder muslimische Tradition. Nicht endlose Kämpfe und Zeichen am Himmel, nicht der Zerfall der Sitten und ein Abfall vom wahren Gott, sondern die Bedrückung der Gläubigen kennzeichnen die letzten Jahre vor dem Gottesreich.

Das Buch ist vermutlich unmittelbar nach dem Makkabäeraufstand (167–164 v. Chr.) geschrieben worden. Die immer wieder erwähnten dreieinhalb Jahre der Heimsuchung weisen darauf hin, dass der Autor bereits von der Wiedereröffnung des Tempels wusste. Man könnte sich vorstellen, dass die hebräischen Kapitel acht bis zwölf bei der feierlichen Wiedereröffnung des Tempels verlesen wurden. Mit dem von Gott erwählten Menschensohn wäre dann eventuell der Rebellenführer Judas Makkabäus gemeint. Er war in diesem Moment auf dem Höhepunkt seines Ruhms, aber keineswegs der unumstrittene Anführer der Juden. Er hätte solche Lobreden also durchaus gebrauchen können.

Der Teufel kommt ins Spiel

Bei Daniel ist noch keine Rede davon, dass die Toten *allesamt* wiederauferweckt und gerichtet werden. Auch einen Teufel, der besiegt werden müsste, gibt es noch nicht. Um die Zeitenwende herum, also 150 Jahre später, waren diese Vorstellungen aber schon voll entwickelt. Ist hier vielleicht doch der Einfluss der Zoroastrier zu spüren? Deren Gott Ahura Mazda lag im ständigen Kampf mit seinem bösen Widersacher Angra Mainyu. Am Ende der Zeit werden die Toten wiedererweckt und gemeinsam mit den Lebenden gerichtet. Kann sich diese Idee wirklich zweimal entwickelt haben? Wir wissen es nicht. Zur hellenistischen Zeit war die zoroastrische Religion sehr unauffällig, und ihr Einfluss auf die Entwicklung der Jenseitsvorstellungen im Vorderen Orient ist kaum abzuschätzen. Der deutsche Theologe Rudolf Mayer hat die Frage der gegenseitigen Abhängigkeiten der jüdischen und zoroastrischen Religion anhand der Vorstellung des Gerichts durch Feuer genau untersucht und kam zu dem Ergebnis, dass die Übereinstimmungen eher gering sind. Aber wenn der Teufel nicht von dort kommt, woher dann? Eine Antwort gibt das sogenannte *erste Buch Henoch*. Seinen Namen hat es von dem Weisen Henoch, einem Nachkommen Adams in der siebten Generation. In der Bibel wird sein Tod nicht ausdrücklich erwähnt, deshalb entstand der Mythos, er sei *entrückt* worden, was schon damals ein seltenes Privileg war. Die Bibel schreibt:

> Henoch war seinen Weg mit Gott gegangen, dann war er nicht mehr da; denn Gott hatte ihn aufgenommen. (Genesis 5,21)

Sein Nichttod machte ihn zum Gegenstand von allerlei mystischen und esoterischen Spekulationen. Es gibt insgesamt drei religiöse Schriften, die seinen Namen tragen. Sie haben es nicht in die christliche oder jüdische Bibel geschafft, sie sind also nicht *kanonisch* (Bestandteile des *Kanon*, der anerkannten Sammlung biblischer Schriften), sondern apokryph (griechisch: verborgen).

Bei den drei Henoch-Büchern müssen Sie sich noch ein schwieriges Wort merken, sie gelten als *pseudepigraphisch*. Damit bezeichnet man Schriften, die – absichtlich oder unabsichtlich – einem falschen Autor untergeschoben werden. Die Henoch-Bücher geben vor, von Henoch selbst geschrieben zu sein. Das ist aber Unsinn. Die wirklichen Autoren haben lediglich den Namen des als besonders weise bekannten Henoch verwendet, um ihrer Botschaft mehr Gewicht zu verleihen.

Uns soll hier hauptsächlich das erste Buch Henoch interessieren. Es war lange bekannt, dass ein solches Buch existieren musste, weil frühe christliche Schriften sich mehrfach darauf bezogen. Es galt aber als verschollen, bis im späten 18. Jahrhundert aus einer ganz unerwarteten Richtung der komplette Text auftauchte. Die äthiopisch-orthodoxe Kirche hatte ihn in ihre Bibel aufgenommen, allerdings in äthiopischer Sprache. Äthiopien hat seit dem 4. Jahrhundert eine eigene Staatskirche, die bis 1959 unter der Oberhoheit der koptischen Kirche in Ägypten stand. Zu den europäischen Kirchen hatte sie keine Verbindung. Deshalb war der Kanon der äthiopischen Bibel bis ins 18. Jahrhundert in Europa unbekannt.

So stand eine äthiopische Übersetzung zur Verfügung, deren Quelle vermutlich die griechische Übersetzung einer aramäischen Urschrift war. Im 19. Jahrhundert tauchten Teile der griechischen Übersetzung auf, die immerhin belegten, dass der äthiopische Text den Urtext einigermaßen korrekt wiedergibt.

Das Buch ist eine *Kompilation* (Zusammenstellung) von fünf unterschiedlichen, inhaltlich nicht zusammenhängenden Schriften aus dem 3. bis 1. Jahrhundert v. Chr. Im ersten Buch (Das Buch der Wächter) ist von Wächterengeln die Rede, die sich verabreden, um, drücken wir es einmal modern aus, auf der Erde Frauen aufzureißen. Engel stellte man sich im alten Orient als männlich und gutaussehend vor, ohne verräterische Flügel oder Heiligenscheine. 200 Engel nahmen sich Menschenfrauen und wohnten mit ihnen auf der Erde. Sie lehrten die Menschen Kulturtechniken wie Astronomie, Zauberei, Schönheitspflege oder Waffenkunde. Aus trüber Erfahrung wissen wir, dass Menschen dazu neigen, einmal hergestellte Waffen auch anzuwenden, und so brachten die Engel auch die Kriege in die Welt. Die Frauen gebaren den Engeln dämonische Nachkommen, Riesen von angeblich 200 Ellen Länge. Entsprechend ihrer Größe entwickelten die Bastardkinder einen unglaublichen Appetit und fraßen alles Essbare auf. Daraufhin wollte Gott die Wächterengel zu einer Gefängnisstrafe von unbestimmter Länge unter der Erde verurteilen. Das erschreckte sie, und sie baten Henoch, für sie ein Gnadengesuch zu schreiben. Das tat er auch, aber Gott lehnte ab, und die Engel mussten ihre Strafe antreten. Gott befahl seinen übrigen Engeln, die Riesen aufeinanderzuhetzen, damit sie sich gegenseitig umbrachten. Aber die Riesen waren zur Hälfte Nachfahren von Geistwesen, und so wurden sie nach ihrem Tod zu körperlosen bösen Geistern.

Im Wächterbuch aus dem 3. oder 2. Jahrhundert v. Chr. tritt zum ersten Mal die Idee einer eigenständigen bösen, übernatürlichen Macht auf. Vorher haben die Menschen immer aus eigenem Antrieb gesündigt. Auch die Geschichte von Adam und Eva erzählt nicht die Versuchung durch den Teufel, sondern durch die Schlange. Sie galt im alten Orient als kluges und verschlagenes Tier, als *Trickster*. Die

Gleichsetzung von Schlange und Teufel kam erst sehr spät, etwa um die Zeitenwende oder in den ersten Jahrhunderten danach.

Henoch bekommt schon zu Lebzeiten eine Führung durch die Himmel- und Höllenreiche. Der ihn begleitende Engel führt ihn zu diversen Höllen für die Seelen der Sünder, für die gefallenen Engel und für Sterne, die zu faul waren, sich bei Nacht auf den Weg über den Himmel zu machen. Aber er sieht auch einen angenehmen Wartebereich für die Seelen der Gerechten, in dem sie die Zeit bis zum Jüngsten Gericht verbringen dürfen. Wie in späterer christlicher Tradition wird am Ende der Zeit noch einmal Bilanz gezogen, und Gott entscheidet über das Schicksal seiner Kreaturen. Die gefallenen Engel übergibt er dem Feuer. Für die Sünder verhängt er verschiedene Strafen, je nach Art ihrer Vergehen. Auf die Gerechten wartet nach dem Gericht ein langes oder ewiges Leben in einem idyllischen Tal.

Im zweiten Teil des äthiopischen Henoch-Buchs, den Bilderreden des Henoch, ist wieder vom Menschensohn die Rede. Dieser Teil ist vermutlich im 1. vorchristlichen Jahrhundert entstanden. Hier finden wir die Vorstellungen des Buchs Daniel in etwas abgewandelter Form wieder. Jetzt ist der Menschensohn identisch mit dem alten Mann, dessen Haar wie weiße Wolle erscheint. Er ist der Richter am Tag des Jüngsten Gerichts. Gott hat ihn noch vor der Sonne und den Sternen erschaffen, und seitdem wartet er im Himmel auf seinen Einsatz. Er ist der sogenannte *verborgene Messias*.

In den Bilderreden hat die Hölle schon deutlichere Konturen angenommen als im Buch der Wächter. Die Gerechten erhalten jetzt Wohnungen im Himmel, nicht mehr nur auf einer erneuerten Erde. Insgesamt sehen wir eine schnelle Entwicklung: Gut und Böse trennen sich auch im spirituellen Raum, Sünde ist nicht mehr nur die Abweichung vom in der Schrift vorgesehenen Pfad der Tugend, vielmehr gibt es jetzt auch das personifizierte Böse, das die Menschen aktiv verführt. Erst das Endgericht, das jetzt sicher und absehbar bevorsteht, wird es vernichten, zusammen mit den gefallenen Engeln und den sündigen Menschen.

Je schlimmer die Lage, desto mehr sehnen sich die Menschen nach einem Erlöser, einem idealen Fürsten, der sie aus dem Jammertal führt. In Israel gab es nach dem Ende des Babylonischen Exils keine Könige mehr aus dem Hause David, und so war es kein Wunder, dass die Gestalt des idealen Fürsten immer mystischere Züge annahm. Das Wort Messias (*Gesalbter*, auf Griechisch *Christos*) war ursprünglich ein Beiname der Könige von Juda. Die Salbung als Ehrung kann aber auch einem Priester zuteilwerden. Nach dem Ende des Babylonischen Exils bezeichnete der Verfasser des Deuterojesaja[6] den persischen König Kyros voller Dankbarkeit als »Gesalbten«. Die spezielle Gottesnähe spielt zu dieser Zeit offenbar noch keine entscheidende Rolle, Messias war ein Ehrentitel ohne mythisch-religiösen Beiklang. In den Psalmen wandten spätere Autoren den Titel Messias auf das Idealbild eines kommenden, von Gott geliebten Königs an. Im Perserreich verblasste die Vorstellung von einem starken jüdischen König. Der Hoheriester des Jerusalemer Tempels war der oberste Repräsentant des Volkes, einen weltlichen jüdischen Herrscher gab es nicht mehr, und offenbar vermisste ihn auch niemand. Die schleichende Hellenisierung und die Unterdrückung der jüdischen Religion unter Antiochos IV. erneuerten die Sehnsucht nach einem eigenen Staat. Die Bedeutung des Wortes Messias verengte sich auf eine mythische Lichtgestalt, die ein Priester, ein König oder ein Prophet sein konnte. Der Makkabäeraufstand brachte nach einer kurzen Phase der nationalen Begeisterung eher Ernüchterung.

---

6 Das Buch Jesaja stammt von verschiedenen Propheten aus unterschiedlichen Zeiten, weshalb man vom ersten (Jes 1–39), zweiten (Jes 40–55) und dritten Jesaja (Jes 56–66) spricht (wissenschaftlich: Protojesaja, Deuterojesaja und Tritojesaja). Nur Teile des ersten Textes stammen vom historischen Jesaja, der im 8. Jahrhundert gelebt hat. Der zweite und dritte Teil entstand sehr viel später, vermutlich zur Zeit des Exils und kurz danach. Bei der späteren Zusammenstellung der Prophetenworte fügten die Redaktoren oft noch eigene Einschübe ein, um vielleicht die Prophetenworte den späteren Ereignissen anzupassen oder um den alten Schriften einen aktuellen Bezug zu geben.

Die neuen Herrscher, die Hasmonäer, waren alles andere als Friedensfürsten. Auch nach der Unabhängigkeit vom Seleukidenreich führten sie ständig Kriege mit den Nachbarn. Keiner ihrer Herrscher wurde von Zeitgenossen mit dem angekündigten Endzeitfürsten gleichgesetzt. Innerhalb des Reichs tobte eine erbitterte und zeitweise blutige Dauerfehde zwischen Pharisäern, Sadduzäern und Familienclans um den Posten des Hohenpriesters. Möglicherweise entwickelte sich daraus die Vorstellung vom mythisch überhöhten Kampf der Guten gegen die Bösen. In den Schriftrollen, die in den Höhlen von Qumran am Toten Meer gefunden wurden, findet sich die Beschreibung eines Kampfes der »Söhne des Lichts« gegen die »Söhne der Finsternis«. Die Bezeichnungen sind sonst unbekannt, und es ist nicht klar, wer damit gemeint ist, außer dass die Bewohner von Qumran sich offensichtlich auf der Seite der Lichtgestalten wähnten. Viele Menschen glaubten damals, in der Endzeit zu leben, und erwarteten kurzfristig die Ankunft eines göttlichen Retters.

Das neue Israel lebte vom Wohlwollen Roms, und die Römer verlangten Gefolgschaft. Als im Jahre 63 v. Chr. der römische Feldherr Pompeius Jerusalem eroberte, war die staatliche Unabhängigkeit endgültig verloren. Der Sieger setzte den letzten Hasmonäerkönig Hyrkan einfach ab. 41 v. Chr. kam es noch schlimmer: Die Römer ernannten den Idumäer Herodes zum König von Judäa. Er gehörte nicht zum jüdischen Volk, bekannte sich aber zum jüdischen Glauben. Sein Volk war einige Jahrzehnte zuvor zwangsweise bekehrt worden.

Judäa stand jetzt unter römischer Kontrolle. Den Einwohnern ging es dadurch keineswegs besser: Sie hatten die ständigen Nachbarschaftskriege gegen eine drückende Fremdherrschaft eingetauscht. Die Römer hatten ein perfektes System zur maximalen Besteuerung ihrer Provinzen entwickelt. Der unbewegliche und bewegliche Besitz aller Untertanen wurde regelmäßig erfasst und sein Wert geschätzt. Danach wurde dann die Steuer festgesetzt. Irgendwoher mussten die Mittel für die Prachtentfaltung der Hauptstadt und die vielen Legionen schließlich kommen. Die Provinzbewohner hatten gegen Übergriffe der privilegierten römischen Bürger keine rechtlichen Mittel. Der Statthalter und seine Verwaltung waren ausgesprochen gierig und korrupt. In Judäa, und nicht nur dort, waren die Römer verhasst, aber gegen ihren effektiven Militärapparat hatte ein Aufstand keine Aussicht auf Erfolg. Trotzdem brodelte es im Volk. In dieser Lage sehnten sich die Menschen mehr denn je nach einem Erlöser, der sie von der Last der Fremdherrschaft befreite. Inzwischen war auch der Glaube an die endzeitliche Auferstehung und das Endgericht voll ausgereift. Das ca. 80 bis 30 v. Chr. entstandene Buch der Weisheit malt den Frevlern und Gerechten ihre Behandlung vor dem Endgericht bildhaft aus.

Die Auferstehung der Toten beim Endgericht war bis zur Zeitenwende im Judentum keineswegs allgemein anerkannt. Die fromme Laienbewegung der Pharisäer betrachtete sie als Glaubensgrundsatz, die aristokratischen Familien der Sadduzäer lehnten sie ab. Diese Gruppe stellte im Allgemeinen die Tempelpriester, der Tempelbetrieb mit seinen ständigen Opfern war ihr Machtzentrum. Bis heute ist im Judentum umstritten, ob es eine körperliche Auferstehung geben kann oder ob nur die Seele unsterblich ist.

Die Römer hatten trotz ihrer Überlegenheit ständig mit größeren und kleineren Erhebungen zu kämpfen. Der jüdische Historiker Flavius Josephus schrieb in den Jahren 75 bis 78 n. Chr. die Geschichte des jüdischen Krieges (66–70) und erwähnte, dass im Vorfeld (ca. 30–65 n. Chr.) diverse messianische Gestalten (»Verführer und Betrüger, die unter dem Vorwand göttlicher Sendung auf Umwälzung und Aufruhr hinarbeiteten«) aufgetreten seien.

In den Jahrzehnten vor dem jüdischen Krieg schienen die Prophezeiungen der Henoch-Bücher und anderer religiöser Schriften kurz vor der Erfüllung zu stehen. Die Zeiten waren, wie in der Daniel-Offenbarung angekündigt, immer schlechter geworden. Gottes Eingreifen musste also bevorstehen. Er würde Judas Feinde zerschmettern und ihre Kämpfer zum Sieg führen, und er würde einen Friedenskönig schicken, der die Welt in Frieden regieren sollte. Dieser Fürst war ein Mensch (ein Menschensohn) und zugleich als König von Juda auch der adoptierte Sohn Gottes. Viel glaubten, der Friedensfürst halte sich im Himmel schon bereit (wie im Henoch-Buch beschrieben). Aber zunächst mussten die Gerechten mit göttlicher Hilfe und mit Waffengewalt die Römer besiegen.

Jesus, der Messias

Die christliche Vorstellung vom Weltende hat sich aus dieser instabilen Situation heraus entwickelt. Die Evangelien preisen Jesus als Befreier des jüdischen Volkes und späteren Friedensfürsten. Das war nicht ganz einfach zu vermitteln, denn Jesus war als Aufrührer hingerichtet worden, und das Gottesreich hatte noch nicht begonnen. Also argumentierten sie, dass die Zeit des Leidens noch nicht vorüber war, dass Jesus in den Himmel entrückt worden sei und bald als gottgesandter Friedenskönig zurückkehren werde.

Die Schriften der Evangelisten stammen aus der Zeit zwischen 70 und 130 unserer Zeitrechnung, also mindesten 40 Jahre nach Jesu Tod. Die junge Christengemeinde um die Apostel hatte sich in Jerusalem zusammengefunden und nahm auch Heiden auf, denn Jesus hatte sich ausdrücklich dazu bekannt. Der jüdische Krieg (66–70 n. Chr.) war ein tiefer Einschnitt im Weltbild von Juden und Christen: Der Aufstand gegen die Römer scheiterte, der Tempel wurde zerstört. Das jüdische Volk war nicht befreit worden, Gott war nicht auf den Plan getreten, und der Friedensfürst hatte nicht die Herrschaft übernommen. All das galt es zu erklären, wenn es darum ging, Jesus trotzdem als den versprochenen Menschensohn oder kommenden Friedensfürsten zu etablieren.

Matthäus fügte eine lange Rede von Jesus über das Ende der Welt in sein Evangelium ein (Mt 24 und 25). Darin kündigt Jesus die Zerstörung des Tempels an und erklärt, dass noch weitere Leiden zu erdulden seien, bevor »der Menschensohn« kommt. Unmittelbar nach den Tagen der schlimmsten Bedrückung soll sich die Sonne verfinstern, der Mond nicht mehr scheinen und die Sterne vom

Himmel fallen. Dann erscheint das Zeichen des Menschensohns am Himmel und das Gericht beginnt. Offenbar erwartete Matthäus dieses Ereignis sehr bald.

Hatte Jesus sich tatsächlich zum Messias erklärt, oder haben ihn die Evangelisten nachträglich dazu gemacht? Mehrere Bibelstellen dazu bleiben eher vage.

Allerdings hat Jesus ein Zeichen gesetzt, mit dem er sich eindeutig als Messias zu erkennen gab. Es ist von allen Evangelisten ähnlich geschildert und gehört damit eindeutig zum Kern des frühen christlichen Glaubens. Die Rede ist vom feierlichen Einzug in Jerusalem am Palmsonntag vor dem Pessachfest. Jesus wies die Jünger an, ihm einen Esel zu bringen, auf dem er in die Stadt reiten wollte. Das erscheint sonderbar, denn bis zu diesem Zeitpunkt war er immer zu Fuß gegangen. Die Menschen in Jerusalem bereiten ihm einen begeisterten Empfang:

> Viele breiteten sodann ihre Mäntel auf den Weg, andere streuten Laubzweige aus, die sie auf den Feldern abgeschnitten hatten. Und die, welche vorn im Zuge gingen, und die, welche nachfolgten, riefen laut: »Hosianna! Gepriesen sei, der da kommt im Namen des Herrn! Gepriesen sei das Königtum unseres Vaters David, das da kommt! Hosianna in den Himmelshöhen!« So zog er in Jerusalem ein ... (Markus 11,8–11).

Die Evangelien sind von antirömischen Passagen weitgehend gesäubert, aber hier scheint trotzdem durch, dass Jesus den Juden Hoffnung auf einen Umsturz, ja auf das direkt bevorstehende Erscheinen des Gottesreichs machte. Pinchas Lapide weist darauf hin, dass der Ruf Hosianna als »Hoschia'na – errette uns!« gelesen werden kann. Und statt »Hosianna in den Himmelshöhen« (hoschia'na ba-meronim) habe das Volk vermutlich »Errette uns von den Römern!« (Hoschia'na mi-haronim) gerufen.

Der Ritt auf dem Esel ist die bildliche Umsetzung einer Rede des Propheten Sacharja:

> Frohlocke laut, Tochter (= Bewohnerschaft von) Zion! Brich in Jubel aus, Tochter Jerusalem! Siehe, dein König kommt zu dir; gerecht und ein Retter ist er, demütig, und reitet auf einem Esel, auf einem Füllen, dem Jungen einer Eselin. Dann werde ich die Kriegswagen aus Ephraim ausrotten und die Kriegsrosse aus Jerusalem; auch die Kriegsbogen werden ausgerottet werden. Und er wird den Völkern Frieden gebieten, und seine Herrschaft wird von Meer zu Meer, vom Euphratstrom bis an die Enden der Erde reichen. (Sacharja 9,9–10)

Man kann deshalb die Explosivkraft von Jesu feierlichem Einzug kaum überschätzen. Die Juden werden sicher gewusst haben, dass die Bibelstelle von Sacharja nur auf den ersten Blick einen Friedenskönig ankündigt. Liest man einige Verse weiter, so findet man:

> Der HERR der Heerscharen wird sie [die jüdischen Krieger] beschirmen, und sie werden die Schleuderer fressen und zertreten und ihr Blut wie Wein trinken und voll davon werden wie die Opferschalen, wie die Ecken des Altars. Und den Sieg wird ihnen der HERR, ihr Gott, an jenem Tage verleihen, wie eine Herde wird er sein Volk weiden; denn als Edelsteine im Stirnband funkeln sie auf seinem Lande. (Sacharja 9,16–17)

Jesus selbst mag vielleicht einen friedlichen Widerstand gegen die Römer im Sinn gehabt haben, unter seinen Anhängern waren aber einige gewaltbereite Fundamentalisten. Die Bibel nennt ausdrücklich Simon, den Zeloten, und Judas Iskariot (vermutlich Judas, der Sikarier). Die Zeloten waren eine strenggläubige, paramilitärische Geheimtruppe, die Sikarier ein Bund von fanatischen, religiös motivierten Meuchelmördern. Beide Gruppen kämpften mit Terroranschlägen gegen Römer und abtrünnige Juden.

Jesus hat den Zeitpunkt seines Einzugs in Jerusalem vermutlich mit Bedacht gewählt: Das Pessachfest erinnert die Juden an den Auszug aus Ägypten und war zur römischen Zeit eines der höchsten Feste. Vor allem aber war es ein Wallfahrtsfest. In der hellenischen

Zeit hatten sich in fast allen großen Städten des östlichen Mittelmeers und in Rom jüdische Gemeinden angesiedelt. Sie nahmen wenig Anteil an den Querelen in der alten Heimat. Die meisten sprachen nur noch Griechisch, also weder Aramäisch noch Hebräisch. Das Pessachfest war eine ideale Gelegenheit für einen Besuch in Jerusalem, und so wimmelte es in der Stadt von Pilgern. Weder die Römer noch die jüdische Priesterschaft konnten jetzt einen Aufruhr gebrauchen. Erstens hätte sich die Nachricht innerhalb weniger Tage im ganzen Mittelmeerraum verbreitet, und zweitens würden schon kleinere Kämpfe zu einer Massenpanik mit Hunderten von Toten führen.

Mit seiner Aktion hatte Jesus die Endzeit ausgerufen und das kommende Gottesreich angekündigt. Er konnte sicher sein, dass seine symbolische Tat innerhalb von Stunden in ganz Jerusalem bekanntwerden würde. Das hätte er mit keiner Predigt erreicht. Er zwang damit die Anführer der verschiedenen religiösen Gruppen, sich für oder gegen ihn zu entscheiden. Entweder war er der prophezeite Friedensfürst, oder er war ein unverschämter falscher Prophet.

Das alles wird den jüdischen Tempelpriestern bekannt gewesen sein, und sie mussten fürchten, dass Jesus die Zeloten und Sikarier zu Anschlägen ermutigen würde. Auch die Römer vermuteten sicherlich, dass ein weiterer Aufstand unmittelbar bevorstand. Sie verstanden nicht viel von jüdischer Symbolik, aber ihre jüdischen Gewährsleute werden sie gewarnt haben.

Ganz unabhängig von allen Ansprüchen, die Jesus durch seine *Lehren* erhoben hat, zeigt seine *Tat*, dass er sich als Messias betrachtete. Jenseits aller Spitzfindigkeiten erklärt das auch, warum er als »König der Juden« gekreuzigt wurde. Es hat wenig Sinn, darüber zu diskutieren, ob Jesus »wirklich« so gehandelt hat. Die Evangelien geben lediglich den Glaubensinhalt der frühen Christengemeinden wieder, nicht etwa das tatsächliche Wirken. Der Evangelist Matthäus geht noch einen Schritt weiter: Er setzt den Beginn des Gottesreichs mit dem Kreuzestod Jesu gleich. Er schreibt:

> Aber Jesus schrie abermals laut und verschied. Und siehe, der Vorhang im Tempel zerriss in zwei Stücke von oben an bis unten aus. Und die Erde erbebte und die Felsen zerrissen, und die Gräber taten sich auf und viele Leiber der entschlafenen Heiligen standen auf. Nach der Auferstehung Jesu gingen sie aus den Gräbern und kamen in die heilige Stadt und erschienen vielen.
> (Matthäus 27,50–53)

Die Auferstehung der Heiligen und der Gerechten kennzeichnet traditionell den Beginn des Gottesreichs. Nach Matthäus hat das Gottesreich also bereits begonnen, auch wenn der Friedensfürst noch auf sich warten lässt.

Matthäus schrieb eher für Judenchristen (die vom Judentum her konvertierten Christen) und bemühte sich nachzuweisen, dass Jesus Leben und Werk bereits im Alten Testament vielfach angekündigt worden war. Die frühen Christen rechneten fest mit der baldigen Wiederkehr von Jesus, der jetzt bereits den festen Beinamen Christus (die griechische Form von Messias) führte. Aber er kam nicht.

Trotzdem breitete sich das Christentum aus. Es assimilierte viele Elemente anderer Religionen, behielt dabei aber seinen monotheistischen Kern. Es gab nur einen Gott, seine Wohnstatt entsprach einem riesigen Palast, und als himmlischer König gebot er über einen Hofstaat und Heerscharen, die aber keine Götter sein durften. Er hatte einen dunklen Widersacher, der ebenfalls über eine Armee von Helfern gebot und die Menschen verführen wollte. Aber er war kein Gott, denn es durfte nur den einen geben.

Das Ende als Gründungsmythos

So paradox es klingt: Am Beginn des Christentums stand der Glaube an das baldige Ende. Die Urchristen glaubten fest daran, dass die Welt immer schlechter werde, bis Gott schließlich große

Zeichen an den Himmel schreiben und das Weltgericht ausrufen werde. Dann werde der Friedensfürst, der ja schon auf Erden geweilt hatte, vom Himmel zurückkommen, um zu richten über die Guten und die Bösen. Zu diesem Zweck werde er die Toten auferwecken und die Lebenden zusammenrufen. Sein neues Reich werde ewig währen, ebenso die Qual der Verdammten.

Christen galten im Römischen Reich als verdächtige Sektierer, weil sie den Kaiserkult strikt ablehnten. Bei allen offiziellen Feiern (auch regionalen oder städtischen) war eine Huldigung des Kaisers fester Bestandteil des Rituals. Wer das nicht mitmachen wollte, blieb Außenseiter. Einige christliche Gruppen, namentlich die Nikolaiten, vertraten die Ansicht, dass eine Teilnahme am Kult für heidnische Götter kein Problem sein sollte. Vermutlich argumentierten sie, die Teilnahme sei kein Gottesdienst, weil es die heidnischen Götter schlicht nicht gebe! Also sei die Huldigung nur eine gesellschaftliche und keine religiöse Veranstaltung. Diese Haltung lehnte allerdings die Hauptströmung der frühen Christen strikt ab. Unter den frühen Kaisern war das Christentum zwar geduldet, wurde aber streng beobachtet. In dieser Zeit entstand das zugleich umstrittenste, dunkelste und meist kommentierte Buch der Bibel, die Offenbarung des Johannes (auch Apokalypse genannt, nach griech. Apokalypsis = Offenbarung, Enthüllung). Es führt zum ersten Mal genau aus, wie die Endzeit und das ewige Gottesreich aussehen sollten.

Die Apokalypse des Johannes

Beim ersten Durchlesen erscheint die Offenbarung des Johannes wie ein greller, surrealistischer Bilderbogen. Da erscheinen Engel, seltsame Reiter, unheimliche Tiere, ein mächtiges Lamm, Fabeltiere, Dämonen, zwei Propheten, ein himmlisches Jerusalem. Das alles wird in einem atemlosen Reigen durcheinandergewirbelt, bis die eigentliche Botschaft in den vielen Metaphern verlorengeht.

Wer die »Apokalypse« zum ersten Mal liest, erinnert sich hinterher nur an eine Geisterbahnfahrt durch Himmel und Hölle, Katastrophen und Endzeiten, Zerstörung und Errettung.

Erst nach mehrfachem Lesen zeigen sich deutliche Konturen. Der Verfasser oder der Redaktor hat offenbar eine ganze Reihe von Visionen ineinandergeschachtelt. Das Buch ist sicher nicht in einem Durchgang entstanden, sondern mehrfach überarbeitet und erweitert worden. Das hat seine Verständlichkeit nicht verbessert. Der Autor der Offenbarung hat keine Zweifel daran, dass das Weltgericht unmittelbar bevorsteht und die Endzeit bereits angefangen hat. Er beginnt sein Buch mit brüderlichen Ermahnungen an die sieben Gemeinden in Kleinasien, denen er seine Offenbarung zukommen lassen möchte. Es folgt eine wüste Polemik gegen das Römische Reich und einen falschen Propheten, vermischt mit einer Endzeitvision. Dann widmet er sich der Beschreibung des Jüngsten Gerichts. Schließlich muss dem Autor (oder einem Überarbeiter) aufgegangen sein, dass mit Endzeit und Weltgericht die Prophezeiungen aller alttestamentarischen Propheten erfüllt sein müssen. Ihre Weissagungen hat er mit einiger Gewalt in das Werk eingearbeitet. Leider waren sich die Propheten nicht einig, und so gerät der letzte Teil der »Offenbarung« zu einer wilden Achterbahnfahrt durch verschiedene, einander teilweise widersprechende Endzeitereignisse. Zu Zeiten der Propheten des Exils oder der unmittelbar nachexilischen Ära war der Satan als mächtige Figur noch unbekannt, und so beruht der bildhaft geschilderte Kampf mit dem Teufel auf sehr viel späteren Quellen. Das Ganze hat der Autor mit einer heute kaum noch verständlichen Zahlenmystik angereichert.

Wer aber ist der Autor? Er identifiziert sich als Johannes. Als die Bibel kanonisiert wurde (ihre verbindliche Form erhielt) war das Werk wegen seiner unverständlichen Bilder umstritten und schaffte es nur deswegen in den Kanon (die Sammlung der Bücher für die Bibel), weil genügend viele Kirchenväter annahmen, der Apostel Johannes habe das Buch geschrieben. Das gilt inzwischen als widerlegt. Ebenso unwahrscheinlich ist es, dass der Evangelist Johannes die Offenbarung verfasst hat. Die Unterschiede im Schreibstil sind einfach zu groß.

Der Autor gibt an, das Buch auf der Insel Patmos geschrieben zu haben. Dorthin sei er verbannt worden, vermutlich von Ephesos aus. Verbannung war eine vergleichsweise geringe Strafe und wurde zum Beispiel wegen Erregung öffentlichen Ärgernisses verhängt. Patmos liegt ca. 60 Kilometer vor der kleinasiatischen Küste, etwa in Höhe der antiken Stadt Didyma. Mit 45 Quadratkilometern ist sie relativ klein, aber groß genug für lange Spaziergänge. Zur Zeit des Johannes wohnten dort nur sehr wenige Menschen, die Insel war ein einsamer Ort. Heute beherbergt sie eines der bedeutendsten orthodoxen Klöster. Der festungsähnliche Gebäudekomplex besteht seit mehr als 900 Jahren und heißt – raten Sie mal – Johanneskloster. Auf der Insel wohnen heute ungefähr 3000 Menschen. Jedes Jahr kommen Tausende von Touristen, die sich das Kloster und die Höhle zeigen lassen, in der Johannes seine Offenbarung empfangen haben soll.

Johannes schrieb sein Werk wahrscheinlich zum größten Teil in den Jahren 95 bis 98. Er verwendete ein geradezu bemüht feierlich klingendes Griechisch. Dies, die zuweilen ungewöhnliche Satzstruktur sowie die Wortstellung lassen darauf schließen, dass die Muttersprache des Verfassers nicht Griechisch, sondern eher Aramäisch war. Er schrieb für sieben griechischsprachige Gemeinden in Kleinasien: Ephesus, Smyrna, Pergamon, Thyatira, Sardes, Philadelphia und Laodizea. Sein Buch beginnt mit gezielten Ermahnungen für jede einzelne Gemeinde. Religiöse Bücher und Schriften wie die des Johannes wurden bei Gemeindeversammlungen verlesen, sie waren also für den öffentlichen Vortrag, nicht für die stille Lektüre gedacht.

Johannes-Offenbarung, Inhaltsübersicht

1. Offb 1,9–20: Vision mit dem Auftrag, die kommenden Visionen aufzuschreiben und an die sieben Gemeinden zu schicken (1,9–20). Sendschreiben an die sieben Gemeinden (2,1–3,22).

2. Offb 4,1–5,14: Vision des himmlischen Thronsaals. Das Lamm (Symbol für Jesus) erhält das Buch mit den sieben Siegeln.

3. Offb 6,1–17: Das Lamm öffnet die ersten sechs von sieben Siegeln. Die apokalyptischen Reiter erscheinen (1.–4. Siegel). Unter dem Altar die Seelen der Märtyrer (fünftes Siegel). Sonnen- und Mondfinsternis, Sterne fallen herab, Himmel rollt auf, Berge und Insel werden versetzt. Beginn des Tags des Zorns (sechstes Siegel).

4. Offb 7,1–17: Engel der Winde halten den Wind zurück, Versiegelung der Gottesknechte (je 12 000 der zwölf Stämme Israels). Erlösungsvision für unübersehbar viele von allen Völkern.

5. Offb 8,1–9,21: Das Lamm öffnet das siebente Siegel. Vier Engel blasen Posaunen und verursachen Katastrophen. Weheruf des Adlers. Zwei weitere Engel blasen Posaunen und erzeugen dämonische Plagen.

6. Offb 10,1–11,19: Ein Engel mit Buch erscheint und kündigt das unmittelbar bevorstehende Ende an. Vermessung des Tempels von Jerusalem. Zwei Zeugen treten auf. Die siebente und letzte Posaune ertönt (11,15–19).

7. Offb 12,1–17: Der Satan erscheint als Drache am Himmel. Eine schwangere Frau gebiert einen Jungen, der Drache will das Kind verschlingen, die Frau flieht, der Erzengel Michael stürzt den Drachen (Satan) vom Himmel auf die Erde. Der Drache verfolgt die Frau, aber sie entkommt.

8. Offb 13,1–18: Ein Fabeltier steigt aus dem Meer, als Verbündeter des Drachen. Ein zweites, ebenfalls böses Tier erscheint an Land. Es bewirkt Wunderzeichen und sorgt für die Anbetung des Drachen.

9. Offb 14,1–20: Das Lamm erscheint auf dem Berg Zion und mit ihm 144 000 Erlöste aus den zwölf Stämmen Israels. Engel kündigen das Gericht an.

10. Offb 15,1–16,21: Weitere sieben Plagen in Form von sieben Schalen des Zorns.

11. Offb 17,1–18: Die Hure Babylon (die Stadt Rom und ihre Bewohner) und das Tier werden gezeigt und erklärt (allerdings kaum verständlich).

12. Offb 18,1–19,10: Babylon wird zerstört, die Kaufleute klagen, eine große Schar im Himmel jubelt.

13. Offb 19,11–21: Ein gerechter Reiter erscheint auf einem weißen Pferd. Die beiden bösen Tiere werden dem Feuer übergeben.

14. Offb 20,1–10: Ein Engel bindet den Teufel für tausend Jahre. Das Tausendjährige Reich Gottes beginnt. Am Ende der tausend Jahre Endkampf der himmlischen Heerscharen gegen die Mächte des Bösen und endgültige Vernichtung der Heere des Bösen. Der Teufel wird in einen See von brennendem Schwefel geworfen, zur ewigen Qual.

15. Offb 20,11–20,15: Weltende und allgemeines Gericht über Lebende und Tote.

16. Offb 21,1–22,21: Das neue Jerusalem senkt sich vom Himmel herab, das ewige Gottesreich beginnt. Es entsteht offenbar auf der Erde.

Die einzelnen Bilder der Offenbarung haben bis auf die letzten beiden (ab Offb. 20,11) keine lineare Handlung. Johannes springt in der Zeit, im Raum und in den Metaphern ohne erkennbare Absicht hin und her. Ist das Buch vielleicht aus mehreren Schriften zusammengestückelt? Einige Forscher verweisen darauf, dass die Verwendung der Worte und die ungewöhnliche Syntax im ganzen Buch gleich ist. Auch die ständige Wiederholung der Siebenzahl (sieben Siegel, sieben Posaunen, sieben Zornesschalen) könnte auf eine einheitliche Komposition deuten. Dieses Argument überzeugt aber nicht. Sieben steht für die Vollständigkeit der Schöpfung, weil Gott die Erde an sieben Tagen erschaffen hat. Was siebenfach geschieht, ist vollendet und abgeschlossen. Allein daraus lässt sich nichts ableiten.

Die meisten religiösen Texte der Bibel transportieren eine Botschaft, sie wollen die Gläubigen belehren oder Glaubensgrundsätze illustrieren. Dieser Aspekt fehlt in der Apokalypse weitgehend. Die Ermahnungen sind eher banal: Die Menschen sollen auf Gott vertrauen, die Gesetze einhalten, den Versuchungen widerstehen, Götzendienst unterlassen. Nur dann werden sie bei dem unmittelbar bevorstehenden Ende erlöst werden. Das war aber allgemein bekannt und wurde vermutlich bei jedem Gottesdienst wiederholt.

Die Aussage der Apokalypse ist deshalb unklar, zumal der Text keine Gesamtkomposition hat. Das Durcheinander ist so groß, dass der Autor ganz sicher nicht als Erstes die Struktur festgelegt hat, um sie dann mit Inhalt zu füllen. Mir scheint folgendes Szenario am wahrscheinlichsten:

1. Die meisten Religionswissenschaftler gehen davon aus, dass die Offenbarung ein sorgfältig arrangiertes, mit vielen Anspielungen versehenes literarisches Werk ist. Die Form der Offenbarung wäre dann eine Erfindung, so wie es offensichtlich das Buch Daniel oder das Buch Henoch sind. Dagegen spricht, dass Johannes unter eigenem Namen schreibt und nicht die Autorität eines Propheten der fernen Vergangenheit ausbeutet. Nein, höchstwahrscheinlich schreibt er auf, was er erlebt.

2. Die Offenbarungsbilder sind möglicherweise ekstatische Visionen, epileptische Auren oder schizophrene Halluzinationen. Die schnellen Übergänge der Visionen und die bizarren Metamorphosen sprechen am ehesten für die letztere Annahme. Auch die vielen, sonst in Prophezeiungen unüblichen anonymen Stimmen (»Ich hörte eine Stimme ...«, z. B. Offb 6,6; 10,4; 12,10–12; 14,2;16,1; 18,4–8) lassen auf akustische Halluzinationen schließen. Bei den Stimmen, die Johannes hört, handelt es sich nicht um göttliche Befehle, denn während er Gott auf dem Thron sieht, sprechen sie aus einer anderen Richtung zu ihm. Er hat sie also vermutlich wirklich gehört und muss sie interpretieren. Die landläufige Vorstellung vom verrückten Prediger greift hier natürlich nicht. Vielmehr muss man sich den wahrscheinlichen (und gar nicht seltenen) Ablauf seiner Krankheit klarmachen. Eine Schizophrenie beginnt oft mit einem Gefühl des Unheimlichen, so, als ob sehr bald etwas Großartiges oder Schreckliches geschehen werde. Dann verzerrt sich für den Kranken die Wirklichkeit, er hört, sieht oder spürt Dinge, die sonst niemand wahrnimmt. Nach einigen Tagen oder Wochen geht der Anfall (Mediziner sprechen von einem Schub) meist zurück, und der Kranke erscheint mehr oder weniger normal. Die Schübe können im Laufe von Wochen, Monaten oder Jahren mehrfach wiederkommen. Bei einigen Patienten werden die Anfälle häufiger und schlimmer, und die Symptome steigern sich, bis sie jeden Kontakt zur Wirklichkeit dauerhaft verlieren. Bei anderen treten nur wenige Schübe auf, und die Krankheit verschwindet wieder. So könnte der Verlauf bei Johannes ausgesehen haben. Die letzten Kapitel, 21 und 22, erscheinen folgerichtig und verständlich. Sie sind offenbar nachträglich aus den Weissagungen alttestamentarischer Propheten montiert worden.
3. Johannes nutzt seine hervorragenden Bibelkenntnisse, um seine Visionen religiös zu erklären. Die Bilder ängstigen ihn, aber als göttliche Eingebungen kann er sie akzeptieren. Dafür spricht, dass der Apokalyptiker die früheren Propheten vielfach paraphra-

siert (also für seinen Zusammenhang auslegt), ohne die Quelle kenntlich zu machen. Er verwendet auch Motive, die sich in anderen zeitgenössischen Schriften finden, wie gewisse Übereinstimmungen mit dem vierten Buch der Sibyllinischen Orakel[7] belegen. Andere Verfasser haben sich immer bemüht, die Übereinstimmung ihrer Visionen mit den Worten früherer Propheten ausdrücklich zu betonen. Sie haben zumindest den Hinweis eingefügt: »Es steht geschrieben …« Johannes tut das nicht ein einziges Mal, sein Namensvetter, der Evangelist Johannes, hingegen sehr häufig. Der Apokalyptiker muss sich nicht rechtfertigen, er weiß, was er gesehen hat. Aber er hat Probleme, die Visionen in verständliche Worte zu fassen.

Nun ist aber Johannes ganz sicher kein Sklave seiner Visionen. Vielmehr baut er sie in eine scharfe, aber sorgfältig versteckte Kritik der bestehenden Verhältnisse ein. Die Mitglieder der kleinasiatischen Gemeinden dürften zum großen Teil ausschließlich Griechisch gesprochen haben. Sie waren einigermaßen gebildet, konnten lesen und schreiben, waren aber des Hebräischen nicht mächtig und hatten eher begrenzte Kenntnisse der Bibel. Außerdem waren sie mit der griechischen Sagenwelt und den Anfängen der Naturlehren vertraut. Gelehrte Anspielungen auf den Jerusalemer Tempeldienst und längst vergangene historische Ereignisse, wie sie im Text vorkommen, werden sie sicher nicht verstanden haben. Johannes schrieb, so dürfen wir annehmen, in erster Linie für sich selbst. Er zeichnete seine Visionen auf und versuchte, sie mit tatsächlichen Ereignissen, biblischen Ankündigungen und Gottes Heilsplan in Übereinstimmung zu bringen.

---

[7] Sibyllinische Orakel: eine im 6. Jahrhundert zusammengestellte Sammlung von angeblichen Prophezeiungen einer Sibylle, einer heidnischen Prophetin. Das Buch vier stammt aus dem Osten des Reichs, ist vermutlich jüdischen Ursprungs und wurde etwa 80–100 n. Chr. geschrieben. Es beinhaltet in der Form von Orakelsprüchen unter anderen den Ausbruch des Vesuvs 79 (n. Chr.) und die Zerstörung des jüdischen Tempels. Teile seiner Endzeitmotive finden sich in der Johannesoffenbarung wieder.

Ausgewählte Kapitel und ihre Lesart – die Posaunenvisionen

Die Posaunenvisionen setzen ein, nachdem das Lamm (Jesus) alle sieben Siegel geöffnet hat und alle Himmelskörper verschwunden sind. Der normale Tagesablauf scheint noch einigermaßen erhalten zu sein. Das ist ein Widerspruch. Vermutlich hat ein Redaktor dieses Kapitel eingefügt, ohne auf die Reihenfolge zu achten. Die ersten vier Posaunen lösen jeweils eine Naturkatastrophe aus:

1. Posaune: Es fällt Hagel und Feuer, vermischt mit Blut. Dieses Gemisch landet auf der Erde. Ein Drittel der Erde, ein Drittel der Bäume und alles Gras verbrennt.
2. Posaune: Ein großer Berg brennt und ein Drittel des Meeres wird zu Blut, ein Drittel der Geschöpfe stirbt, ein Drittel der Schiffe sinkt.
3. Posaune: Ein brennender Stern fällt vom Himmel. Der Stern verdirbt ein Drittel des Wassers, und viele Menschen sterben.
4. Posaune: Der Tag und die Nacht werden verfinstert (ebenfalls zu einem Drittel).

Die Drittel sind nicht wörtlich zu nehmen, in Visionen werden keine Strichlisten geführt oder Statistiken aufgestellt. Ein Drittel bedeutet am ehesten: ein beträchtlicher Teil. Hier beschreibt Johannes offenbar die Auswirkungen eines verheerenden Vulkanausbruchs (und nicht, wie häufig zu lesen ist, eine Version der ägyptischen Plagen). Wenn seine Leser das verstehen sollen, müssen sie relativ kurz vorher von einem großen Vulkanausbruch gehört haben. In der Tat war im Jahre 79 der Vesuv ausgebrochen und hatte Tausende von Menschen getötet, die Städte Pompeji, Herculaneum, Oplontis und Stabiea verschüttet, das Wasser im großen Umkreis verdorben und das Meer vergiftet. Weil Johannes vermutlich etwa 15 bis 20 Jahre später geschrieben hat, dürften seine Zuhörer die schrecklichen Geschichten des Vesuvausbruchs noch im Gedächtnis gehabt haben. Der Bezug ist hier also ganz konkret, ebenso wie in den beiden folgenden Posaunenvisionen:

Beim Schall der fünften Posaune bricht der Schacht eines Abgrunds auf, Rauch steigt hoch und verwandelt sich in Heuschrecken, die Heuschrecken werden zu Fabelwesen und greifen die Menschen an. Alle von Gott mit seinem Siegel gekennzeichneten Menschen bleiben aber verschont. Die Heuschrecken haben Menschenköpfe, Löwenzähne, Pferdekörper, feines Haar, einen eisernen Brustkorb, Flügel und einen Skorpionschwanz. Fünf Monate lang sollen sie die Menschen quälen dürfen. Solche possierlichen Gestalten sind in der griechischen Mythologie gut bekannt, es handelt sich um sogenannte Mantikore. Ein Engel des Abgrunds, ein gewisser Abaddon, griechisch Apollyon, ist ihr König. Der Name dürfte eine Anspielung auf Apollonion von Tyana sein, einen zeitgenössischen Philosophen und Wundertäter. Er lehrte an der kleinasiatischen Küste, und man sagte ihm nach, er könne Dämonen beherrschen. Apollyon und Abaddon sind bewusste Verballhornungen, sie bedeuten in etwa »der Verderber«. Apollonion war kein Christ, sondern Pythagoreer. Er musste in späteren antichristlichen Schriften mehrfach als Beweis dafür herhalten, dass Wunder auch ohne Gottes Hilfe möglich waren und Jesu Wunder deshalb keineswegs ein Hinweis auf seine göttliche Herkunft waren. Über Apollonions Leben weiß man nur wenig. Der Sophist Philostratus hat mehr als hundert Jahre nach dessen Tod eine romanhafte Biographie geschrieben, die aber mit dem echten Apollonion nur wenig zu tun hat. Sie zeichnet das Bild eines ungeheuer belesenen, weitgereisten, weisen und einflussreichen Mannes. Seine Wunder sind nicht auf Magie, sondern auf sein überlegenes Wissen zurückzuführen. Er soll mehrere Kaiser beraten haben. Das Werk entstand vermutlich im Auftrag der Kaiserin Julia Domna, die Apollonion bewunderte. Es ist nicht klar, ob Philostratus deswegen so schamlos übertrieben hat, oder ob er selbst einer älteren Fälschung aufgesessen ist. Dieses falsche Bild des Apollonion hat die Zeit überdauert und wurde erst im 20. Jahrhundert korrigiert. Der echte Apollonion war ein neupythagoreischer Mystiker und hat sein Leben in Kleinasien und Syrien verbracht. Er betätigte sich als Wunderheiler und wurde als Übermensch und Halbgott gefeiert.

Der Historiker Malalas aus Antiochia berichtete, dass Apollonion seine Heimatstadt von einer Mücken- und Skorpionplage befreit habe. Er habe die Insekten mit einer kleinen bronzenen Skorpionfigur gebannt, die er auf eine Säule im Zentrum der Stadt gestellt habe.

Nach christlicher Auffassung konnte nur Gott Wunder bewirken, Apollonion musste also ein Betrüger sein. Wir dürfen davon ausgehen, dass er den christlichen Gemeindeführern ausgesprochen verhasst war. Johannes denunziert den angeblichen Wundertäter deshalb als Herrn der skorpionschwänzigen Mantikore.

Apollonion von Tyana wird uns noch einmal begegnen, und zwar als falsches Lamm, als *Lügenprophet* oder *Antichrist.*

Nachdem der sechste Engel seine Posaune geblasen hat, ruft eine anonyme Stimme, »die von den Hörnern des Altars kam, der vor Gott steht« die Engel dazu auf, die vier Engel am Euphrat loszubinden, die bereitstehen, ein Drittel der Menschen (hier wieder gemeint: einen großen Teil) zu töten. Und schon tauchen dämonische Reiter in ungeheurer Zahl auf. Sie tragen feuerfarbene, blaue oder schwefelgelbe Panzer, ihre Pferde haben Löwenhäupter, aus denen sie Feuer speien. Ihre Schwänze sind Schlangen, die Schwanzspitze ist der äußerst giftige Schlangenkopf. Diese Vision ist leicht zu entschlüsseln: Der Euphrat war die Grenze zwischen dem Römischen Reich und dem Partherreich. Die Parther, ein persisches Reitervolk, waren bekannt für ihre pfeilschnellen berittenen Bogenschützen. Ihr Reich erstreckte sich vom Euphrat bis nach Indien. Sie lagen im ständigen Grenzkonflikt mit den Römern und waren imstande, Heere von mehreren zehntausend Reiterkämpfern aufzustellen. Die Parther waren Zoroastrier. Auf ihren Altären brannten heilige Flammen, deshalb galten sie im Volksglauben als Feuerbeherrscher. Ihre Reittiere sind ebenfalls bekannte griechische Fabeltiere: die sogenannten Chimären. Die Menschen an der kleinasiatischen Küste mochten die Römer nicht allzu sehr, vor den Parthern aber hatten sie ausgesprochene Angst. Die Eroberung der kleinasiatischen Küste durch die Parther wäre für die Bewohner eine echte Endzeitkatastrophe gewesen. Mit dem Klang der siebten Posaune ist diese Serie von Visionen zu Ende.

Johannes legt im Posaunenzyklus die Katastrophen der unmittelbaren Vergangenheit aus. Der Ausbruch des Vesuvs, die unheimliche Insektenplage in Antiochia und vielleicht auch anderswo, das Auftreten eines falschen Propheten. Die Natur spielt verrückt, der Glaube ist bedroht, die bewährte Ordnung beginnt zusammenzubrechen. Dann rührt Johannes an die Angst seiner Mitmenschen vor den Parthern. Sollten sie Kleinasien erobern, deutet er an, steht das Ende der Welt unmittelbar bevor. Der Posaunenzyklus ist ein Fremdkörper, der nachträglich in die Offenbarung montiert wurde, und zwar, wie bereits gesagt, an eine unpassende Stelle.

Einige Bilder aus der Apokalypse sind inzwischen Allgemeingut. Dazu gehören unter anderem die apokalyptischen Reiter, der Lügenprophet (meist als Antichrist angesprochen) und das Tausendjährige Reich. Diese Vorstellungen bestimmen bis heute das christliche Bild von der Endzeit. Evangelikale Gruppen in den USA verdächtigen immer wieder bekannte Persönlichkeiten, der Antichrist zu sein, und suchen nach Zeichen, die den Beginn des Tausendjährigen Reichs anzeigen könnten.

Die Deutschen haben im letzten Jahrhundert mit diesem Begriff außerordentlich schlechte Erfahrungen gemacht. Aber was steckt eigentlich dahinter?

Die apokalyptischen Reiter

Im fünften Kapitel der Offenbarung erhält das Lamm (Christus) eine Schriftrolle, die auf der Vorder- und Rückseite beschrieben und mit sieben Siegeln verschlossen ist. Die Siegel verbergen nicht den äußeren, sondern lediglich den inneren Text. Das Weltgericht wird beginnen, wenn alle Siegel aufgebrochen sind. Die Rolle steht für die *Schicksalsrolle*, in der alle Ereignisse der Welt von Anfang bis Ende verzeichnet sind. Den Mythos von Tafeln oder Schriften, auf denen die Geschichte der Welt aufgezeichnet ist, gab es schon mehr als tausend Jahre vor Johannes in der babylonischen Mythologie. Außen auf der Schriftrolle steht vermutlich die Vergangenheit, im versiegelten Inneren liegt die Zukunft verborgen. Das Lamm beginnt die Siegel aufzubrechen, und die von Jesus und von früheren Propheten angekündigten Drangsale der Endzeit beginnen. Die ersten vier Siegel entlassen vier Reiter auf die Erde, die sogenannten apokalyptischen Reiter.

Der erste reitet ein weißes Pferd und hält einen Bogen. Auf dem Kopf trägt er einen Kranz, und er zieht aus, »um zu siegen«. Einige Interpreten haben daraufhin die Frage aufgeworfen, ob der Reiter als positive Figur gedacht ist. Das kann man aber ausschließen. Die Beschreibung des Reiters deutet auf einen Parther. Bei allem Hass auf die Römer hatten die Bewohner der kleinasiatischen Küste doch panische Angst vor den berittenen parthischen Bogenschützen. Der erste Reiter symbolisiert vermutlich den organisierten Krieg.

Der zweite Reiter ist ebenfalls ein Krieger. Er hat ein langes Schwert und reitet ein rotes Pferd. Er bekam die Macht, den Frieden von der Erde zu nehmen, so dass die Menschen sich gegenseitig töten. Er steht für die ungeordnete Gewalt und die Auflösung der Gemeinwesen.

Das dritte Pferd ist schwarz, der Reiter darauf hält eine Waage. Eine Stimme ertönt und spricht von Wucherpreisen für Weizen und Gerste, nimmt aber Öl und Wein ausdrücklich von der Teuerung aus. Dieser Reiter bringt Hungersnot und Teuerung, die Anspielung auf Öl und Wein bleibt unklar.

Der vierte Reiter reitet ein leichenhaft blasses Pferd, und wird ausdrücklich als »der Tod« vorgestellt. Er zieht mit einem Helfer, der als Hades bezeichnet wird, durch die Welt. Er (oder alle Reiter zusammen, das ist nicht eindeutig) hat die Macht, ein Viertel der Menschheit durch das Schwert, den Hunger, Seuchen oder wilde Tiere zu töten.

Wohlgemerkt: In der Apokalypse steht nicht, dass die Reiter Menschen töten, sie haben lediglich die göttliche Genehmigung dazu. Sind diese Reiter aber wirklich erst zur Endzeit unterwegs? Wüten nicht ständig irgendwo Krieg, Teuerung, Hungersnot oder Pest? Auch ihr gemeinsames Auftreten wäre nicht neu: Am Ende eines Krieges ist das Land verwüstet, die Menschen ermorden sich gegenseitig, Brot wird unbezahlbar und Seuchen dezimieren die Überlebenden. Und wenn alle Ordnung zusammengebrochen ist, sind die Menschen den wilden Tieren hilflos ausgeliefert.

Nach den ersten vier Siegeln mit der Aussendung der Reiter öffnet das Lamm sofort zwei weitere Siegel und leitet damit das Ende der Welt ein. In der kurzen Zeit wären die Reiter nicht einmal aus Gottes Palast herausgekommen und hätten auch kein Zerstörungswerk beginnen oder vollenden können. Warum hat Gott sie dann erschaffen?

Die einzig sinnvolle Erklärung ist die Annahme, dass der Unterschied zwischen göttlicher und menschlicher Zeit unfassbar lang ist (… »tausend Jahre sind ihm wie ein Tag …«). Dann begänne die Endzeit mit der Aussendung der Reiter und endete mit der Öffnung des sechsten Siegels. Offenbar sind sie Boten, deshalb haben sie Pferde bekommen. Sie symbolisieren wahrscheinlich die Drangsal vor dem Ende, die bereits Matthäus in seinem Evangelium erwähnt. Trotzdem bewegt sich die Logik hier auf sehr dünnem Eis. Im Alten Testament der Bibel gilt ein verlorener Krieg, eine Hungersnot oder eine Seuche als göttliche Strafe für menschlichen Frevel. Die Aussendung von Boten, die ermächtigt sind, Menschen wahllos zu quälen und zu töten, passt nicht ins Bild.

Hier entsteht wieder den Eindruck, dass der Seher Johannes verzweifelt versucht, in die Visionen, die ihn heimsuchen, einen Sinn zu bringen. Immerhin kann er bildmächtig schreiben: Die Symbolik der vier zerstörerischen Reiter hat sich bis heute gehalten.

Ein Wort zur Vorsicht

Johannes' Metaphern erscheinen oft bizarr, aber seine Zeitgenossen haben sie vermutlich besser verstanden als wir. David Aune weist ausdrücklich darauf hin, dass Johannes insgesamt 17 Figuren mit dem bestimmten Artikel eingeführt: *Die* vier gebundenen Engel am Euphrat, *das* Tier, *der* Adler usw. Seine Leser werden vermutlich gewusst haben, auf was er damit anspielte.
Ein modernes Beispiel dazu: Der Bankencrash hat zwar den Heuschrecken die Flügel gestutzt und sie geben sich lammfromm, aber auch eine gottesanbetende Haltung ist kein Beweis für ein friedliches Wesen, sondern kann in einen plötzlichen Fangschlag übergehen, wie jeder Insektenkenner bestätigen wird. Die Politik ist keine Hilfe, Schwarzgelb mag zwar in der Tierwelt eine Warnfarbe sein, aber die Propheten des Mammon müssen davor keine Angst haben. Der rote Vorsitzende spricht gewichtige Worte, aber ihm fehlt der Federschmuck seines engelhaften Namensvetters, der es ihm erlauben würde, gelegentlich staatsmännisch über den Dingen zu schweben.

Im Jahre 2011 ist das noch perfekt zu verstehen (naja, wenigstens einigermaßen), aber bereits in 20 Jahren wird kaum noch jemand wissen, was damit gemeint ist. Weil dieses Buch bestimmt auch 2030 noch gelesen wird, hier die Erklärung:

Heuschrecken sind das Synonym für Risikokapitalgesellschaften, die *Gottesanbeterin* ist eine Fangheuschrecke, *Schwarzgelb* steht für die Koalitionsregierung von CDU und FDP, die *Propheten des Mammon* sind die Manager der großen Finanzinstitute, der *rote Vorsitzende* ist in Anlehnung an den »großen Vorsitzenden« der SPD-Chef und Oppositionsführer Gabriel, der anders als der gleichnamige Erzengel keine Flügel hat.

Keine endzeitliche Figur des Neuen Testaments hat die Phantasie der Christen so nachhaltig beschäftigt wie der Antichrist. Man darf ihn keineswegs mit dem Teufel verwechseln, er ist kein Geistwesen, sondern ein Mensch. Von ihm geht eine große Ausstrahlung aus, und er soll während der Endzeit die Menschen zum Abfall vom Glauben verführen. In der Apokalypse kommt das Wort *Antichrist* übrigens nicht vor, wohl aber ein Lügenprophet. Er ist Teil einer bizarren Szene mit zwei Tieren. Das erste entsteigt dem Meer. Es hat sieben Köpfe, zehn Hörner, zehn Königskronen auf den Hörnern und Lästernamen auf den Köpfen.

> Das Tier, das ich sah, glich einem Panther, doch seine Füße (= Tatzen) waren wie die eines Bären und sein Maul wie ein Löwenrachen. (Offb 13,2, Satz 1)

Ähnlich wie die Tiere in der Offenbarung des Daniel stellt dieses Tier ein Herrschaftsgebiet, ein Reich dar. Johannes' Tier vereint aber die Eigenschaften aller vier Tiere, die Daniel beschrieben hat (siehe Seite 80). Damit symbolisiert es die bösen Eigenschaften aller gottlosen Reiche. Das aktuelle, das Römische Reich, betrachtet Johannes als den Gipfel der Gottlosigkeit.

> Der Drache gab ihm dann seine Kraft und seinen Thron und große Macht, dazu einen von seinen Köpfen, der wie zum Tode geschlachtet (oder: verwundet) war, dessen Todeswunde jedoch wieder geheilt wurde. (Offb 13,2, Satz 2)

Zu Daniels Zeit waren die Reiche zwar nicht von Gott eingesetzt, aber auch nicht eindeutig teuflisch. Johannes sieht das bereits anders. Die weitere, recht seltsame Beschreibung des Tiers lässt vermuten, dass Johannes sich auf die sogenannte Nerolegende bezog. Danach war Nero nicht tot, sondern zu den Parthern geflüchtet. In einer anderen Variante war er aus der Hölle aufgestiegen und als Dämon zu den Parthern gekommen. Beide Legenden waren sich einig, dass er bald an der Spitze einer unübersehbaren Armee von parthischen Reitern wiederkommen werde, um das Römische Reich zu verwüsten und seinen Thron zurückzuerobern.

> Da sah die ganze (Bevölkerung der) Erde dem Tier mit staunender Bewunderung nach, und man betete den Drachen an, weil er dem Tiere die Macht gegeben hatte, und man betete das Tier an und sagte: »Wer ist dem Tiere gleich, und wer kann den Kampf mit ihm aufnehmen?« Und es wurde ihm ein Maul gegeben, das große (= hochfahrende) Worte und Lästerungen ausstieß, und es wurde ihm Vollmacht gegeben, es zweiundvierzig Monate lang so zu treiben. (Offb 13,3–5)

Das Tier steht für den Kaiserkult des Römischen Reichs, die Köpfe für die Kaiser. Johannes hatte das Tier nie als Lebewesen konzipiert, sondern als eine Sammlung von Symbolen, ähnlich wie heutige Zeitungskarikaturen, in denen wir immer wieder bizarre Tiere mit den Köpfen von Politikern finden. So werden es Johannes' Zeitgenossen auch verstanden haben.

> Da öffnete es sein Maul zu Lästerungen gegen Gott, um seinen Namen und sein Zelt (oder: seine Wohnung), nämlich die, welche ihre Wohnung im Himmel haben (vgl. Phil 3,20), zu lästern. Auch wurde ihm gestattet, Krieg mit den Heiligen zu führen und sie zu besiegen; und Macht wurde ihm über alle Stämme und Völker, Sprachen und Völkerschaften verliehen. (Offb. 13,5–6)

Dieses Kapitel macht nicht den Eindruck einer Vision. Es ist eine gezielte Polemik gegen Rom und schließt an die Daniel-Apokalypse an, die vermutlich die meisten Christen gekannt haben. Zu dem bizarren Tier gesellt sich ein zweites, eines »vom Land«. Es hat »Hörner wie ein Lamm«, gehört aber zu den Bösen, den Dienern des Drachen. Als Lamm mit Hörnern war vorher der auferstandene Christus vorgestellt worden. Das zweite Tier, der Lügenprophet, kommt vom Land und wirkte Wunderzeichen, damit die Menschen die Statuen des ersten Tieres anbeten. Es zwingt alle, das Zeichen des ersten Tieres (also das Zeichen Roms) auf den Stirnen und der rechten Hand anzubringen. Das ist offenbar eine Anspielung auf die Tefillin, die jüdischen Gebetsriemen. Sie werden beim Morgengebet so angelegt, dass ein Behälter mit einer Schriftrolle vor der Stirn sitzt und mit Riemen am Hinterkopf befestigt ist. Der Handriemen wird um die linke Hand gewickelt. Diese, die schwache Hand steht für die schlechten Eigenschaften des Menschen. Sie festzubinden soll die starke und gute Hand kräftigen. Das Tier zwingt die Menschen jedoch, ihre starke und gute Seite einzubinden, so dass die Menschen schwerer zu Gott finden. Außerdem mag die antike Sitte, Sklaven mit Brandzeichen zu versehen, eine Rolle spielen.

Johannes schreibt weiter, es solle keiner kaufen oder verkaufen, wer nicht den Namen des ersten Tiers oder die Zahl seines Namens trägt. Hier kann das Sklavenbrandzeichen kaum gemeint sein, weil Sklaven keine Geschäfte auf eigene Rechnung machen durften. Deshalb bezieht sich der geheimnisvolle Satz am ehesten auf die Münzen mit dem Namen des jeweiligen römischen Kaisers.

Das zweite Tier, der Lügenprophet, könnte wiederum Apollonius von Tyana sein, der angeblich Wunder wirkende neupythagoreische Mystiker. Auch einzelne andere Stellen im Neuen Testament erwähnen einen Lügenpropheten oder Widersacher Christi. Paulus warnt die Gemeinde in Thessalonich (das heutige Thessaloniki in Griechenland):

> Laßt euch von niemand auf irgendeine Weise täuschen; denn zunächst muß ja doch der Abfall eintreten und der Mensch der Gesetzlosigkeit (oder: des Frevels) erschienen sein, der Sohn des Verderbens, der Widersacher, der sich über alles erhöht (oder: gegen alles erhebt), was Gott oder anbetungswürdig (oder: rechtmäßige Gottesverehrung) heißt, so daß er sich sogar in den Tempel Gottes setzt und sich für Gott ausgibt. (2 Thessalonicher 2,3–4)

Die Beschreibungen der personifizierten Widersacher des Erlösers haben einen bleibenden Eindruck bei den Kirchenvätern und spätantiken Gelehrten hinterlassen. Zu Beginn des Mittelalters nahm der Antichrist immer genauere Konturen an. In jeder Hinsicht sollte er das Gegenteil von Jesus Christus sein. War Christus aus der Verbindung des Heiligen Geistes mit einer Jungfrau entstanden, so hatte der Teufel den Antichrist mit einer Hure gezeugt. Wie Jesus sollte der Antichrist ein Jude sein, aber nicht vom edlen Stamm Juda, sondern vom Stamm Dan, von dem es in der Genesis hieß: »Dan wird eine Schlange am Wege sein.« Das ist nicht unbedingt negativ gemeint, aber man hat zu jeder Zeit Bibelstellen ganz nach Belieben umgedeutet. Wie Jesus wird der Antichrist im Verborgenen aufwachsen und mit 30 Jahren sein Werk beginnen. Er wird Zeichen und Wunder wirken, um die Menschen vom Glauben abzubringen, doch seine scheinbar übernatürlichen Werke sind nur Tricks. Dreieinhalb Jahre (wie schon bei Daniel erwähnt) soll sein Treiben dauern. Er wird den Tempel in Jerusalem wieder aufbauen, und die Juden werden ihn begeistert empfangen. Er wird sich auf Salomons Thron setzen und ungerecht herrschen. Die Christen wird er grausam verfolgen und die Herrscher der Erde von seiner Macht überzeugen. Wenn seine Zeit abgelaufen ist, wird Christus ihn überwältigen und das Jüngste Gericht ausrufen.

Diese phantasievollen Behauptungen verstärkten das untergründig ohnehin stets vorhandene Misstrauen gegen die Juden in Europa. Die Menschen erwarteten den Bösesten der Bösen aus ihren Reihen, ohne einen Moment daran zu denken, dass der Stamm Dan bereits seit ca. 720 v. Chr. verschwunden war und alle Juden in Europa ausschließlich von den Stämmen Juda, Benjamin und Levy abstammten. Irgendwie fiel ihnen auch nicht auf, dass Jerusalem zum Herrschaftsgebiet der arabischen Muslime gehörte und nur wenige Juden dort lebten. Die Araber hätten den Wiederaufbau des jüdischen Tempels keinesfalls geduldet.

Vom Mittelalter bis in die Neuzeit hatte die Antichristlegende auch eine politische Dimension. Je schillernder und überzeugender ein Machthaber auftrat, desto eher musste er damit rechnen, dass die Gegenseite ihn zum Antichrist erklärte. Das zeigte sich in extremer Form bei der Auseinandersetzung um den deutschen Kaiser

Friedrich II. (1194–1250). Seine Freunde und Anhänger hielten ihn für die Verkörperung des herrlichen *Endzeitkaisers,* seine Gegner für den Antichrist.

Der *Endzeitkaiser* ist eine Heldengestalt aus zwei obskuren Weissagungsschriften, die in der Geschichtsforschung unter den Stichworten Tiburtinische Sibylle und Pseudo-Methodius bekannt sind. Beide tarnen sich als alte Prophezeiungen, spiegeln aber, wie auch das Buch Daniel, die Situation der Entstehungszeit wider und versprechen nach einer Zeit der Drangsal eine wunderbare Rettung. Eine Sibylle galt in christlicher Zeit als heidnische Wahrsagerin, ihre Prophezeiungen wurden aber als zuverlässig betrachtet. Niemand hatte je eine Sibylle gesehen, sie lebte nur in den Schriften, die ihre angeblichen Weissagungen enthielten. Die christliche Schrift, die angeblich von der Tiburtinischen Sibylle (benannt nach der Stadt Tibur) stammen soll, drückt die Hoffnungen und Befürchtungen der Menschen in Italien in der zweiten Hälfte des 4. Jahrhunderts aus. Kaiser Konstantin der Große hatte Anfang des Jahrhunderts das Römische Reich ein letztes Mal geeint und die Grenzen stabilisiert. Seine Residenz hatte er nach Byzanz verlegt, dem heutigen Istanbul. Er benannte die Stadt 328 in Konstantinopel um und baute sie zum »neuen Rom« aus. Der Gründungsakt fand nach heidnischem Ritus statt, aber Konstantin war der erste Kaiser, der das Christentum förderte. Im Jahre 337, auf dem Totenbett, ließ er sich taufen.

Nach seinem Tod teilten seine drei Söhne Konstantin II., Constans und Constantius II. das Reich unter sich auf. Aber sie hatten wohl nie vor, ihre Vereinbarung einzuhalten. Im Jahre 340 starb Konstantin II. beim Versuch, Italien zu erobern, das Constans beanspruchte. Der wiederum wurde 350 bei einer Armeerevolte abgesetzt und musste fliehen. Er kam nicht sehr weit, ein Trupp Soldaten ergriff ihn und schlug ihn tot. Der Usurpator, der Heerführer Magnentius, musste sich mit dem letzten Bruder Constantius II. auseinandersetzen, der die Osthälfte des Reichs geerbt hatte. Er hatte in Konstantinopel eine Herrschaft etabliert, die wir heute als totalitäre Diktatur bezeichnen würden. Im Jahre 351 schlug er Magnentius in der äußerst blutigen Schlacht bei Mursa und sorgte dann dafür, dass Germanenhorden in Magnentius' verbliebenes Reich in Gallien einfielen. Im Jahre 353 brachte Magnentius sich um, und Constantius II. erbte das gesamte Reich seines Vaters. In Italien war er herzlich unbeliebt: Seine brutal effektive Steueradministration und seine gefürchtete Staatspolizei sorgten für Angst und Schrecken. Er unterstützte zudem die arianische Strömung des Christentums, die im Westen (Italien, Gallien, Spanien, Nordafrika) als Häresie galt. Während Constans den Bischöfen freie Hand gelassen hatte, regierte Constantius II. direkt in die Kirche hinein. In dieser Lage entstand die angebliche Prophezeiung der Tiburtinischen Sibylle. Darin hieß es, Rom werde unterdrückt, Unschuldige verfolgt, Schuldige gefördert werden. Dann aber werde ein neuer Kaiser Constans kommen und das Reich wieder vereinen. Mehr als hundert Jahre solle er regieren, und seine Herrschaft werde eine Zeit der Fülle und des Überflusses bringen. Viele Heiden werde er bekehren oder umbringen lassen. Selbst die Juden würden sich zum Christentum bekennen. Die Völker Gog und Magog (eigentlich war Gog der König von Magog, aber das war offenbar vergessen) würden über das Reich herfallen, aber Constans werde sie schlagen. Dann werde er nach Jerusalem ziehen und sein Amt niederlegen. Nach seinem Tod werde der Antichrist kommen und im Tempel von Jerusalem seine Herrschaft ausüben. Aber der Erzengel Michael werde ihn besiegen und das Jüngste Gericht einleiten. Interessanterweise erscheint das Weltende hier nicht als Drohung, sondern als Verheißung. Die angebliche Prophezeiung war Balsam auf die Seelen der von Constantius II. gestressten Römer, aber das Buch entwickelte ein Eigenleben und geisterte noch Jahrhunderte später herum, als niemand mehr seinen Anlass kannte.

Im 7. Jahrhundert entstand im Osten eine weitere Prophezeiung: die *Revelationes* (Offenbarungen), vorgeblich von Methodius verfasst, dem bereits lange verstorbenen Bischof von Olympos in Lykien. Auch hier griff der unbekannte Autor auf die bewährte Methode zurück, einer bekannten Heldenfigur der Vergangenheit eine angebliche Offenbarung unterzuschieben. Methodius war 311 den Märtyrertod gestorben und hatte einen glänzenden Ruf. Er hatte eine ganze Reihe von theologischen Werken in griechischer Sprache verfasst, von denen die meisten aber lediglich in einer slawischen Übersetzung erhalten sind. Die katholische Kirche führt ihn als Heiligen. Das ihm untergeschobene Werk (heute als *Pseudo-Methodius* bekannt) entstand gegen Ende des 7. Jahrhunderts in Nord-Mesopotamien und wurde schnell populär. Bereits zwischen 710 und 720 hatten anonyme Übersetzer eine griechische und eine lateinische Fassung angefertigt. Der Pseudo-Methodius spricht zuerst von der Erschaffung der Welt. Dann erwähnt er Alexander den Großen und sein Bollwerk gegen die Völker Gog und Magog im Norden. Nach damals kursierenden Sagen soll Alexander der Große eine titanische Mauer im Kaukasus gebaut haben, um die Völker Gog und Magog bis zur Endzeit fernzuhalten. Der unbekannte Autor beschreibt dann in Form einer Weissagung das Vorrücken der Ismaeliten (der Araber). In den Jahrzehnten vor der Abfassung des Pseudo-Methodius hatten islamische Araber im Namen des Propheten Syrien, Mesopotamien, Ägypten und große Teile des Byzantinischen Reichs erobert. Zur Strafe für ihre Sünden, so erklärte die Schrift, sollten die Christen zeitweilig unter deren Joch geraten. Dann aber werde ein längst für tot gehaltener Kaiser erscheinen, die Ismaeliten mit Feuer und Schwert vernichtend schlagen und einer grausamen Knechtschaft unterwerfen. Auch die abtrünnig gewordenen Christen werde er strafen. Nach einer Zeit des Friedens sollten die Horden von Gog und Magog in sein Reich einbrechen, und erst ein Hauptmann von Gottes himmlischen Heerscharen werde sie besiegen. Der Kaiser werde nach Jerusalem gehen und seine Krone ablegen. Jetzt werde eine kurze Herrschaft des Antichrist kommen, bevor der Messias erscheinen werde, um den Antichrist zu vernichten und das Jüngste Gericht auszurufen. Zusammen mit der Offenbarung des Johannes waren die lateinischen Versionen der Tiburtinischen Sibylle und des Pseudo-Methodius im Mittelalter über ganz Europa verbreitet. So entstand bald der Mythos eines Weltkaisers der Endzeit, der alle Gegner der Christenheit besiegen und sein Werk in aller Bescheidenheit in Jerusalem vollenden werde.

Kaiser Friedrich II. wurde von seinen Anhängern als genau dieser Endzeitkaiser angesehen. Die Päpste seiner Zeit gehörten allerdings nicht zu seinen Bewunderern, im Gegenteil: Sie haben ihn gleich mehrfach exkommuniziert. Dabei ging es keineswegs um Glaubensfragen, sondern ausschließlich um die Macht. Friedrich II. war unter den Kaisern eine Ausnahmeerscheinung: Er war hochintelligent, sprach Deutsch und Italienisch fließend, las Latein und Griechisch und vielleicht sogar Arabisch. Bereits mit zwei Jahren wählten die deutschen Fürsten ihn zum König. Der offizielle Titel hieß »König der Römer«, wohl um zu betonen, dass er nicht nur König der Deutschen war, sondern zugleich Anspruch auf die Kaiserkrone hatte.

Friedrichs Vater, Kaiser Heinrich VI., hatte seine frühe Krönung durchgesetzt. Eigentlich wollte er im Reich ein erbliches Königtum einführen, aber er erreichte lediglich die einmalige Anerkennung seines Sohns als künftigen König. Als Heinrich starb, ließ sich Kaiserin Konstanze, Friedrichs Mutter, mit dem jungen Prinzen in ihrer Heimat Sizilien nieder. Im Mai 1198 wurde der nunmehr dreijährige Friedrich auch zum König von Sizilien gekrönt. Dort wuchs er auf, und zum dunklen und kalten Norden seines Reichs entwickelte er nie ein herzliches Verhältnis. In Sizilien trafen sich zu dieser Zeit die Kulturen von West und Ost, von Christen, Juden und Muslimen. Friedrich wusste vermutlich mehr über die Lebensart der arabisch-muslimischen Welt als die meisten anderen Fürsten seiner Zeit. Er blieb sein Leben lang an Wissenschaft und Kultur interessiert und gründete 1224 in Neapel die erste »Staatsuniversität« des Abendlandes. An seinem Hof in Palermo trafen sich Gelehrte aus dem lateinischen, griechischen und arabischen Kulturkreis, wobei jüdische Gelehrte einen wichtigen Beitrag zur Verständigung zwischen den Kulturen leisteten.

Zu dieser Zeit waren die Päpste Fürsten eines eigenen Staates, des

Kirchenstaats, mit Rom als Hauptstadt. Dieses seltsame Gebilde erstreckte sich über beträchtliche Teile Mittelitaliens. Unteritalien gehörte traditionell zum Königreich Sizilien, und so sah der Papst seinen Staat plötzlich zwischen zwei Besitzungen des deutschen Königs eingeklemmt. Zunächst hatte das keine Konsequenzen, denn während Friedrichs Kindheit war die Lage im Reich ausgesprochen verworren und der Papst, als Vormund für den jungen König eingesetzt, musste keine Machtprobe fürchten. Als Friedrich erwachsen wurde (mit 14 Jahren), änderte sich das jedoch. Es hat wenig Sinn, die Winkelzüge beider Seiten nachzuzeichnen, es genügt festzuhalten, dass Friedrich seine Herrschaft sowohl in Sizilien als auch im Reich durchsetzen konnte. Dem Papst hatte er 1215 bei seiner Kaiserkrönung einen Kreuzzug versprochen, aber diese Unternehmung stand auf seiner Dringlichkeitsliste nicht sehr weit oben. Als er den Waffengang im Jahre 1227 wieder einmal verschob, verhängte Papst Gregor IX. kurzerhand den Kirchenbann über ihn. Im Jahr darauf zog Friedrich II. dennoch mit einer kleinen Streitmacht ins Heilige Land und gewann die 1187 verlorengegangenen heiligen Stätten in Jerusalem, Nazareth und Betlehem zurück. Dies gelang ihm gegen alle damaligen Regeln allein durch geschickte Verhandlungen mit dem Sultan al-Malik al-Kamil, der ihm die entsprechenden Hoheitsrechte und einen Zugang von der Küste für zehn Jahre einräumte. 1229 setzte sich Friedrich die Krone des Königs von Jerusalem aufs Haupt.

Was wir heute als große staatsmännische Leistung ansehen, spaltete damals das Abendland in ungekannter Weise. Den einen galt Friedrich II. als der prophezeite Endzeitkaiser, den anderen als Wegbereiter des Antichrist. Hatte er sich nicht, so argumentierten seine Gegner, mit den Widersachern des Glaubens *geeinigt,* statt sie zu bekämpfen? Das war Verrat an der Christenheit! Päpstliche Truppen fielen im Königreich Sizilien ein, und erst Friedrichs Rückkehr stabilisierte die Lage. 1230 hob der Papst im Rahmen eines Kompromissfriedens den Kirchenbann auf. Damit waren die Streitigkeiten aber nicht zu Ende, Friedrich II. wurde noch zweimal mit dem

Bann belegt, und wieder bemühten beide Kontrahenten endzeitliche Vergleiche.

Die Vermischung von politischem Machtkampf und religiöser Propaganda durchzieht das gesamte Mittelalter bis zur Neuzeit. Luther sah die Päpste seit mehreren Jahrhunderten als Verkörperung des Antichrist. Auch im England des 17. und 18. Jahrhunderts galt der jeweilige Papst bei anglikanischen Eiferern als Antichrist. Das setzte sich bis ins 20. Jahrhundert fort. Der fanatische nordirische Protestantenführer Ian Paisley unterbrach am 11. Oktober 1988 eine Rede des Papstes vor dem Europäischen Parlament. Er stand auf und hielt ein Plakat hoch, auf dem »Pope John Paul II. Antichrist« stand. Dazu brüllte er: »Antichrist! Ich verwahre mich gegen dich und deinen Glauben und alle deine Kulte!«[8]

Das löste einen Tumult aus, und Paisley wurde aus dem Saal gedrängt.

Bei einer Umfrage in den USA vom 24. 2. 2010 stimmten 14 Prozent der Befragten dem folgenden Satz über Präsident Obama zu: »Er könnte der Antichrist sein.«

Unter den Anhängern der oppositionellen Republikaner waren es sogar 24 Prozent. Das lässt darauf schließen, dass viele dieser überzeugten Christen nur rudimentäre und äußerst einseitige Bibelkenntnisse haben.

So, wie Menschen gelegentlich den Wahn entwickeln, der Messias zu sein, können sie auch wahnhaft glauben, der Antichrist zu sein. Der Psychiater Roy R. Reeves berichtet den tragischen Fall einer jungen Frau, die seit ihrem 17. Lebensjahr überzeugt war, der Antichrist zu sein. Sie sprach mit niemandem darüber, und weil sie sonst keine Anzeichen einer Geisteskrankheit zeigte, fiel ihr Pro-

---

[8] Der genaue Text ist nicht sicher festzustellen, weil er in den Meldungen der Presse unterschiedlich wiedergegeben wird. Ich beziehe mich auf die Version des *Time Magazine*. Danach soll Paisley gerufen haben: »Antichrist! I renounce you and all your cults and creeds«. Nach anderen Meldungen soll er gesagt haben: »I denounce (oder *renounce*) you as the Antichrist« oder lediglich »Antichrist! Antichrist!« skandiert haben.

blem nicht weiter auf. Erst 15 Jahre später, nach der Geburt ihrer ersten Tochter, entwickelte sie eine unbeherrschbare Angst davor, was ihrer Tochter und anderen Menschen ihretwegen geschehen könnte. Ihr Mann brachte sie in die Psychiatrie. Auch hier fanden die Ärzte außer ihrem isolierten Wahn keine Anzeichen einer Geisteskrankheit. Unter der Behandlung ging ihr Wahn zurück, aber wenige Wochen nach ihrer Entlassung versuchte sie, sich die Halsschlagader aufzuschneiden. Nach erneuter Behandlung klangen die Symptome ab, sie sah ein, dass sie nicht der Antichrist war. Doch auch diesmal kam der Wahn zurück. Sie stach sich ein Messer in den Bauch und verblutete. Man fand eine persönliche Notiz in der Nähe ihrer Leiche, in der sie geschrieben hatte, sie könne bestimmte in der Bibel beschriebene Katastrophen nur abwenden, wenn sie sich umbringe.

Die Weltregierung des Antichrist

Bei einer Umfrage in den USA im März 2010 erklärten 29 Prozent der befragten Amerikaner, ihr Präsident wolle die Souveränität des Landes an eine Weltregierung abgeben. Nur: Es gibt keine Weltregierung, es gab nie eine, und es ist keine in Sicht. Tatsächlich ist hier die weltweite Machtübernahme des Antichrist gemeint, von der viele evangelikale Christen annehmen, sie werde schon bald stattfinden. Diese Weltregierung zeichnet sich aus ihrer Sicht weniger durch Gewalt und Unterdrückung als vielmehr durch eine kafkaeske Bürokratie aus. Jede Erweiterung bundesgesetzlicher Regelungen steht deshalb bei konservativen evangelikalen US-Bürgern im Verdacht teuflischer Machenschaften. Diese Vorstellung stammt ursprünglich von dem englischen Prediger John Nelson Darby (mehr dazu weiter unten) und gehört heute zum festen Gruselrepertoire der religiösen Rechten in den USA.

Die amerikanischen Autoren Timothy LaHaye und Jerry B. Jenkins haben die Offenbarung des Johannes unter dem Titel *Left Be-*

hind, deutsch: *Finale,* als zwölfbändige Abenteuerserie aufbereitet. Die Handlung ist in die Gegenwart verlegt. Sie gehen dabei von der »Entrückung« der Gerechten vor der eigentlichen Endzeit aus, eine etwas einseitige Auslegung der Bibel. Der erste Band beschreibt also folgerichtig, wie plötzlich Menschen verschwinden. Weil auch gerechte Flugzeugpiloten im Cockpit und gerechte Autofahrer dabei sind, geschehen eine ganze Reihe von Unfällen. Die Zurückgebliebenen erleben die Schrecken der Apokalypse, und zwar in der wörtlichen Bibelauslegung.

Unnötig zu sagen, dass die Helden fromme Amerikaner sind, während der Oberschurke und Antichrist als Europäer und UNO-Generalsekretär vorgestellt wird. Er will einen bösen Weltstaat errichten und führt seine Truppen schließlich nach Megiddo in Israel. Dieser Hügel (Armageddon = Har-megiddo = Hügel von Megiddo) soll Schauplatz der letzten Schlacht zwischen Gut und Böse sein. Die Handlung entwickelt sich genau entlang der Offenbarung des Johannes, die Aktionen der handelnden Personen haben darauf keinen Einfluss. Die Serie propagiert ein holzschnittartiges Weltbild aus Gut und Böse, wobei die Guten durch ihre engherzige Auslegung der Bibel auffallen. Eine christliche *Tribulation Force,*[9] eine Art Elitetruppe Gottes, löst endzeitliche Probleme mit Uzis und Sturmgewehren. Der Antichrist hingegen macht sich von vornherein verdächtig, weil er für Abrüstung und schärfere Waffengesetze plädiert. So spiegeln die Bücher alle Vorurteile der christlichen Rechten in den USA getreulich wider. Die zwölf Bände waren Bestseller in den USA. Insgesamt hat der Verlag mehr als 100 Millionen Exemplare verkauft.

Der evangelikale Pastor Timothy LaHaye ist in den USA kein Unbekannter: Er ist einer der Wortführer der christlichen Rechten. Die Welt, so glaubt er, wird von atheistischen Geheimgesellschaften wie den Illuminaten gesteuert, die das Christentum zerstören wol-

[9] *Tribulation* ist im Englischen die feststehende Bezeichnung für die endzeitliche Periode der Trübsal, die im Neuen Testament vorausgesagt wurde. Eine wörtliche Übersetzung des Namens *Tribulation Force* wäre also »Trübsalstruppe«, was die ursprüngliche Bedeutung aber nicht recht treffen kann.

len. Homosexuelle sind Sünder, Hexen gibt es wirklich, und sie gehen in evangelikale Kirchen, um die Pastoren mit Zaubersprüchen zu verwirren. Die katholische Kirche ist für LaHaye eine falsche Religion. Der fanatische Pastor war 1987 Berater des republikanischen Präsidentschaftskandidaten Jack Kemp, aber nur so lange, bis seine Äußerungen über Katholiken durch die Presse gingen. Er dachte nicht daran, sie zurückzunehmen, sondern verabschiedete sich lieber aus Kemps Beraterstab. Bis heute ist er das Urbild eines evangelikalen Eiferers und Fanatikers geblieben. Einen solchen Mann kann man sich kaum als Autor von spannenden Fantasy-Büchern vorstellen, und in der Tat hat der Schriftsteller Jerry Jenkins die Bücher verfasst, LaHaye hat lediglich den Handlungsrahmen geliefert. Beide haben dem Vernehmen nach einen zweistelligen Millionenbetrag an den Büchern verdient. Tim LaHaye wird das sicher als Akt göttlicher Vorsehung betrachten.

Das Tausendjährige Reich

Die Idee eines tausendjährigen irdischen Reichs Gottes stammt aus der Offenbarung des Johannes. Weil sie für die Diskussion über den Ablauf des Weltendes von entscheidender Bedeutung ist, hier der ganze Wortlaut:

> Dann sah ich einen Engel aus dem Himmel herabkommen, der den Schlüssel zum Abgrund (= zur Hölle) und eine große Kette in seiner Hand hatte. Er ergriff den Drachen, die alte Schlange – das ist der Teufel und der Satan –, legte ihn auf tausend Jahre in Fesseln, warf ihn in den Abgrund, verschloss den Eingang und brachte über ihm ein Siegel an, damit er die Völker nicht mehr verführe, bis die tausend Jahre zu Ende sind; danach muss er auf kurze Zeit noch einmal freigelassen werden.
>
> Dann sah ich Thronsessel (aufgestellt), auf die sich (Richter) setzten; und es wurde ihnen das Gericht übertragen. Dann sah ich

die Seelen derer, die wegen des Zeugnisses Jesu (oder: wegen ihres Zeugnisses für Jesus) und um des Wortes Gottes willen enthauptet worden waren und die das Tier und sein Bild nicht angebetet und das Malzeichen an Stirn und Hand (oder: Arm) nicht angenommen hatten; sie wurden wieder lebendig und herrschten als Könige zusammen mit Christus tausend Jahre lang. Die übrigen Toten aber lebten bis zum Ablauf der tausend Jahre nicht wieder auf. Dies ist die erste Auferstehung: Selig und heilig ist, wer an der ersten Auferstehung Anteil hat! Über diese hat der zweite Tod keine Gewalt, sondern sie werden Priester Gottes und Christi sein und die tausend Jahre hindurch zusammen mit ihm herrschen.

Wenn dann aber die tausend Jahre zu Ende sind, wird der Satan aus seinem Gefängnis freigelassen werden, und er wird sich aufmachen, um die Völker an den vier Ecken der Erde zu verführen, den Gog und Magog, um sie zum Kampf zusammenzubringen; deren Zahl ist wie die des Sandes am Meer. Sie zogen dann auf die Breite (oder: Hochebene) der Erde hinauf und umzingelten das Heerlager der Heiligen und die geliebte Stadt. Da fiel Feuer vom Himmel herab und verzehrte sie; und ihr Verführer, der Teufel, wurde in den Feuer- und Schwefelsee geworfen, in welchem sich auch das Tier und der Lügenprophet befinden; dort werden sie bei Tag und bei Nacht in alle Ewigkeit gepeinigt werden.« (Offenbarung 20,1–10)

Dies ist eine wirklich merkwürdige Idee: Erst schließt ein Engel den Teufel weg, dann weckt Gott die Märtyrer auf und setzt sie als Könige über die Menschen ein. Wohlgemerkt: Das normale Leben geht dabei weiter. Nach tausend Jahren lässt Gott den Teufel noch einmal frei. Der sammelt prompt eine riesige Armee und führt sie gegen »die geliebte Stadt«, also Jerusalem. Dann fällt Feuer vom Himmel, wie schon bei Ezechiel beschrieben, und das ganze Heer des Teufels verbrennt. Am Ende wird ihr böser Anführer für alle Ewigkeit in den Feuersee geworfen.

Warum so kompliziert? Hätte man den Teufel nicht gleich in den ewigen Feuer- und Schwefelsee werfen können? Wollte Johannes vielleicht die alttestamentarischen Prophezeiungen des Weltendes möglichst vollständig in sein Werk integrieren? Das wäre denkbar, schließlich durfte er die Weissagungen anerkannter Propheten nicht ignorieren. Also musste das Weltende so ablaufen, dass alle ihre Vorhersagen wahr wurden, und der Weltuntergangsfahrplan musste einige zusätzliche Haltestellen aufnehmen.

Letztlich weiß niemand, was Johannes wirklich sagen wollte. Viele Christen nahmen aber seine Ankündigung von tausend Jahren zwischen der ersten Auferstehung und dem Jüngsten Gericht wörtlich. Außerdem kombinierten viele der Exegeten (Exegese = Bibelauslegung) die Idee phantasievoll mit den sieben Tagen der Schöpfung und dem 90. Psalm, der die Ewigkeit Gottes im Gegensatz zur Vergänglichkeit des Menschen besingt. »Tausend Jahre« heißt es da, »sind für dich wie der Tag, der gestern vergangen ist, wie eine Wache in der Nacht.«

Schon der Autor des zweiten Petrusbriefs (nicht unbedingt der Apostel Petrus) sah das nicht als genaue Wiedergabe der Eichung von Gottes Uhr, sondern lediglich als poetische Umschreibung dafür, dass Gott ein anderes Zeitempfinden hat als der Mensch. Er schreibt:

> Das eine aber, liebe Brüder, dürft ihr nicht übersehen: dass beim Herrn ein Tag wie tausend Jahre und tausend Jahre wie ein Tag sind.

Himmel und Erde, so kündigt der Autor an, würden zu gegebener Zeit im Feuer vergehen und erneuert werden. Nur Gott wisse den Tag, den Menschen sei er nicht bekannt. Das hinderte die Christen von Anfang an nicht daran, die Bibel akribisch nach Hinweisen auf den Beginn der tausendjährigen Herrschaft der wiederbelebten Heiligen abzusuchen.

Zur Zeit des Kirchenvaters Augustinus von Hippo (354–430) hatte die Weltendehysterie Hochkonjunktur. Die Jahre 365 (die Tage eines Jahres auf Jahre umgerechnet), 400 und 410 (Westgoten plündern Rom) galten jeweils als sichere Kandidaten für den Beginn der Endzeit. Augustinus erklärte dagegen, mit dem Kreuzestod Jesu habe das Tausendjährige Gottesreich bereits begonnen, denn der Teufel sei von diesem Moment an gebunden gewesen. Ferner war er sich sicher, dass die Heiligen bereits bei Jesus seien und mit ihm regierten. Er begründete das mit den Wundern, die Gott wirkte, wenn die Reliquien von Heiligen anwesend waren. Würde also die Welt im Jahre 1033 untergehen? Das ließ Augustinus ausdrücklich offen und betonte, dass den Menschen das Wissen über den Zeitpunkt des Endes nicht zustand.

Augustinus teilte die Welt in den Staat Gottes (*Civitas dei*) und den irdischen Staat (*Civitas terrana*). Civitas bedeutet nicht unbedingt Staat im heutigen Sinne, sondern Bürgerschaft oder Gemeinschaft. Eine Gemeinschaft von gottgefällig lebenden Menschen ist ein Gottesstaat, eine Gemeinschaft von Menschen, die nach irdischen Gütern und Vergnügungen streben, ein irdischer Staat. Beide Staaten liegen im Widerstreit, aber am Ende gewinnt der Gottesstaat. Die Bewohner des irdischen Staates erwartet dann die ewige Bestrafung. Nach Augustinus beschreiben alle Endzeitereignisse der Apokalypse den Kampf der guten Gemeinschaften gegen die bösen auf rein symbolische Weise.

Diese Auslegung ist Teil eines umfassenden neuplatonischen Gedankengebäudes, mit dem Augustinus alle Aspekte des Glaubens, der Moral und des menschlichen Lebens abdeckt. Auf dem Konzil von Ephesus schloss sich die katholische Kirche seiner Meinung an. Der Glaube an ein kommendes Tausendjähriges Gottesreich oder an ein juwelengeschmücktes neues Jerusalem auf Erden galt von nun an als Häresie. Das lehrt die katholische Kirche bis heute. Natürlich hinderte das Verbot die Menschen im Mittelalter nicht daran, fleißig weiterzurechnen. Eine verbreitete Argumentationslinie lautete etwa: Wenn Gott die Welt in sieben Tagen erschaffen hat, dann wird sie auch sieben Tage dauern. Ein Gottestag gleicht tausend Jahren, also besteht die Welt siebentausend Jahre. Der letzte Tag ist der Ruhetag, also müsste nach sechstausend Jahren das Gottesreich mit der Herrschaft der Heiligen beginnen. Nichts davon steht so in der Bibel, und die Begründung wirkt eher bemüht. Aber sie war offenbar für viele Christen überzeugend, und es wurde eine beliebte Übung, den Beginn des Sabbatjahrtausends zu berechnen. Man muss dazu lediglich wissen, wie viel Zeit seit der Schöpfung vergangen ist. In seiner *Weltchronik* berechnete der Kirchenschriftsteller Hippolyt im Jahre 235, dass das Jüngste Gericht im Jahre 497 bevorstünde. Das lag glücklicherweise weit in der Zukunft, aber als die Zeit heranrückte, bekamen die Menschen doch erste Bedenken (trotz Augustinus und des Konzils von Ephesus). Das Datum kam und ging und nichts geschah. Die offizielle Kirche ließ nach wie vor keinen Zweifel daran, dass sie von alledem nichts hielt. Vielleicht ist deshalb für das Jahr 1000 (und 1033) keine besondere Aufregung verzeichnet. Tausend Jahre nach der Geburt beziehungsweise nach dem Kreuzestod Christi wäre eigentlich ein guter Zeitpunkt für das Ende der Welt gewesen. Die Chroniken schreiben aber nichts über Unruhen oder Bußbewegungen zum Millenium. Einige Forscher argwöhnen deshalb, dass die Chronisten auf Anweisung der Kirche alle entsprechenden Berichte unterdrückt haben. Immerhin gab es Zeichen: Im Jahre 1006 erschien weit im Süden, im Sternbild Wolf, eine Supernova. Sie überstrahlte alle Sterne und Planeten und wurde fast so hell wie der Mond im ersten Viertel. In Japan, China und Arabien wurde sie genau beobachtet. Sogar die Benediktinerabtei im Schweizer Sankt Gallen vermerkte, dass im äußersten Süden ein neuer Stern zu sehen sei, ungewöhnlich hell und schmerzhaft für die Augen.

Im Jahre 1009 (dem Jahr 400 der muslimischen Zeitrechnung[10]) ließ der Fatimiden-Kalif Al-Hakim bin-Anmr Allah die riesige und prachtvolle Grabeskirche in Jerusalem plündern und einreißen. Al-

10 Der 16. Juli des Jahres 622 markiert den Anfang der muslimischen Zeitrechnung. Weil die Muslime aber in Mondjahren (zwölf Mondumläufe = 354,37 Tage) zählen, begann das 400. Jahr ihrer Zeitrechnung bereits im christlichen Jahr 1009. Auch im Islam hat das Jüngste Gericht eine große Bedeutung, und das Jahr 400 galt bei einigen Muslimen als aussichtsreicher Kandidat dafür.

Hakim, der in Kairo residierte, galt als einer der unberechenbarsten und grausamsten Herrscher seiner Zeit. Diesen Ruf verdankt er allerdings weniger seinen Taten als vielmehr der Propaganda seiner zahlreichen Gegner. Im Jahre 1000 ließ der fünfzehnjährige Kalif den Regenten, den Eunuchen Barguwan, ermorden und übernahm selbst die Herrschaft. Mit jugendlichem Elan ging er zunächst daran, den Ägyptern das islamische Alkoholverbot nahezubringen. Damit erreichte er erst einmal nichts, und so befahl er, die notwendigen Grundbestandteile wie Trauben, Rosinen und Honig zu vernichten. Auch Frauen, so fand er, konnten fromme Muslime ernsthaft irritieren, weshalb er sie in Kairo weitgehend aus der Öffentlichkeit verbannte.

Es ist wahrscheinlich, dass er die Grabeskirche (wie auch andere Kirchen und einige Klöster) nicht so sehr aus religiösem Prinzip, sondern zur Geldbeschaffung plündern ließ. In jedem Fall aber fand er, dass Juden und Christen zu viel Einfluss hatten, und erließ schikanöse Gesetze gegen sie, genauer gesagt, er ließ die diskriminierenden Gesetze der islamischen Frühzeit wieder hervorholen und durchsetzen. Die Christen in der westlichen Welt konnten diese Maßnahmen sicherlich als Zeichen der Drangsal betrachten, die auf das unmittelbar bevorstehende Weltende hindeuteten. Sie ließen ihren Ärger über Al-Hakim erst einmal an den Juden aus. In Limoges wurden alle Juden, die sich nicht bekehren lassen wollten, aus der Stadt getrieben, und an anderen Orten kam es zu Pogromen mit vielen Toten.

Der Kairoer Kalif indes ließ in seinem Verfolgungseifer gegenüber Christen und Juden bald wieder nach und wandte sich dringlicheren Problemen zu.

Ab ca. 1017 breitete sich in Kairo eine Sekte aus, die den Kalifen Al-Hakim als Inkarnation Gottes betrachtete. Ob der Herrscher damit einverstanden war, ist heute nicht mehr festzustellen. Jedenfalls ging er erst dagegen vor, als die Gruppe 1019 in der Amr-Moschee einen Aufruhr auslöste. Die heutigen Drusen sind die Nachfolger dieser Sekte und betrachten Al-Hakim nach wie vor als Inkarnation

Gottes. Irgendwann um 1020 begann der Kalif, nachts in die Wüste zu reiten, um allein zu meditieren. Eines Morgens im Jahre 1021 kam er nicht wieder. Man fand nur seinen Esel und ein blutiges, von Dolchstichen zerfetztes Gewand. Der Leichnam blieb verschwunden. Die Wirklichkeit schreibt Geschichten, wie man sie seltsamer kaum erfinden könnte.

Auch im Jahre 1033, also genau ein Jahrtausend nach der Kreuzigung, verzeichneten die Chronisten keinen allgemeinen Aufruhr, wohl aber einen deutlich verstärkten Pilgertourismus nach Jerusalem. Inzwischen hatte der Wiederaufbau der Grabeskirche begonnen, Al-Hakims Sohn und Nachfolger Az-Zahir hatte 1027 seine Erlaubnis erteilt. 1033 und viele andere errechnete Daten für das Jüngste Gericht kamen und gingen, ohne dass etwas geschah.

Trotzdem glauben heutzutage in den USA erstaunlich viele Menschen, dass die Endzeit unmittelbar bevorstehe. Das hat nicht zuletzt mit der Wiederbegründung des Staates Israel zu tun.

Der Kern dieser modernisierten Variante des Endzeitglaubens stammt in weiten Teilen von dem englischen Theologen und Prediger John Nelson Darby (1800–1882). Er studierte zunächst in Dublin Jura, geriet dann aber in schwere religiöse Gewissenskonflikte und begann, anglikanische Theologie zu studieren. Er arbeitete eine Zeitlang als Pfarrer in Irland, konnte sich aber mit der Amtskirche nicht anfreunden, legte schon nach zwei Jahren sein Amt nieder und zog sich zum Bibelstudium in eine einsame Bauernhütte zurück. Erst nach einem Jahr konnten seine Freunde ihn überzeugen, dass er eher zum Bekehren als zum Meditieren geschaffen sei. Ab 1828 zog er als Wanderprediger durchs Land. Er forderte eine Trennung der Gemeinden von der Amtskirche und wollte wahre Gläubige versammeln, die, allein vom Heiligen Geist geleitet, das zweite Erscheinen Jesu Christi erwarten sollten. Darby war überzeugt, dass die Endzeit bald anbrechen werde und das Tausendjährige Reich unmittelbar bevorstehe. Er reiste durch ganz Europa und die USA, ständig predigend und schreibend. Auch in Deutschland tauchte er auf und half bei einer wortwörtlichen Übertragung der Bibel ins Deutsche – mit zweifelhaftem Ergebnis. Das biographisch-bibliographische Kirchenlexikon schreibt dazu:

> Es ist eine schätzenswerte Arbeit, die aber keine Übersetzung, sondern nur eine Verdeutschung ist, bei der man in dem Bemühen, den biblischen Text Wort für Wort in die deutsche Sprache zu übertragen, eine peinlich-kleinliche Genauigkeit in der Wiedergabe des Grundtextes erzielt hat.

Darbys Ziel war die Einheit der wahrhaft Gäubigen, und seine Lehren fielen besonders in den USA auf fruchtbaren Boden. In seinem privaten Umfeld aber zerstritt er sich bis ins hohe Alter immer wieder mit seinen Bundesgenossen. Verfolgt man seinen Lebenslauf, so fällt neben seiner Überzeugungskraft auch seine starre Unnachgiebigkeit auf, an der jede Freundschaft zerbrach.

Darby erwartete jeden Moment den Anbruch der Endzeit mit all den Plagen aus der Johannesoffenbarung und dem zweiten Erscheinen von Jesus zu Beginn des Tausendjährigen Reichs des Friedens. Das alles entnahm er der Bibel, von deren buchstäblicher Wahrheit er überzeugt war. Die Auslegung von Augustinus lehnte er ausdrücklich ab. Er griff die bereits ein Jahrhundert zuvor aufgekommene Idee wieder auf, dass die wahren Gläubigen zu Beginn der großen Trübsal in die Luft entrückt würden. Dabei bezog er sich auf eine Stelle im »1. Brief« des Paulus an die Tessalonicher:

> Zuerst werden die in Christus Verstorbenen wieder auferstehen, dann werden wir, die Lebenden, die noch übrig sind, zugleich mit ihnen auf den Wolken in die Luft entrückt, dem Herrn entgegen. (1 Thessalonicher 4,16b-17a)

Dieses in Deutschland wenig verbreitete Konzept ist als »Die Entrückung« oder im Englischen als *The Rapture* bekannt. Danach dürfen die wahrhaft Gläubigen darauf hoffen, umstandslos in die Lüfte entrückt zu werden, während sich die übrige Menschheit mit den endzeitlichen Katastrophen und dem Antichrist herumschlägt.

Darby sieht die Heilsgeschichte in diverse *Dispensations* (Haushaltungen) eingeteilt, in denen Gott auf jeweils unterschiedliche Weise mit den Menschen umgeht. Diese Idee gab seiner Bewegung den Namen *Dispensationalismus.* Seine Nachfolger haben die Aufteilung der Haushaltungen inzwischen mehrfach revidiert. Die Prophezeiungen des Alten Testaments seien mit dem Erscheinen von Jesus weitgehend erfüllt, die Jetztzeit komme in der Bibel nicht vor, meint Darby. Alle nicht erfüllten Prophezeiungen bezögen sich erst wieder auf die Endzeit. Im Gegensatz zu einigen patriotischen amerikanischen Predigern des 18. und 19. Jahrhunderts lehnte er es ab, in den USA das neue Gelobte Land zu sehen. Er blieb dabei, dass die Juden sich in absehbarer Zeit wieder in Israel ansiedeln, einen Staat errichten und den Tempel wieder aufbauen würden. Sie würden in der Endzeit furchtbar unter dem Antichrist leiden, denn anders als die wahren Gläubigen würden sie ja nicht zu Beginn der Großen Trübsal entrückt. Erst danach werde der verbliebene Rest der Juden Jesus als wahren Messias anerkennen. Nach der tatsächlichen Staatsgründung Israels fühlten sich die Dispensationalisten in ihrem Glauben bestärkt, auch wenn von einem Wiederaufbau des Tempels in Jerusalem keine Rede sein kann.

Viele evangelikale Gemeinden in den USA haben den Glauben der Dispensationalisten übernommen. Sie glauben:

1. Die Bibel ist das unveränderliche Wort Gottes.
2. Das Tausendjährige Reich des Friedens wird bald beginnen.
3. Die wahren Gläubigen werden bereits zu Beginn in die Lüfte entrückt.
4. Der Antichrist ist ein wirklicher Mensch und wird auftauchen.

Einer der Exponenten dieses Glauben ist der schon erwähnte fanatische evangelikale Pastor Tim LaHaye. Er sieht sich als Warner vor dem unausweichlichen und unmittelbar bevorstehenden Ende: »Unsere Lieben und unsere Freunde [...] brauchen heute eine Warnung. Gottes Gericht wird auf diese Generation herabdonnern [...].

Es ist höchste Zeit, dass wir Christen begreifen, dass unser Geschäft das Warnen ist.« (Zitiert nach Paul Boyer: *When Time Shall Be No More*, S. 300.)

Die Evangelikalen in den USA

Sind in den USA tatsächlich so viele Menschen davon überzeugt, dass die Bibel wörtlich auszulegen ist, der Antichrist vor einem Tausendjährigen Reich der gemeinsamen Herrschaft von Christus und den Heiligen in der Welt wütet und danach eine letzte gewaltige Schlacht an einem Ort namens Armageddon alle Bösen hinwegfegen wird? Nach einer Umfrage des Nachrichtenmagazins *Newsweek* aus dem Jahre 1999 glauben 45 Prozent der befragten Christen, dass die Welt mit der Schlacht von Armageddon zwischen den Truppen Jesu und denen des Antichrist enden wird. 19 Prozent waren davon überzeugt, dass der Antichrist bereits auf der Erde sei, und etwa ebenso viele erwarteten die Wiederkunft Christi noch zu ihren Lebzeiten. Das wird die meisten von ihnen nicht erschreckt haben: Bei der gleichen Umfrage waren 68 Prozent der Befragten davon überzeugt, in den Himmel zu kommen, nur 3 Prozent glaubten, ihr Platz werde in der Hölle sein.

Evangelikale Christen weißer Hautfarbe machen etwa ein Viertel der Christen in den USA aus. Es ist ein Merkmal ihres Glaubens, dass die Bibel wörtlich auszulegen sei, weil sie von Männern geschrieben wurde, die ihre Inspiration von Gott erhielten. Deshalb, so meinen sie, könne die Bibel keine Fehler enthalten.

Wie kann es sein, dass in den USA, einem Land, das seit Jahrzehnten an der Spitze des technischen und wissenschaftlichen Fortschritts steht, eine so verbreitete Bibelgläubigkeit zu finden ist? Vermutlich liegt es nicht zuletzt an der strikten Trennung zwischen Religion und Staat in den USA. Das ist keineswegs so paradox, wie es auf den ersten Blick aussieht. Der amerikanische Staat mischt sich nicht in religiöse Angelegenheiten, solange sich die Gläubigen an die Gesetze halten. In staatlichen Institutionen wie Schulen, Gerichten oder der Armee darf keine Religion bevorzugt werden. Kirchensteuern sind unbekannt, registrierte Religionsgemeinschaften können aber Steuervorteile in Anspruch nehmen.

In Europa war das lange Zeit anders: In England ist die anglikanische Kirche zugleich Staatskirche, der jeweilige König oder die Königin ist das Oberhaupt. Auch in den skandinavischen Ländern gibt es Staatskirchen, lediglich in Schweden wurde dieses Privileg vor einiger Zeit abgeschafft. Die Kirchen in Europa, ob evangelisch oder katholisch, sind Institutionen mit Verwaltungen, großem Grundbesitz und einer hierarchischen Struktur. Glaubensinhalte wurden und werden im Wesentlichen von ausgebildeten Theologen diskutiert. Für die katholische Kirche legt der Vatikan die gültige Auslegung der Bibel fest. Das Christentum hat eine lange Tradition von philosophisch gebildeten Kirchenvätern. Namen wie Origenes, Augustinus, Thomas von Aquin, Martin Luther und Johannes Calvin stehen für eine lange Tradition von hochgelehrten Debatten.

In den USA definieren sich viele religiöse Strömungen eher im bewussten Gegensatz zum Staat und lehnen feste Institutionen ab. Das hat Tradition: Die berühmten Pilgerväter, die 1620 mit der Mayflower in die Neue Welt segelten, hatten sich von der anglikanischen Staatskirche in England ausdrücklich losgesagt. Sie mussten deshalb mit Verfolgung rechnen und wanderten aus. Ihre Geschichte ist Teil des Gründungsmythos der USA. Die garantierte Freiheit der Religionsausübung und die Aufnahme von religiös Verfolgten ist ein bedeutender Teil des Selbstverständnisses der USA.

In den evangelikalen Gemeinden gibt es keine überregionale Hierarchie. Viele Baptistengemeinden haben sich zwar zu Konventen zusammengeschlossen (der größte ist der Southern Baptist Convention mit mehr als 16 Millionen Mitgliedern), aber die Glaubenshoheit jeder einzelnen Gemeinde bleibt dabei ausdrücklich unangetastet. Nach evangelischer und evangelikaler Vorstellung gibt es, anders als in der katholischen Kirche, keine Priesterweihe. Jedes Gemeindemitglied kann Teilzeitpastor werden, oder die Gemeinde finanziert einen Vollzeitpastor. Eine formale theologische Ausbildung ist keine Pflicht.

Wenn ein Pastor der Gemeinde nicht gefällt oder den Glauben nicht überzeugend genug vertritt, kann er jederzeit wieder entlassen werden. Evangelikale Pastoren müssen also ständig um Aufmerksamkeit und Geld werben. Nur wer sich beliebt macht und mitreißend predigen kann, bringt Menschen und Geld in die Kirchen. Auf diese Weise entsteht echte Konkurrenz und eine Art religiöser Leistungsdruck. Ein einfacher, am unmittelbaren Bibelwort orientierter Glaube lässt sich da immer gut vertreten, philosophische Überlegungen schrecken eher ab. Also kommt ein einfach strukturiertes Weltbild besser an als eine spitzfindige Bibelauslegung. Das zeigt auch der Erfolg der Fernsehprediger und der sogenannten Megakirchen, riesiger Gemeinden, die teilweise ganz offen als Wirtschaftsunternehmen aufgezogen sind.

Eine der größten davon leitet der Houstener Pastor Joel Osteen. Er hat das Amt von seinem Vater übernommen und hat nie eine formale theologische Ausbildung genossen. Sein Internet-Glaubensbekenntnis passt auf eine Postkarte. Der erste Satz lautet:

> Wir glauben, dass die gesamte Bibel von Gott inspiriert ist, dass sie keine Fehler hat und die Grundlage unseres Glaubens, unserer Handlungen und unserer Lehre ist.

Osteens Predigten werden im Fernsehen übertragen, und eine umgebaute Sporthalle mit 16 000 Plätzen dient ihm als Gotteshaus. Seine esoterisch angehauchten Wellness-Botschaften stehen für die positive Seite des erfolgreichen Gottes-Marketing.

Auf der anderen, der dunklen Seite steht die ständige Warnung vor dem Ende. Der notorisch umtriebige Pastor Timothy LaHaye hat beispielsweise zusammen mit dem evangelikalischen Theologen Thomas Ice das Pre-Trib Research Center (PTRC) gegründet, das die Idee der Entrückung (*Rapture*) vor dem bevorstehenden Weltende verbreiten soll. In ihren eigenen Worten:

PTRC möchte Pastoren und einzelne Christen von der Bedeutung und der zentralen Rolle überzeugen, die biblische Prophezeiungen im Leben der Kirche spielen sollten, besonders die jederzeit mögliche Entrückung.

Evangelikales Christentum funktioniert in Amerika nach den Regeln des freien Marktes. Einfache und gefühlsbetonte Botschaften kommen am besten an, finden die meisten Zuhörer und bringen die höchsten Spenden ein. Für eine philosophische Auslegung der Bibel bleibt da kein Raum. Wer verkaufen will, darf an seine Kunden keine Anforderungen stellen. So kann er einfach schreiben:

Die Bibel hat immer recht. Das Ende kommt bald. Folgt uns, und wir sorgen für euer Seelenheil. Kauft unsere Bücher, unsere CDs, unsere DVDs. Spendet großzügig. Und bitte: keine Münzen!

Das Ergebnis ist ein christlicher Glaube, der primitiver ist als der, den die allerersten Kirchenväter verbreiteten. Die meisten Bibeltexte sind ohne den Lebenszusammenhang der damaligen Zeit unverständlich und dunkel. Den Predigern der Wellness oder Apokalypse kommt das entgegen: Sie verbreiten nicht die Botschaft der Bibel, sondern ihre eigene und belegen sie mit beliebig ausgewählten Bibelzitaten. Jeden Erfolg betrachten sie als Zeichen göttlicher Zustimmung.

Entrückung, Antichrist und Armageddon sind für viele Amerikaner heute ebenso Realität wie Gottes persönliche Güte und Liebe. Die unbedingte amerikanische Unterstützung für Israel stammt nicht zuletzt aus der Prophezeiung von Darby, dass die Juden vor dem Weltende und der Wiederkunft des Antichrist einen eigenen Staat gründen würden. Die Politiker des mächtigsten Landes der Welt müssen also auf endzeitliche Vorstellungen ihrer Wähler jederzeit Rücksicht nehmen, selbst in der Zeit der Physik, der Computer und des Internets.

Die Endzeitankündigung im Matthäusevangelium geht von einer ständig schlechter werdenden Welt aus, der Gott irgendwann ein Ende macht. Dies wurde bis ins Mittelalter allgemein akzeptiert, aber ab dem 12. Jahrhundert gewann auch die gegenteilige Sicht immer mehr Anhänger. Der kalabrische Zisterziensermönch und Mystiker Joachim von Fiore (ungefähr 1130–1202) lehrte, dass die Welt immer perfekter werde. Er war seit 1177 Abt des Klosters in Corazzo, bevor er im Jahre 1190 mit päpstlicher Unterstützung einen eigenen Orden gründete, die Florienser. Er bezog auch gleich ein eigenes Kloster, St. Giovanni de Fiore.

Joachim versuchte, in der Bibel eine verborgene Lehre über die Geschichte und den Fortgang der Welt zu finden. Nach langem Nachdenken und Meditieren überkam ihn endlich die Erleuchtung. Die Welt, so lehrte er, sei in drei Zeitalter einzuteilen, gemäß der Dreieinigkeit Gottes: Erstens: das Zeitalter des Vaters oder des Gesetzes, es reicht von Adam bis Christus. Zweitens: das Zeitalter des Sohnes oder des Evangeliums. Es beginnt mit Christus und reicht bis in Joachims Gegenwart. Das erste Zeitalter oder Reich zeichnet sich durch Furcht und Knechtschaft aus, das zweite durch Glauben und kindliche Folgsamkeit.

Er lehrte weiter, dass sich seit der Zeit des heiligen Benedikt (480–560) das dritte Zeitalter ankündige, das mönchische. Es werde die *plenitudo spiritualis intellectus*, die Fülle der spirituellen Einsicht, und die geistige Erneuerung der Kirche bringen. Das werde für alle Menschen gelten, nicht nur für Mönche. Das hieß natürlich nicht, dass alle Menschen ihr Leben fortan in glücklicher Kontemplation verbringen würden; so naiv war Joachim nicht. Er ging vielmehr davon aus, dass die neuen Mönche die Kirche reformieren und die von ihnen ausgebildeten Kleriker die Laien im neuen Geist unterrichten würden. Auf diese Weise würden sich Friede, Wohlstand und Glück unter den Menschen ausbreiten.

Joachim hatte diese Ideen aus einer ganz neuen Interpretation der

Bibel gewonnen. Die Inspiration dazu überkam ihn als Offenbarung (oder plötzliche Einsicht) zu Ostern 1184. Er erkannte, dass eine Harmonie (*concordia*) zwischen der historischen Zeit des Alten und des Neuen Testaments herrschte. Für bestimmte Ereignisse des Neuen Testaments fand sich eine Parallele im Alten Testament. Man musste die Entsprechungen lediglich erkennen und richtig auslegen. Den Schlüssel dazu sah Joachim in der Offenbarung des Johannes. Er vollführte eine beträchtliche fromme Geistesartistik, um diese Idee zu beweisen.

Die Zeitalter oder Reiche sollten einander nicht einfach ablösen, sondern sie wuchsen nebeneinander wie Bäume. Während der erste Baum in voller Größe dastand, wuchs bereits der zweite heran, und wenn der zweite ausgewachsen war, schob sich der dritte hoch. So ging Joachim davon aus, dass die Anfänge des dritten Zeitalters bereits zu sehen waren und sich in einem neuen Mönchsorden manifestiert hatten. Je 42 Generationen zu ungefähr 30 Jahren gab Joachim den einzelnen Zeitaltern. Weil das zweite Zeitalter mit der Geburt Jesu begonnen hatte, müsste das dritte Zeitalter gegen 1260 beginnen.

Joachim schrieb seine Ideen zwischen 1184 und 1200 auf, er ging also davon aus, dass das neue Goldene Zeitalter bereits wenige Jahre nach seinem Tod beginnen werde. Leider hatte seine Prophezeiung aber einen buchstäblichen Pferdefuß: Vor dem Beginn des neuen Zeitalters, so nahm er an, würde der teuflische Antichrist erscheinen und die Christenheit dreieinhalb Jahre lang bedrücken. Er werde ein König und Priester zugleich sein und damit gleich mehrere Prophezeiungen der Bibel erfüllen. Den Antichrist dachte sich der fromme Abt als den schlimmstmöglichen Papst und zugleich als grausamen weltlichen Tyrannen. Er war zuversichtlich, dass die Kirche gereinigt und gestärkt aus dieser Heimsuchung hervorgehen werde. Zwei Mönchsorden, einer eher zurückgezogen, der andere mitten unter den Menschen wirkend, sollten die Botschaft des neuen Zeitalters verbreiten. Und weil der Beginn dieses Zeitalters so nahe war, musste auch der Antichrist schon unter den Menschen weilen.

»Der Antichrist ist bereits in Rom geboren«, soll er in einem Gespräch mit dem englischen König Richard I. (Löwenherz) erklärt haben, als der ihn auf dem Weg zum dritten Kreuzzug im Winter 1190/91 in Messina besuchte. Joachim war damals schon eine Berühmtheit, ein *Prophetus Magnus*, den nicht weniger als drei Päpste (Lucius III., Urban III. und Clemens III.) drängten, seine Offenbarungen endlich niederzuschreiben.

Einen weiteren, ebenso furchtbaren Antichrist erwartete Joachim am Ende des Dritten Reiches, also noch einmal 1260 Jahre später. Die Fülle seiner Prophezeiungen verwirrte seine Zeitgenossen, und so genoss Joachim zu seinen Lebzeiten zwar großes Ansehen als Lehrer und Prophet, aber seine Thesen gewannen keine große Anhängerschaft. Das änderte sich erst in den Jahren nach seinem Tod. Kaum jemand machte sich die Mühe, seine komplizierten Gedankengänge nachzuvollziehen, aber ihre Grundzüge erwiesen sich als ausgesprochen explosiv. Die Spiritualen, eine Strömung der Franziskaner, betrachteten sich selbst als die angekündigten Erneuerer der Kirche und erzeugten damit beträchtliche Unruhe. Ihre Gruppe war bald unter dem Namen Joachimiten bekannt. Sie fabrizierten eine ganze Reihe von gefälschten Prophezeiungen, um ihren Anspruch zu untermauern. Im Jahre 1254 veröffentlichte der hitzköpfige Franziskaner und Joachimit Gerhard von Borgo San Donnino einige kommentierte Auszüge aus Joachims Werken und erklärte sie zum Dritten Testament (nach dem Alten und Neuen Testament) und *ewigen* Evangelium (*evangelium aeternum*). Das Alte und das Neue Testament seien damit ungültig. Die Bettelorden würden jetzt das Dritte Reich einleiten und die Führerschaft der Kirche übernehmen. Das war starker Tobak und brachte prompt die Lehrer der Universität Paris gegen ihn auf. Sie studierten seinen Kommentar und sandten eine Liste mit 31 Fehlern seiner Arbeit an den Papst. Der setzte erst einmal eine Kommission ein, was auch heute noch ein beliebtes Mittel ist, um sich Rückendeckung in Streitfragen zu holen. Die Kommission befand Gerhards Thesen für Häresie. Aufgrund dieser Expertise verurteilte der Papst Gerhard zu lebenslanger Haft und ordnete an, sein Buch verbrennen zu lassen. Joachims Werk kam ungeschoren davon, obwohl jetzt klar war, welche Sprengkraft seine Schriften besaßen. Bereits 1215 war eine seiner Thesen als häretisch verurteilt worden, er selber war ausdrücklich als Katholik anerkannt worden.

Paradoxerweise galt Joachim in den nächsten Jahrhunderten zugleich als großer Prophet der katholischen Kirche und als ihr mutiger Kritiker. Protestantische Polemiker entrüsteten sich in späterer Zeit über sein »Ewiges Evangelium« als unverschämte Blasphemie, die nur dem verderbten Hirn eines Papisten entspringen konnte. Andererseits riefen sie ihn zum Zeugen gegen den Papst an, denn schließlich hatte er erklärt, der Antichrist lebe bereits in Rom. Damit konnte er doch nur den Papst gemeint haben, oder? Die Idee eines kommenden idealen Dritten Reichs, das aber Geburtshelfer braucht, und der geheimnisvolle Zauber des Begriffs »Ewiges Evangelium« inspirierte die Nachwelt bis in 19. Jahrhundert hinein. Besonders der Gedanke, dass eine Gruppe von frommen Mönchen (oder anderen großartigen Menschen) ein ideales, friedliches, brüderliches und herrschaftsfreies Zeitalter herbeiführen kann, überdauerte die Zeit.

Seit der Nazizeit hat der Begriff »Drittes Reich« in Deutschland einen schlechten Beigeschmack. Aber die Propaganda-Maschine der Nazis hat sich allenfalls sehr indirekt bei Joachim von Fiore bedient. Sie übernahm den Begriff vielmehr vom deutschnationalen Schriftsteller Arthur Moeller van den Bruck (eigentlich Arthur Moeller). Sein im Jahre 1923 erschienenes Buch *Das dritte Reich* skizzierte die Idee eines vom Nationalismus und Sozialismus getragenen deutschen Reichs, das die Vollendung des deutschen Nationalstaats »auf Dauer« sein sollte. Es wurde, so schreibt die *Neue deutsche Biographie*, zur Bibel der deutschen Konservativen. Die Nationalsozialisten nahmen den in konservativen und nationalen Kreisen beliebten Begriff auf und bezogen ihn auf ihre eigene Herrschaft.

Den späteren Missbrauch seiner Thesen hat der kalabrische Abt und Mystiker nicht vorausgesehen und hätte ihn auch niemals gutgeheißen. Johannes Hirschberger drückt es in seinem Werk *Geschichte der Philosophie* so aus:

> Der lautere Abt von St. Giovanni, der gegen Ende seines Lebens sein Werk dem Urteil der Kirche unterstellte, hat das nicht gewollt. Er war ein reiner Tor gewesen.

Weltende und Endzeit aus katholischer Sicht

In der katholischen Kirche, dem größten monolithischen Block der Christenheit, hat Josef Kardinal Ratzinger, der jetzige Papst Benedikt XVI., unter dem Titel *Eschatologie, Tod und Ewiges Leben* eine Abhandlung zum Thema Weltende geschrieben. Eschatologie ist die Lehre von den letzten Dingen, von der Vollendung der Menschen und der Welt. Er versucht darin, die Erkenntnisse der Physik und der Kosmologie mit dem Glauben an die Auferstehung Christi, das Jüngste Gericht und das Ende der Welt zu vereinbaren. Dem Papst ist bewusst, dass die katholische Kirche im 18. und 19. Jahrhundert mit der konsequenten Leugnung der Naturwissenschaft ihre Glaubwürdigkeit aufs Spiel gesetzt hat und beinahe in die Bedeutungslosigkeit abgerutscht wäre. Benedikt gibt folgende Richtlinien vor:

1. Es wird ein Jüngstes Gericht geben. Sein Zeitpunkt aber ist nicht bekannt, eine Berechnung ausgeschlossen. Es ist möglich, dass sich das Gericht durch Zeichen wie Kriege, Hungersnöte oder Naturkatastrophen ankündigt. Diese Erscheinungen hat es aber zu jeder Zeit gegeben, man kann sie nicht zur Bestimmung des kommenden Endes benutzen. »Die Zeichen, jedenfalls soweit wir sie bis jetzt bedacht haben, machen das Ende nicht datierbar. In jedem Fall markiert es das Ende der Geschichte und der Zeit, das Gottesreich wird nicht irdisch.«

2. Die in der Apokalypse und an anderen Stellen beschriebenen Zeichen der Wiederkunft Christi (*Parusie*) sind nicht wörtlich zu nehmen. Es wird also keine Posaune geblasen. »Diese Texte gehören vielmehr einer Darstellung des Parusie-Geheimnisses in der Sprache liturgischer Überlieferung zu. Das Neue Testament verbirgt und enthüllt dieses für uns Unsagbare von Christi Kommen dadurch, dass es darüber mit Worten des Bereichs spricht, der in dieser Welt die Berührungsstelle mit Gott ausdrücken darf.« Liturgie bezeichnet die Rituale des Gottesdienstes. Weil Jesus in jedem Gottesdienst anwesend ist, beschreibt die Bibel sein allgemeines und endgültiges Erscheinen also so, als ob sie einen weltweiten Gottesdienst ankündigt.
3. Es wird keinen einzelnen Antichrist geben. Benedikt argumentiert, »dass der Antichrist einer nur ist in der Vielheit seiner geschichtlichen Erscheinungen, von denen jede Zeit auf ihre Weise bedroht ist«.
4. Benedikt lehnt jeden Milleniarismus oder Chiliasmus, also die Idee »eines Tausendjährigen Reichs Christi und der mit ihm Ersterstandenen«, entschieden ab. Er verweist auf die Probleme, die Joachim von Fiore mit seiner Idee vom Dritten Reich über die Kirche und die Menschen gebracht hat. Die ungewollte Folge war ein »Messianismus durch Planung«. Benedikt sieht die Geschichtslogik von Hegel und die Geschichtsplanung von Marx als letzte Ausformung dieser Anfänge. Er übertreibt dabei aber wohl Joachims Einfluss. Wenn Benedikt schreibt, dass die messianischen Ziele des Marxismus auf einer schlechten Synthese von Religion und Vernunft beruhen, hat er dagegen eindeutig recht. Er wendet Marx' Definition von Religion als Opium des Volkes mit voller Berechtigung gegen den Marxismus.

Jeder Chiliasmus, ob weltlich oder religiös, ist dem Papst ein Gräuel. Benedikt schreibt:

> Das Heil der Menschen wird dabei … von planbaren Mechanismen erhofft, also am eigentlich Humanen vorbeigebaut.

Und schlimmer noch:

> Die Werte, die die Welt tragen, werden so auf den Kopf gestellt, ein geplantes Heil ist das Heil der Konzentrationslager und damit das Ende der Humanität.

Diese scharfe Kritik richtet sich notwendigerweise auch gegen die evangelikalen Sekten mit ihrer unmittelbaren Erwartung des Tausendjährigen Reichs. Die Aussagen der Bibel zum Weltende sieht er vielmehr als Absage an die Erwartung eines Heilszustandes innerhalb der Geschichte, also der messbaren Zeit.

> Der Glaube an die Wiederkunft Christi ist so zunächst die Absage an die innergeschichtliche Vollendbarkeit der Welt …

Weltende im Islam

In keiner Religion hat das Weltende und das Jüngste Gericht eine größere Bedeutung als im Islam. Im 7. Jahrhundert n. Chr., als Mohammed seine göttlichen Offenbarungen verkündete, waren im Juden- und im Christentum die Vorstellungen vom Jenseits, von der Hölle, vom Himmel und vom Jüngsten Gericht bereits voll entwickelt. Der Islam spiegelt diese Vorstellungen wider.

Der Koran, das heilige Buch des Islam, besteht aus 114 Kapiteln oder Suren. Sie sind grob der Länge nach geordnet und tragen eine Nummer und einen Namen, z. B. Sure 2: Die Kuh, oder Sure 46: Die Dünen. Das macht den Koran zu einem etwas verwirrenden Lesestoff, denn jede Sure steht für sich, so dass auf den ersten Blick kein logischer Aufbau der Lehre erkennbar ist. Mohammed bestand darauf, dass Gott ihm den Wortlaut des Koran durch einen Engel offenbart habe. Nach islamischem Glauben ist der Koran deshalb das unmittelbare und ewige Wort Gottes.

Der Überlieferung nach hat Gott die Inhalte im Laufe von 23 Jahren offenbart, oftmals genau passend zur jeweiligen Lebenslage des Propheten. Mohammeds Freunde und Anhänger, so heißt es, hätten die Texte aufgeschrieben, denn Mohammed selbst soll Analphabet gewesen sein.

Der Koran fordert einen bedingungslosen Glauben und die Einhaltung der Gebetsrituale und Fastengebote. Das Endgericht ist ein zentraler Glaubensbestandteil. Die häufig gebetete erste Sure: die öffnende, enthält bereits das ausdrückliche Bekenntnis dazu. Sie beginnt mit den Worten:

> Im Namen des barmherzigen und gnädigen Gottes. Lob sei Gott, dem Herrn der Menschen in aller Welt, dem Barmherzigen und Gnädigen, der am Tag des Gerichts regiert!

Der Koran malt sowohl die Qualen der Verdammten als auch die Belohnung der Gerechten an mehreren Stellen sehr lebhaft aus. Ein Beispiel:

»Für diejenigen, die ungläubig sind, sind Kleider aus Feuer zugeschnitten. Sie müssen sie tragen, während ihnen heißes Wasser über den Kopf gegossen wird. Ihre Eingeweide und ihre Haut schmelzen daraufhin unter entsetzlichen Schmerzen. Diejenigen, die recht glauben und recht handeln, werden dagegen in Gärten mit fließenden Gewässern eingehen. Sie werden mit Armringen aus Gold geschmückt und tragen seidene Gewänder.« (Sure 22,19–22)

Nicht nur das Konzept von Hölle und Endgericht ist im Koran dem der Christen und Juden des 7. Jahrhunderts ähnlich. Tatsächlich enthält die Schrift so viele biblische Erzählungen und Anspielungen, dass die Idee aufkam, der Islam entstamme einer christlichen oder jüdischen Sekte. Nach dem aktuellen Stand der Forschung sieht es allerdings nicht so aus: Der Orientalist und Islamwissenschaftler Tilman Nagel hat 2008 eine äußerst umfangreiche und exzellent recherchierte Mohammed-Biographie vorgelegt, in der er auch dessen gesellschaftlichen und religiösen Hintergrund untersucht. Danach enthält der Koran viele Bestandteile von biblischen

Erzählungen und Legenden, er entspringt aber wohl nicht einer arabischen Bibelübersetzung.

Der Monotheismus (der Glaube an einen einzigen Gott) des Islam stammt am ehesten von den Hanifen, einer Gruppe von monotheistisch orientierten Arabern. Über ihre Glaubensinhalte oder Rituale ist heute wenig bekannt. Christen- und Judentum blieben ihnen vermutlich fremd, weil sie mit ihrer arabischen Lebensart nicht übereinstimmten, allerdings glauben die Hanifen wie diese beiden Religionen an einen einzigen Gott. Die damals vorherrschende Religion in Mekka verehrte mehrere Götter, die heute nur noch dem Namen nach bekannt sind. Die Kaaba, heute das höchste Heiligtum des Islam, existierte bereits lange vor Mohammeds Zeit, war schon damals eine der wichtigsten religiösen Stätten der Arabischen Halbinsel und zog Pilgerströme aus ganz Arabien an. Trotz ihres hohen Ansehens ist sie erstaunlich schlicht gestaltet: ein einfacher, quaderförmiger Bau mit einer Höhe von 15 Metern bei einer Grundfläche von 10 × 14 Metern.

Der Stamm der Quraishiten (auch Koraischiten geschrieben), dem Mohammed angehörte, hatte die Aufsicht über den Kultdienst. Die Quraishiten führten ihre Herkunft auf Ismael zurück, den Sohn Abrahams. Nach islamischer Überlieferung hatten Abraham und Ismael in Mekka die Kaaba erbaut. Ihr Sockel habe einst, vor der Sintflut, das sogenannte »vielbesuchte Haus« getragen. Gott selbst habe es für Adam nach der Vertreibung aus dem Paradies herabgelassen. Es soll aus einem einzigen ausgehöhlten Rubin bestanden haben. Als die Sintflut die sündigen Menschen hinwegraffte, wurde das Haus wieder hinaufgezogen.

Aber der Ort sollte nicht vergessen werden, und so führte Gott Abraham dorthin und befahl ihm, die Kaaba zu bauen. Der Engel Gabriel, so heißt es, brachte Abraham den schwarzen Meteorstein, der seitdem in der östlichen Ecke der Kaaba eingemauert ist. Damals war es ein funkelnder Stein vom Himmel, aber die Berührung endlos vieler sündiger Hände ließ ihn schwarz werden, sagt die Überlieferung. Abraham, der erste Muslim und Prophet des Islam, lehrte seine Nachkommen die islamischen Riten und hinterließ eine Reihe von Schriften, die aber leider vergessen wurden oder verlorengingen. Die dem Propheten Moses ebenfalls von Gott gegebenen Zehn Gebote überlebten dagegen die Zeit. Der Koran erwähnt mehr als 20 Propheten, wobei das deutsche Wort Prophet etwas irreführend ist, denn ihre Aufgabe war nicht so sehr das Prophezeien, also die Vorhersage künftiger Ereignisse oder Warnungen vor Unheil, sondern das Überbringen göttlicher Botschaften, weshalb manche Übersetzer den Ausdruck »Gesandte« bevorzugen. Die fünf größten Propheten oder Gesandten sind Nuh (Noach), Ibrahim (Abraham), Musa (Moses), Isa (Jesus) und Mohammed. Jesus ist im muslimischen Verständnis der vorletzte und zweithöchste Prophet. Der Koran (Sure 4,157–159) erklärt ausdrücklich, Jesus sei keineswegs am Kreuz gestorben, das sei den ungläubigen Menschen lediglich so vorgekommen, in Wahrheit habe Gott ihn zu sich geholt.

> Und seid gewiss, ehe Isa stirbt am Ende der Tage, werden alle Menschen der Schrift (Juden und Christen) an ihn glauben (oder die Wahrheit über ihn erkennen). Und er wird gegen sie zeugen am Auferstehungstag.

Der Kern von Mohammeds Botschaft lautet also: Seine Offenbarungen waren nicht neu, im Gegenteil, sie stellten lediglich den von Gott Abraham offenbarten Ritus wieder her. Juden und Christen hätten die Botschaft im Laufe der Zeit verdreht und verfälscht, lehrte er. Die von Mohammed verkündeten göttlichen Botschaften gaben damit den Gläubigen einen festen Ritus, der nach ihrem Verständnis der ursprüngliche und einzig richtige war. Zugleich erklärte Mohammed, Gott habe ihm offenbart, dass er der letzte und höchste Gesandte Gottes sei. Die göttliche Botschaft sei damit abgeschlossen und Mohammed das »Siegel der Propheten«, heißt es deshalb.

Das islamische Glaubensbekenntnis – es gibt nur einen Gott, und Mohammed ist sein Gesandter – schließt die Aussage ein, dass der Koran von Gott offenbart wurde und eine Kopie im Himmel aufbewahrt wird. Dieses Buch existierte bereits vor der Schöpfung. Das hat Mohammed gelehrt, und wenn er wirklich Gottes Gesandter war, dann muss es so sein. Damit ist der Koran ungeschaffen, unveränderlich und für alle Zeiten gültig. Weil es auch keine weiteren Gesandten geben wird, ist er außerdem vollständig und kann nicht mehr erweitert werden.

Nun ist der Koran allerdings nicht widerspruchsfrei. Das ist offenbar schon Mohammeds Zeitgenossen aufgefallen, und sie werden ihn sicher darauf hingewiesen haben. Die Schrift weiß Rat:

> Wenn wir einen Vers (aus dem Wortlaut der Offenbarung) tilgen oder in Vergessenheit geraten lassen, bringen wir (dafür) einen besseren oder einen, der ihm gleich ist. Weißt du denn nicht, dass Gott zu allem die Macht hat? (Sure 2,106)

Eine neuere Offenbarung hebt also eine ältere auf, wenn die beiden sich widersprechen. Leider ist die genaue Reihenfolge der Suren nicht bekannt. Die längsten und spätesten stehen weiter vorne, aber das ist nur eine Faustregel, die keineswegs alle Zweifelsfragen klären kann. Andererseits sind die Widersprüche ja vielleicht nicht wirklich. In der vierten Sure heißt es:

> Machen sie sich denn keine Gedanken über den Koran? Wenn er von jemand anderem als Gott wäre, würden sie in ihm viel Widerspruch finden. (Sure 4,82)

Die Koranübersetzung von Max Henning weist denn auch in einer Anmerkung darauf hin, dass die Sure 2,106 nicht die Aufhebung von Koranversen meint, sondern die von vorislamischen Offenbarungen. Die Islam-Gelehrten sind sich darüber jedoch uneinig. Beispielsweise hielt die im Mittelalter aktive rational-philosophische Schule der Mu'tazila den Koran für etwas Geschaffenes. Nur Gott sei ungeschaffen, argumentierten sie. Damit gehöre der Koran zur Schöpfung und sei nicht über jede Kritik erhaben oder ewig (nichts Geschaffenes ist ewig). Vielmehr habe ihn Gott für eine bestimmte Zeit und bestimmte Umstände geschaffen. Die Vertreter der Mu'tazila konnten sich allerdings gegen die orthodoxen Sunniten nicht durchsetzen. Ihre Schule erlosch noch im Mittelalter.

Solche Auseinandersetzungen sind keineswegs rein akademisch, besonders wenn es um strittige Interpretationen von Koranpassagen geht. Orthodoxe Gruppen neigen dazu, ihren Gegnern eine *Apostasie,* den Abfall vom rechten Glauben, vorzuwerfen. Apostaten dürfen wiederum von jedem Gläubigen getötet werden, nach einigen Auslegungen wäre das sogar eine gottgefällige Tat. Theologische Diskussionen im Islam sind deshalb zuweilen eine lebensgefährliche Gratwanderung. Ein Gelehrter, der die Meinung vertritt, der Koran sei auf die arabische Übersetzung eines christlichen, syrisch-aramäischen *Lektionars* (eines Bibellesebuchs) zurückzuführen, schreibt wohlweislich unter dem Pseudonym Christoph Luxenberg und gibt seinen wirklichen Namen nicht preis.

Die Endzeit im Islam

Der Koran gibt wenig Auskunft über die Endzeit. Zum islamisch-religiösen Schriftgut gehören aber noch weitere Schriften, die sogenannten *Hadithe.* Sie geben Taten, Lehren oder Aussprüche des Propheten wieder. Weil sie erst nach seinem Tod gesammelt wurden, tragen sie den Namen des Mannes, der sie zusammengestellt hat (des *Kompilators*), beispielsweise Al-Buchari oder Muslim. Jedes einzelne Hadith beginnt mit einem Hinweis auf die Überlieferungskette. Je kürzer sie ist, desto bedeutender ist das Hadith. Andererseits stammen die bedeutendsten Sammlungen von Hadithen erst aus dem 9. Jahrhundert, also mehr als zweihundert Jahre nach Mohammeds Tod. Der Prophet war längst Gegenstand von Legenden, und trotz aller Mühe war es kaum möglich, Wahrheit, Übertreibung oder Erfindung zu trennen. Obwohl die Kompilatoren mit großer Sorgfalt vorgingen, ist also nicht mehr festzustellen, ob diese Sammlungen wirkliche Prophetenworte wiedergeben. Trotzdem bleiben die Hadithe eine extrem wichtige Quelle für die Ausgestaltung des islamischen Glaubens und für die islamische Rechtsprechung. Die Gesamtheit der Hadithe bildet die *Sunna,* die Tradition. Die Sunniten sind demnach die Traditionalisten des Islam. Sie führen ihre Glaubensrichtung auf das von Abu Bakr gegründete *Kalifat* zurück. Ein Hadith kann beispielsweise so aussehen:

Erzählt von Abu Bakr:

> Während der Schlacht von Al-Jamal, der Kamelschlacht, beglückte mich Allah mit einem Ausspruch. (Ich hörte ihn vom Propheten.) Als der Prophet hörte, dass die Perser die Tochter von Khosrau zur Königin (Herrscherin) gemacht hatten, sagte er: ›Niemals wird eine Nation Erfolg haben, die eine Frau zu ihrem Herrscher macht!‹ (Al-Buchari, Band 9, Buch 88, Nummer 219)

Im Islam ist der Koran die oberste Quelle der Rechtsprechung, aber die Hadithe haben überall dort große Bedeutung, wo er nicht eindeutig ist oder Dinge offenlässt. Die Zahl der Hadithe ist riesengroß, allein die beiden als sehr zuverlässig geltenden Kompilatoren Al-Buchari und Muslim haben mehr als 4000 davon gesammelt. Die darin enthaltenen Hinweise auf Endzeit und Weltende sind fragmentarisch und teilweise widersprüchlich, aber insgesamt ergeben sie doch ein klares Bild der damaligen Endzeitvorstellungen.

Hinweise auf die Endzeit

Strenggenommen muss es nach muslimischem Verständnis überhaupt keine Endzeit geben, denn Sure 16 sagt:

> Und Gott besitzt mit seinem Allwissen die Geheimnisse (wörtlich: das Verborgene) von Himmel und Erde. Und die Angelegenheit (oder Entscheidung) der Stunde (des Gerichts) ist nur wie ein Augenblick oder noch kürzer (wörtlich: näher).

Dennoch kennt die Überlieferung eine Reihe von kleinen und großen Zeichen des Endes. Der häufigste Ausdruck, mit dem die kleinen Zeichen definiert werden, lautet: »Die Stunde wird nicht eher kommen als bis …« Damit handelt es sich eigentlich nur um eine Liste, die noch abgearbeitet wird, bevor die himmlische Trompete die Auferstehung der Toten einleitet. Die Zeichen können also jederzeit auftreten, sie sind keineswegs ein Beweis der Endzeit. Die großen Zeichen hingegen leiten unmittelbar das Ende ein.

Die kleinen Zeichen

1. Die Verbreitung von Dummheit und Unwissenheit. Der Grund dafür ist das Aussterben der religiös Gebildeten. Die ungebildeten Führer werden religiöse Gutachten abgeben, obwohl sie unwissend sind, und in die Irre gehen sowie andere in die Irre führen.
2. Das Trinken von Alkohol und abartige Sexualpraktiken werden sich ausbreiten.
3. Geiz wird sich ausbreiten.
4. Männer werden weniger und Frauen mehr, bis auf einen Mann 50 Frauen kommen. Ein Grund wird nicht genannt, vielleicht ist gemeint, dass in den Endzeitkriegen so viele Kämpfer umkommen werden.

Diese vier Punkte werden als Zeichen des unmittelbar bevorstehenden Endes gewertet (Sahih Muslim, Buch 34, Kapitel 5, Nummer 6451–65). Weitere Zeichen (zum Beispiel aus Sahih Muslim, Buch 41):

5. Muslime werden vom Glauben abfallen, verführt vom Lügenpropheten, dem Dajjal (entspricht dem Antichrist). Er hat von Gott die zeitweilige Kraft erhalten, Wunder zu wirken und Macht auszuüben.
6. Erdbeben werden häufiger, Seuchen nehmen derart zu, dass kein arabisches Haus verschont bleibt, Mordtaten werden zunehmen, Geld wird so reichlich fließen, dass niemand mehr Almosen annehmen wird. Gleichzeitig wird die Zeit sehr schnell vergehen.

7. Die Macht wird in die Hände von Unwürdigen und Unfähigen übergehen. Korruption wird sich ausbreiten. Niedriggeborene werden zu Reichtum kommen.
8. Die Hirten schwarzer Kamele werden sich rühmen, hohe Gebäude (oder luxuriöse Bethäuser) zu bauen.
9. Die letzte Stunde rückt bedrohlich nahe, wenn ein Mann am Grab eines anderen vorbeigeht und sich wünscht, an seiner Stelle zu sein. Einer der Slogans der Proteste gegen die Stationierung von Atomwaffen in den achtziger Jahre des 20. Jahrhunderts lautete: »Die Lebenden werden die Toten beneiden.« Wie man sieht, ist die Idee nicht ganz neu.
10. Muslime werden die Taten anderer Völker nachahmen. Interessanterweise haben die arabischen Muslime die Verwaltungsstrukturen des Perserreichs mit einigem Erfolg übernommen. Gemeint sind aber wohl die Fehler anderer Völker.
11. Völker mit gleichen Zielen oder gleicher Religion werden blutige Kriege kämpfen.
12. Dreißig falsche Propheten werden auftreten und Lügen verbreiten. Jeder von ihnen wird behaupten, ein Gesandter Gottes zu sein.
13. Muslime werden ihre Führer ermorden, gegeneinander kämpfen, und der schlimmste unter ihnen wird allen weltlichen Besitz empfangen.
14. Mörder werden nicht wissen, warum sie morden, und ihre Opfer nicht, warum sie ermordet werden.
15. Ein Kalif wird Reichtümer verteilen, sie aber nicht zählen.
16. Im Euphrat wird ein riesiger Goldschatz gefunden.

Grundsätzliches Thema ist stets der Verfall der Sitten, der schließlich das Ende der Welt einleitet. Es gibt noch eine ganze Reihe weiterer Zeichen, die mit künftigen Kriegen zu tun haben: Muslime werden Konstantinopel erobern, gegen Leute mit flachen Gesichtern, schmalen Augen und breiten Nasen kämpfen, gegen Römer kämpfen und vieles andere mehr.

Die großen Zeichen

> Hudhaifa ben Usaid Ghifari berichtete: Allahs Gesandter – Friede sei auf ihm – kam ganz plötzlich zu uns, als wir diskutierten. Er sagte: ›Worüber diskutiert ihr?‹ Sie (die Begleiter) sagten: ›Wir diskutieren über die Letzte Stunde.‹ Daraufhin sagte er: ›Sie wird nicht kommen, bis ihr nicht zehn Zeichen gesehen habt‹, und er erwähnte den Rauch, den Dajjal (Lügenpropheten), die Bestie (das Tier), den Aufgang der Sonne im Westen, den Abstieg von Jesus, Sohn der Maria – möge Allah ihm gewogen sein – (vom Himmel), die (Völker) Gog und Magog, Erdrutsche an drei Orten, einer im Osten, einer im Westen und einer in Arabien, an dessen Ende ein Feuer vom Jemen herankommen wird und die Menschen zu ihren Sammelplätzen treiben wird. (Sahih Muslim: Kapitel 13, Buch 41, Nummer 6931)

Verglichen mit dem Pandämonium der Johannesoffenbarung wirken die großen Zeichen der islamischen Endzeit eher harmlos. Der *Rauch* bezieht sich auf eine obskure Passage in der Sure 44 (der Rauch). Dort warnt der Prophet die zweifelnden Landsleute vor dem Tag, an dem Rauch vom Himmel herabkommen und die Menschen einhüllen wird. Das soll äußerst schmerzhaft sein, die Menschen bitten deshalb um die Aufhebung der Strafe und versprechen, gläubig zu sein. Das komme reichlich spät, wirft die Sure den Menschen vor, wo sie doch dem Gesandten Gottes hätten zuhören können, statt zu sagen, »ihm werde etwas (was er als Offenbarung vortrage, von einem fremden Gewährsmann) überbracht, und er sei besessen«. Trotzdem hebt Gott die Strafe erst einmal auf (oder schwächt sie ab), aber wenn die Menschen rückfällig werden, wird er sie wiederaufleben lassen. Die Bedeutung dieser Stelle hat niemand völlig begriffen, und die Vermutungen schossen ins Kraut. Eine Hungersnot könnte es sein, so schlimm, dass die Menschen nicht mehr so recht sehen. Das überzeugte nicht, denn schlimme Hungersnöte hat es zu allen Zeiten gegeben, auch im Arabien zur Zeit Mohammeds. Außerdem ist eindeutig von »Rauch« die Rede.

Ein großer Brand würde wohl auch nicht ausreichen, denn dieser besondere Rauch soll schließlich die Endzeit ankündigen. Wenn wir uns etwas weiter umsehen, finden wir jedoch einen Hinweis. Die Johannesoffenbarung der christlichen Bibel erwähnt quälenden Rauch als endzeitliches Signal:

> Und der fünfte Engel stieß in die Posaune: da sah ich einen Stern, der vom Himmel auf die Erde gefallen war; und der Schlüssel zum Schlund (oder: Schacht) des Abgrundes (= der Hölle) wurde ihm gegeben. Er schloß also den Schlund des Abgrundes auf: da stieg Rauch aus dem Schlunde empor wie der Rauch eines großen Ofens, und die Sonne und die Luft wurden durch den Rauch des Schlundes verfinstert. Aus dem Rauch kamen dann Heuschrecken hervor auf die Erde; denen wurde eine Kraft gegeben, wie sonst die Skorpione auf Erden sie besitzen, und es wurde ihnen geboten, sie sollten dem Gras der Erde sowie allem Grün und allen Bäumen keinen Schaden zufügen, sondern allein den Menschen, die nicht das Siegel Gottes auf ihrer Stirn trügen. Weiter wurde ihnen die Weisung gegeben, sie nicht zu töten, sondern sie sollten fünf Monate lang gequält werden; und die Art der Qual, die sie verursachten, sollte wie die eines Skorpions sein, wenn er einen Menschen sticht. (Offenbarung, 9,1–5)

Die Offenbarung kann in Mekka durchaus bereits bekannt gewesen sein, wenn nicht im Original, so doch in einer Übersetzung oder als Nacherzählung. Ebenso unklar ist der Hinweis auf das »Tier«. Im Koran gibt es einen Satz, der einen Hinweis liefern könnte:

> Und wenn das Verdikt über sie (= die Ungläubigen) ergeht (wörtlich: hereinbricht), lassen Wir ihnen ein Tier aus der Erde hervorkommen, das zu ihnen spricht (und sagt), dass die Menschen (in ihrem Erdenleben) von Unseren Zeichen nicht überzeugt waren.« (Sure 27, 82)

Dies ist der einzige Hinweis auf das endzeitliche Tier im Koran. Das Tier hat im arabischen Original eindeutig ein weibliches Geschlecht. *Wir* und *Unseren* ist als Pluralis Majestatis zu verstehen, denn Gott spricht direkt zu den Menschen. Auch hier bietet sich der Vergleich mit der Johannesoffenbarung an, die immerhin gleich zwei endzeitliche widergöttliche Tiere erwähnt. Aber das Tier des Korans ist nicht widergöttlich, im Gegenteil, es ist ausdrücklich von Gott geschickt. Es soll auch die Menschen nicht verführen, sondern ihnen ihren Unglauben vor Augen führen. Mehr als die generelle Idee einer endzeitlichen wilden Bestie hat dieses Tier mit den apokalyptischen nicht gemeinsam. Bei den muslimischen Interpreten führte die Vieldeutigkeit der Sure zu wilden Spekulationen über die Natur des Tiers. So soll es mit dem Ring Salomons ausgestattet sein und damit jedem Ungläubigen ein Brandmal auf die Stirn brennen, so dass er gleich zu erkennen ist. Nach eher zweifelhaften Überlieferungen soll das Tier einen Kopf wie ein Ochse, Augen wie ein Schwein, Ohren wie ein Elefant, eine Brust wie ein Löwe und andere wenig zueinander passende Eigenschaften besitzen. Letztlich ist die Bedeutung unklar. Das Gleiche gilt für die drei Erdrutsche. Sie sind im Koran überhaupt nicht erwähnt. Es könnte gemeint sein, dass die Erde an drei Stellen aufreißt. Das geht aber aus dem Hadith nicht hervor, und so sind Spekulationen müßig. Der Sonnenaufgang aus dem Westen scheint da schon eindeutiger zu sein. Wenn die Sonne sich dort erhebt, wo sie sonst untergeht, ist die Ordnung der Dinge ganz eindeutig auf den Kopf gestellt und die Welt aus den Fugen. Im Koran kommt dieses Zeichen nicht vor, aber gleich mehrere Hadithe weisen darauf hin, dass es dann zu spät ist, noch zum rechten Glauben zu finden. Beim Jüngsten Gericht wird dieser späte Übertritt nicht mehr gewürdigt werden. Möglicherweise ist der Sonnenaufgang im Westen auch eine Metapher für »niemals« oder »nicht in der Welt, die wir kennen.« Dann entspräche es in etwa dem deutschen Spruch: »Erst wenn die Hölle zufriert.«

Die meisten Christen wird es erstaunen, welch wichtige Rolle die islamische Tradition Jesus zuweist. Er soll in den letzten Tagen, bevor die Trompeten das Ende der Welt ankündigen, von Gott auf die Erde zurückgesandt werden, um den Dajjal (siehe unten) zu besiegen, die Völker Gog und Magog zu vernichten und die Menschen zum Islam zu bekehren. Jesus ist ja nach islamischer Tradition nicht am Kreuz gestorben, sondern von Gott entrückt worden, damit er am Ende der Tage noch einmal eine äußerst wichtige Mission erfüllen kann. Aber der Reihe nach:

Der Dajjal

Der Dajjal (auch Daddschal), der Lügenprophet, entspricht dem Antichrist der christlichen Endzeitvorstellung. Er tritt vor dem Ende der Tage auf und verführt die Menschen zum Abfall vom Islam. Der Name *Dajjal* bedeutet Lügner, Täuscher oder Verführer. Er ist der letzte und bedeutendste in einer langen Reihe von Lügenpropheten. Sein kompletter Name ist: Al-Masihu'd-Dajjal, was bedeutet: Der lügende oder falsche Messias. In den Hadithen wird er meist einfach ad-Dajjal, *der* Lügenprophet, genannt. Damit ist klar, dass hier nur die letzte und höchste dieser widergöttlichen Gestalten gemeint sein kann. Im Koran kommt er nicht vor, aber die Hadithe liefern lebhafte Beschreibungen. Er soll aus Isfahan stammen und irgendwo zwischen Irak und Syrien erscheinen. In jedem Fall hat er nur ein sehendes Auge, das blinde Auge steht vor wie eine Weinbeere. Das Wort *kafir* (Ungläubiger) soll in einer Weise auf seine Stirn geschrieben sein, dass selbst analphabetische Muslime es erkennen und lesen können. Er soll sich auf der Erde so schnell wie eine am Himmel ziehende Wolke bewegen. Er wirkt scheinbare Wunder, die in Wahrheit nur Tricks sind. Er wird mit einer Truppe von 70 000 Juden, nach anderen Überlieferungen von 70 000 Juden, Persern, Türken und Beduinen (wörtlich: Wüstenaraber) in

Arabien einfallen. Nur Mekka und Medina (nach anderen Überlieferungen auch Jerusalem und Tor) sind vor ihm sicher, denn diese Städte werden von Engeln mit gezogenen Schwertern bewacht. Der Dajjal bringt großen Reichtum und Regen mit. Er kann die Erde ergrünen lassen und verteilt Brot und Honig. Aber all das ist Blendwerk, und am Ende bleibt nur Zerstörung. Zu seinem Gefolge gehören viele Frauen, denn sie sind, so sagt die Tradition, noch leichter zu täuschen als Beduinen. In einer Stadt nahe Medina, so kündigte der Prophet laut einem Hadith an, würden die Männer ihre Frauen und Töchter festbinden, damit sie ihm nicht nachlaufen. 40 Tage dauert die Herrschaft des Dajjal, wobei aber der erste Tag wie ein Jahr erscheint, der zweite wie ein Monat, der dritte wie eine Woche und erst der Rest wie gewöhnliche Tage. Unaufhaltsam gewinnt er jede Schlacht und drängt schließlich die wenigen verbliebenen Muslime in Damaskus zusammen. Doch jetzt wird Jesus aus dem Himmel auf das weiße Minarett im Osten von Damaskus herabsteigen, von zwei Engeln begleitet. Er sammelt die verbliebenen Truppen der Muslime und führt sie gegen das Heer des Dajjal, der auf dem Weg nach Jerusalem ist. Der Dajjal versucht zu fliehen, aber Jesus holt ihn ein und tötet ihn vor den Toren der Stadt der Lydda (dem heutigen Lod in Israel).

Der Mahdi

Die Erzählung vom Dajjal existiert in diversen Varianten mit unterschiedlichen Ortsangaben. In einigen taucht neben Jesus noch eine andere Heldengestalt auf, der *Mahdi*. Seine Beziehung zum islamischen Jesus ist nicht eindeutig. Die beiden religiösen Richtungen des Islam, die schiitische und die sunnitische, haben hier sehr unterschiedliche Vorstellungen. Für manche Sunniten ist Jesus der Mahdi, für die meisten Schiiten ist er der sagenhafte zwölfte Imam, eine messianische Figur, die seit über tausend Jahren im Verborgenen auf das Weltende wartet, um den Dajjal und die mörderischen Horden von Gog und Magog endgültig zu besiegen. Dann wird er den schiitischen Islam durchsetzen, Konstantinopel und Jerusalem erobern, den Islam von allem Unreinen befreien und ein gerechtes Regime führen, bis die Trompete das Weltende verkündet. Der Glaube an den endzeitlichen Mahdi, den zwölften Imam, hat einen sehr hohen Stellenwert in der schiitischen Variante des Islam. Der Paragraph 5 der Verfassung der islamischen Republik Iran lautet:

> Artikel 5 [Amt des Religiösen Führers]
> Während der Verborgenheit des Wali al-'Asr [einer der Titel des zwölften Imams Muhammad ibn Hasan al-Mahdi] (Möge Gott für seine baldige Wiederkunft sorgen), ist die Führerschaft der Umma dem Gerechten und Frommen übertragen, der mit den Umständen seiner Zeit vertraut, tapfer, klug und zur Regierung fähig ist …

Im Iran ist der schiitische Islam Staatsreligion, und dem schiitischen Glauben nach gebührt die Herrschaft über die Welt allein dem verborgenen Imam. Bis er kommt, ist das iranische Staatsoberhaupt sein Statthalter und erhebt damit den Anspruch, provisorisches Oberhaupt der Umma, der weltweiten Gemeinschaft des Islam, zu sein.

In der Geschichte haben sich mehrere Männer selbst als Mahdi bezeichnet und eine beachtliche Anhängerschaft versammeln können. Im Jahre 1881 fühlte sich der sunnitische Sudanese Muhammed Ahmad ibn As-sayyid 'abd Allah berufen, in seinem Heimatland dem Islam in seiner reinen Form wieder Geltung zu verschaffen und zugleich die verhasste Fremdherrschaft der Ägypter und der Briten abzuschütteln. Er brachte die Stämme des Sudan auf seine Seite und errang erstaunliche militärische Siege. Im Januar 1885 nahm er nach neunmonatiger Belagerung Khartum ein, trotz der entschlossenen Verteidigung des britischen Generalmajors Charles George Gordon. Noch bevor der Mahdi sein Reich konsolidieren konnte, erkrankte er im Juni 1885 und starb. Seine Nachfolger gründeten das sogenannte Kalifat von Omdurman. Sie führten erfolgreiche Kriege gegen den christlichen Kaiser von Äthiopien und unterlagen erst in der Schlacht von Omdurman am 1. September 1898 einem ägyptisch-britischen Heer.

Aber zurück zur Endzeit: Nachdem in der sunnitischen Version Jesus den Dajjal besiegt hat, werden Christen und Juden erkennen, dass der Lügenprophet nur ein Mensch ist, und sich zum Islam bekehren. Alle anderen Religionen werden von der Erde verschwinden. Aber die schwerste Aufgabe haben Jesus und/oder der Mahdi noch vor sich: den Sieg über Gog und Magog. Die Namen stammen aus der Bibel. Der Prophet Ezechiel erwähnt einen König Gog aus dem Reich Magog. In der Johannesoffenbarung sind daraus bereits die Völker Gog und Magog geworden, und so steht es auch im Koran.

Gog und Magog

In der 18. Sure des Korans steht eine lange Geschichte über »den mit den zwei Hörnern« (Dhu al-Qarnayn) (Sure 18,83–99). Christen denken natürlich gleich an den Teufel, aber im Koran spricht Gott von seinen Großtaten und nennt ihn einen machtvollen Diener. »Wir hatten ihm auf der Erde Macht gegeben und zu allem einen Weg eröffnet.« Die meisten Forscher und islamischen Korangelehrten nehmen an, dass hier Alexander der Große gemeint ist. Über kaum einen König gab es schon kurz nach seinem Ableben so viele phantastische Legenden. Sie erzählen vom jugendlichen Alexander, der das Perserreich zerschmetterte und sein Heer bis nach Ägypten und Indien führte. Sie erzählen vom unüberwindlichen Heerführer, der keine Schlacht verlor, überall Städte gründete und an den Enden der Welt die wunderbarsten Dinge sah. Auch in Arabien war er bekannt, wenn auch niemand genau weiß, warum er dort *Der mit den zwei Hörnern* hieß. In der Sure wird die Legende von Alexander und den »Brüsten des Nordens« erzählt, die bereits der Pseudo-Methodius erwähnt. Die »Brüste des Nordens« sind zwei hohe Bergkegel im Kaukasus, zwischen denen ein schmaler Einschnitt liegt. Durch diese Schlucht, so heißt es, werden die Völker Gog und Magog einst über die Welt herfallen. Als Alexander dort erscheint, bitten ihn die Bewohner der Gegend, die Schlucht zu verschließen. Sie bieten ihm sogar an, dafür zu bezahlen. Er weist das Geld zurück.

> Die Macht, die mein Herr mir gegeben hat, ist mehr wert. Helft mir nun, damit ich zwischen euch und ihnen einen Schutzwall mache! Bringt mir die Eisenstücke! (Sure 18,95)

Er baut einen Wall und lässt ihn mit flüssigem Metall übergießen. So konnten Gog und Magog ihn weder übersteigen noch durchbrechen.

In der Endzeit aber wird der Wall zerfallen, und die beiden grausamen Völker schwärmen über die Erde aus. Was nun geschieht, steht nicht mehr im Koran, aber die Hadithe liefern mehrere Varianten.

So sollen die Krieger über jeden Hügel schwärmen und unterwegs den See Genezarath komplett austrinken. Jesus werde die Reste der muslimischen Armee auf einem Hügel sammeln und mit ihnen zu Gott beten. Der Allerbarmer hat ein Einsehen und schickt giftige Insekten, damit sie die grausamen Krieger in den Hals stechen und töten. Dann schickt er riesige Vögel, die die Leichen wegschleppen, oder ein Unwetter, das sie hinwegspült. Jesus soll danach noch 40 Jahre auf der Erde leben, bevor er stirbt und ehrenvoll neben Mohammed begraben wird.

Das letzte Zeichen: Das Feuer aus dem Jemen

Jetzt wird es Zeit für das Ende: Südlich von Eden (im Jemen) bricht ein Feuer aus, das die Menschen vor sich hertreibt. In Syrien, also im Norden der Arabischen Halbinsel, liegen der Überlieferung nach die Sammelplätze, an denen die Menschen das Jüngste Gericht erwarten sollen. Das Feuer ist grausam, es rollt unaufhaltsam vorwärts, und wer zurückbleibt, wird verbrennen. Aber zu diesem Zeitpunkt sind die Gerechten und Gläubigen bereits gestorben, nur die Bösen und Ungläubigen werden auf diese unwürdige Weise zusammengetrieben.

Das Ende der Welt

> Und es wird in die Trompete geblasen. Dann fallen (alle), die im Himmel und auf der Erde sind, (wie) vom Blitzschlag getroffen (bewusstlos) zu Boden, soweit es Gott nicht anders will. Hierauf wird ein zweites Mal hineingeblasen und gleich stehen sie alle wieder da und können (wieder?) sehen (oder: sehen sich erwartungsvoll um?). (Sure 39,68)

Zwei Trompetenstöße leiten das Ende der Welt ein: der erste zum Tod aller Lebewesen, der zweite zur Wiederauferstehung. Nach islamischem Glauben stirbt jeder Mensch, und so ist niemand mehr am Leben, wenn die Stunde der Wiederauferstehung kommt. Beim Tod löst sich die Seele vom Körper. In der ersten Nacht im Grab erscheinen die Engel Nakir und Munkar, um den Toten nach seinem Glauben zu fragen. Gibt er die richtigen Antworten, wird die Seele zu Gott emporgehoben. In jedem Fall aber kommt sie zurück ins Grab, um schon einmal einen Vorgeschmack auf ihr Schicksal am Jüngsten Tag zu erleben. Für die Gläubigen und Gerechten vergeht die Zeit bis zur Auferstehung schnell und angenehm, für alle anderen langsam und qualvoll. Zwischen dem ersten und zweiten Trompetenstoß vergehen 40 Jahre, so lange sind alle Lebewesen tot und die Erde verödet. Nach der Auferstehung finden sich die Menschen nackt und unbeschnitten auf einer weiten, öden Ebene wieder. Sie stehen dort unbeweglich, und der Schweiß rinnt an ihnen herab, bis er einen See bildet, in dem sie fast ertrinken. 40 Jahre oder länger werden die Menschen dort stehen, und wieder erscheint die Zeit den Gläubigen viel kürzer, nicht länger als die eines Gebets. Nach einigen Quellen sind nur die Heiligen, die Propheten und die äußerst Gerechten von dieser Qual ausgenommen.

Sogar Dschinns (böse Geister) und Tiere finden sich am Sammelplatz ein, um mit den Menschen auf das Gericht zu warten. Dann wird Gott die Menschen und Dschinns aburteilen. Alle guten und bösen Taten der Menschen sind in zwei Büchern verzeichnet. Wer in den Himmel kommen soll, dem lässt Gott die Bücher in die rechte Hand geben. Wer aber die Bücher in die linke Hand oder hinter den Rücken gereicht bekommt, muss sich auf einen längeren Aufenthalt in der Hölle einstellen.

Auch die schon in der ägyptischen Mythologie bekannte Vorstellung von einer Waage für die guten und bösen Taten findet sich im Koran.

In Sure 21 heißt es:

> Und für den Tag der Auferstehung stellen wir die gerechten Waagen auf. Und dann wird niemandem Unrecht getan. Wenn es (nur) das Gewicht eines Senfkorns ist, bringen wir es bei. Wir rechnen (genau) genug ab.

Sure 7 versichert:

> Das (Waagen-)Gewicht an jenem Tage ist die Wahrheit. Die dann schwere Waagschalen haben, denen wird es wohl ergehen. (Sure 7,8)

Nach dem Urteil müssen die Menschen über die Sirat-Brücke gehen, die ins Paradies führt. Dem Gerechten ist der Weg leicht, die Übeltäter und Verderbten aber werden von der Last ihrer Untaten so niedergedrückt, dass sie von der Brücke in die Hölle fallen. Dort werden sie von Teufeln und Feuern gequält. Das Paradies hingegen ist ein schattiger, von Flüssen durchzogener Garten, wo die Gerechten auf weichen Kissen liegen und die Dienste der dunkeläugigen Paradiesjungfrauen genießen.

Die Idee einer Brücke zum Paradies findet sich schon beim Zoroastrismus, der alten persischen Religion von Zarathustra. Dort heißt die Brücke Cinvas.

Nicht alle Verdammten müssen ewig in der Hölle schmoren. Auf Fürsprache der Propheten, Gerechten, Gläubigen und Engel mag Gott Barmherzigkeit walten lassen und macht allen Verdammten, die nur einen Funken Glauben in sich tragen, den Weg ins Paradies frei. Für die Polytheisten aber kann es keine Gnade geben, ihre Strafe dauert ewig. Ganz zum Schluss wird der Tod selbst hingerichtet. Ab jetzt sind Paradies und Hölle ewig, ebenso die Freuden oder die Qualen ihrer Bewohner.

2 Weltende und Erlösung in Philosophie, Soziologie und Psychologie

Fallstudie: Die Wiedertäufer in Münster

Die Zeit zwischen der Erfindung des Buchdrucks gegen 1450 und dem Beginn der Reformation gilt den Historikern als Ende des Mittelalters und Beginn der Neuzeit. Es war eine Zeit des Umbruchs, viele der mittelalterlichen Herrschaftsstrukturen waren ins Wanken geraten, das Bürgertum der Städte verlangte mehr Rechte. Von Italien breitete sich die Renaissance über Europa aus. Künstler, Gelehrte und Herrscher bemühten sich, an die als Höhepunkt der Zivilisation verstandene Antike anzuknüpfen. Die Humanisten unter den Gelehrten orientierten sich am Menschenbild und an den philosophischen Lehren des klassischen Altertums. Die stilistisch elegante und rhetorisch brillante Benutzung des antiken Lateins galt ihnen als wichtiges Merkmal der höheren Bildung. Damit grenzten sie sich bewusst gegen das degenerierte Küchenlatein der Scholastiker und Mönche ab. Anders als im Mittelalter gingen die Impulse des geistigen Lebens jetzt nicht mehr von den Klöstern aus.

Die Kirche hatte viel von ihrer Macht und Autorität verloren. Nördlich der Alpen war die Abneigung gegen die Amtskirche sehr verbreitet. Der Papst gebärdete sich als Renaissancefürst und hielt prächtig Hof. Die ganze Institution Kirche verbrauchte unglaublich viel Geld, das sie wiederum von den Gläubigen holte. Die Priester galten als bestechlich und sündig, viele trieben einen schwunghaften Handel mit geweihten Gegenständen, denen magische Kräfte zugeschrieben wurden. Bischofssitze waren zu Pfründen verkommen, die oftmals im Erbbesitz adeliger Familien waren. Das gute Leben der Bischöfe und einiger Orden sowie die Verlotterung der

Priester führten bei vielen Menschen zu einem tiefen Misstrauen gegen die Kirche. Sie forderten die Rückbesinnung auf christliche Tugenden und wollten das Monopol der Amtskirche auf die Vermittlung zwischen den Gläubigen und dem christlichen Gott nicht länger anerkennen. Ob in Klöstern allerdings dermaßen geprasst wurde, wie die Kritiker behaupteten, darf man durchaus bezweifeln. Andererseits besaßen viele Klöster umfangreiche Ländereien, unterhielten Brauereien, Weingüter oder Manufakturen und waren vergleichsweise reich. Nicht zuletzt die steuerlichen Privilegien der Klostermanufakturen wurden zum Auslöser für das Erstarken der Täuferbewegung in Münster. Die Täufer waren eine vielgestaltige Bewegung in der Folge der Reformation. Anfang des 16. Jahrhunderts forderten immer mehr Gelehrte eine grundsätzliche Kirchenreform, »an Haupt und Gliedern«, wie man damals sagte. Die Kirche sollte sich wieder mehr auf ihren geistlichen Auftrag besinnen und den Menschen das Evangelium nahebringen.

Luther war nicht der Erste, der gegen die Amtskirche wetterte, aber er war einer der wenigen, die sich nicht einschüchtern ließen. Die Urkunde über die Androhung des Kirchenbanns verbrannte er öffentlich am 10. 12. 1520 vor dem Elstertor in Wittenberg. Seine Schriften wurden in hohen Auflagen gedruckt, und er war schon damals, zu Beginn der Reformation, ein berühmter Mann.

Kaiser Karl V. war verpflichtet, dem Kirchenbann die Reichsacht folgen zu lassen, aber angesichts des zunehmenden Widerstands der Reichsstände zögerte er. Auf dem Reichstag in Worms bekam Luther Gehör und Gelegenheit zum Widerruf. Er lehnte ab und führte unter anderen aus:

> Der Papst ist die Macht, die mit ihren allerbösesten Lehren und ihrem schlechten Beispiel die christliche Welt mit den geistlichen und leiblichen Übeln verheert, verwüstet und verdorben hat. (Propyläen Weltgeschichte, Band 7, Seite 38)

Der Kaiser verhängte die Reichsacht, konnte sie aber nicht durchsetzen. Kurfürst Friedrich der Weise von Sachsen ließ Luther auf die

Wartburg bringen, wo er erst einmal in Sicherheit war. In den nächsten Jahren setzten sich Luthers Ideen in weiten Teilen des Reichs durch. Päpste und Konzilien sind fehlbar, so lehrte er. Der Mensch brauche die Kirche nicht als Vermittler göttlichen Heils, wer sich der göttlichen Gnade unterwerfe, finde seinen eigenen Weg zur Vergebung der Sünden. Nur das Evangelium sei verbindlich. Luther sah eine deutliche Trennung zwischen göttlicher und weltlicher Herrschaft. Das Evangelium sei der Maßstab, um im Gottesreich die Erlösung zu finden, aber in der diesseitigen Welt schulde der Mensch der Obrigkeit Gehorsam. Mönchische Weltabgeschiedenheit lehnte er ab. Die ausdrückliche Unterscheidung zwischen weltlichem und göttlichem Reich kam den Reichsfürsten und freien Reichsstädten sehr entgegen. Sie verweigerten die Abgaben für die Kirche, ließen kirchliche Güter einziehen und lösten Klöster auf. Fürsten waren zu allen Zeiten bis auf wenige Ausnahmen chronisch klamm und konnten das beträchtliche kirchliche Vermögen gut gebrauchen. Zugleich demonstrierten sie damit ihre Unabhängigkeit vom Kaiser. Allerdings duldeten sie zum überwiegenden Teil (und mit Zustimmung Luthers) keine Abweichungen vom rechten Glauben. Katholische Gottesdienste waren verboten und wurden bestraft, ebenso abweichende Auslegungen des Evangeliums. War die Religion vorher Sache der Kirche, so war sie jetzt Sache des Landesherrn. Luthers Parteinahme gegen die Aufständischen in den Bauernkriegen (1524–1525) stärkte noch einmal die Position der Fürsten.

Man hat den Eindruck, dass Luther alles versuchte, seine religiösen Reformen durchzusetzen, ohne die weltliche Ordnung über Gebühr zu gefährden. Im Grunde hätte ihm das egal sein können, denn er war – zumindest in seiner späteren Zeit – davon überzeugt, dass das Ende der Welt unmittelbar bevorstand. Er hatte im Papst den Antichrist erkannt, den endzeitlichen Widersacher von Jesus Christus. Genauer gesagt, waren die Päpste nach seiner Überzeugung bereits seit Jahrhunderten Antichristen. Mit dem »Mann der Gesetzwidrigkeit«, der nach dem zweiten Thessalonicher-Brief im

Tempel des Herrn auftritt und sich sogar selbst zum Gott erklärt, konnte nur das organisierte Papsttum gemeint sein. Die Päpste und die Kirche nahmen für sich in Anspruch, Gottes Wort verbindlich auszulegen. Damit stellten sie sich zwischen die Gläubigen und Gott. Sie waren also Eindringlinge im Tempel des Herrn, und zwar seit Jahrhunderten. Warum war das Ende der Welt dann noch nicht gekommen? Luther ging davon aus, dass erst die Entlarvung des Papstes als Antichrist das Ende der Welt einleitet. Erst wenn der Antichrist aus der Verborgenheit tritt, ist das Jüngste Gericht nahe. Luther selbst aber hatte den Papst als Antichrist enttarnt und damit an die Öffentlichkeit gezerrt.

»UND hie sehen wir, das nach dieser zeit, so der Bapst offenbart[entlarvt], nicht zu hoffen noch zu gewarten ist, denn der Welt ende und aufferstehung der Todten«, schrieb Luther 1541. Er schloss daraus nicht, dass alle weltliche Ordnung ohnehin nur noch wenige Wochen oder Jahre bestehen werde und deshalb im Grunde unwichtig sei. Ob Luther und gelehrte Lutheraner nach Luthers Tod solche Weltende-Ankündigungen gezielt ausstreuten, um die Menschen bußfertig zu machen oder zu halten, wie zum Beispiel der Jenaer Kirchengeschichtler Volker Leppin andeutet, halte ich allerdings für fraglich.

Luthers in hoher Auflage seit 1522 verbreitete Bibelübersetzung machte die Heilige Schrift auch den einfachen Menschen zugänglich. So bildeten sich bald überall Sekten, die sich auf ihre ganz spezielle Auslegung der Schrift beriefen. Dazu gehörten auch die Täufer. Sie lehnten die Kindstaufe ab, weil ein Kind sich nicht aus eigener Überzeugung für den Glauben entscheiden konnte. Also nahmen sie nur Menschen in ihre Gemeinschaft auf, die sich noch einmal taufen ließen. Deshalb nannten ihre Gegner sie spöttisch »Wiedertäufer«. Brüderlichkeit, Mildtätigkeit, gemeinschaftlicher Besitz waren wichtige Glaubensinhalte. Charismatische Prediger und Propheten scharten eigene Gemeinden um sich und sorgten bald für eine weite Auffächerung der Ansichten der Täufer. Durch den Initiationsritus der

Erwachsenentaufe bekamen die Gruppen den Charakter fester Bündnisse, die oft genug ihre Kontakte mit der Außenwelt auf ein notwendiges Minimum beschränkten. Vielfach betrachteten sich die Täufergemeinden als Inseln des rechten Glaubens in einer durch und durch verdorbenen Welt und kapselten sich immer mehr ab. Mit Bezug auf die Bergpredigt lehnten die meisten Täufer jede Eidesleistung ab. Damit konnten sie keine Beamte werden, was viele sowieso nicht für richtig hielten, weil damit immer eine Gewaltandrohung der Obrigkeit gegen Mitmenschen verbunden war.

Die katholischen wie evangelischen Glaubenshüter wollten solche Eigenmächtigkeiten nicht dulden, und so verbot der Reichstag von Speyer im Jahre 1529 die Täuferlehre als Ketzerei. Unbelehrbaren Täufern drohte die Todesstrafe. Bereits zuvor waren die Täufer immer wieder schikaniert und vertrieben worden, was allerdings eher zur Verbreitung ihrer Ideen beitrug. Aber auch nach dem reichsweiten Verbot blieben die Täufer in einigen Gegenden geduldet oder wurden lediglich des Landes verwiesen. Einige tausend starben allerdings für ihren Glauben.

Angesichts der Schlechtigkeit der Welt und der Verfolgung ihrer Gemeinden glaubten viele Täufer, dass die Zeit der »Trübsal« gekommen sei, die dem Ende der Welt unmittelbar vorausgeht. Auch Luther war davon überzeugt, dass das Weltende nicht mehr fern sei, zumindest sah er den Papst als Inkarnation des Antichrist, des endzeitlichen Verführers und Verderbers der Christenheit an. Die vielen Sonnen- und Mondfinsternisse und die drei Kometenerscheinungen zwischen 1517 und 1533 trugen das Ihre dazu bei, eine Endzeithysterie zu schüren, wie sie seit Jahrhunderten nicht mehr vorgekommen war.

Die meisten Täufer waren ausgesprochen friedfertig und blieben unauffällig, einige aber waren bereit, dem kommenden Reich Gottes mit dem Schwert zum Durchbruch zu verhelfen. Eine dieser Gruppen versammelte sich in Münster.

In dieser alten westfälischen Stadt residierte seit dem Jahr 805 ein Bischof, der im 12. Jahrhundert auch zum weltlichen Landesherrn aufstieg. Das Verhältnis der Bischöfe zu den Bürgern der Stadt war keineswegs immer ungetrübt, und der Stadtrat führte des Öfteren einen Kleinkrieg gegen den jeweiligen Fürstbischof. Im Vorfeld des Wiedertäuferaufstands, also zu Beginn der dreißiger Jahre des 16. Jahrhunderts, eskalierte der Streit. Zu dieser Zeit war Münster deutlich mehr als eine kleine Ansiedlung: Die Stadt umfasste über drei Quadratkilometer Fläche und war durch einen enorm starken doppelten Mauerring mit zehn Toren geschützt. Sie galt damals als militärisch uneinnehmbar.

Im Jahre 1530 begann der Kaplan Bernhard Rothmann in der St.-Mauritz-Kirche evangelisch zu predigen und löste damit einen Streit über die Einführung der Reformation aus. Einige wohlhabende Bürger finanzierten Rothmann daraufhin eine Reise nach Marburg, Wittenberg und Straßburg, den Zentren der Reformation. In Straßburg predigte der Täufer Melchior Hoffman über seine Vorstellung vom Weltende. Er hatte das Datum der Wiederkunft Christi auf das Jahr 1533 (1500 Jahre nach dem Kreuzestod Christi) festgelegt. Die Täufergemeinde der auserwählten Stadt Straßburg würde aber verschont werden, versprach er. Das löste einigen Aufruhr aus und gefiel den Ratsherren überhaupt nicht. Hoffmann wartete die Erfüllung seiner Prophezeiung nicht ab und floh nach Ostfriesland. Er muss sehr überzeugend gewirkt haben, denn in Emden ließen sich nach kurzer Zeit 300 Menschen taufen. Auch von hier musste er fliehen und missionierte in den Niederlanden. Vorläufig duldeten viele niederländische Städte die Mission der Täufer, und es entstanden diverse »melchioritische« Gemeinden. Die Zentralregierung bestand aber energisch auf der Verfolgung, und es kam in Leeuwaarden und Amsterdam zu ersten Hinrichtungen. Melchior Hoffman wies seine Anhänger Ende 1531 an, die Erwachsenentaufe zunächst einzustellen. Er ging nach Straßburg zurück, musste erneut fliehen und missionierte wieder in den Niederlanden. 1533 kehrte er nach Straßburg zurück, ließ sich einkerkern und erwartete im Gefängnis das Ende der Welt. Er starb 1543 nach zehn Jahren Haft. Seine Ideen und Schriften haben die Täufer-Gemeinden bis heute beeinflusst. Das galt auch für Münster, besonders für den »Propheten« Jan Matthys.

In Münster eskalierte derweil ein Streit zwischen dem katholischen Fürstbischof und den Gilden. Dabei ging es weniger um den rechten Glauben, sondern vorrangig um die Steuer- und Gerichtsprivilegien der Kleriker. Die vielen Klöster in der Region boten Handwerksleistungen an und zahlten dafür keinerlei Steuern. Das brachte die Handwerkergilden gegen den Bischof auf, und sie forderten eine Einschränkung der wirtschaftlichen Tätigkeit der Klöster. Es ging um Geld, nicht um Gott. Der Bischof Graf Franz von Waldeck dachte aber nicht ans Nachgeben. Im Oktober tauchten bischöfliche Truppen vor der Stadt auf und errichteten Straßensperren, um die Zufuhr von Nahrungsmitteln zu behindern. Am 25. und 26. Dezember überfielen Bürger der Stadt Münster die Stadt Telgte. Sie nahmen mehrere Domherren und bischöfliche Berater gefangen und brachten sie nach Münster. Am 14. Februar unterschrieben beide Seiten in Dülmen einen Friedensvertrag. Die Bürger würden ihre Gottesdienste in ihren Kirchen nach evangelischem Ritus, der Bischof die seinen im Dom nach katholischem abhalten. Die Neuwahl des Stadtrats Anfang März ergab eine deutliche Verschiebung der Gewichte zugunsten der Reformationsbefürworter. Faktisch war Münster jetzt evangelisch geworden. Damit hätte man sicherlich erst einmal leben können.

Wieder war es Bernhard Rothmann, der neuen Streit vom Zaun brach. Er verlangte plötzlich ausdrücklich die Erwachsenentaufe und sparte nicht mit Polemik gegen seine Widersacher. Der Rat versuchte zu vermitteln, aber die Lage blieb angespannt. Rothmann und seine Unterstützer wollten nicht nachgeben, und die Drohungen des Bischofs wurden immer deutlicher. Immerhin war die Erwachsenentaufe Ketzerei, und Rothmann hätte für seine Predigten zur Rechenschaft gezogen werden müssen. Erst nach langem Ringen einigten sich die Kontrahenten auf einen Kompromiss. Am 30. November 1533 setzte der Rat der Stadt eine neue Kirchenordnung in Kraft.

Kurz danach geriet der Täuferprediger Melchior Hoffman in arge Erklärungsnot: Er hatte das Ende der Welt für 1533 vorausgesagt, aber auch der Dezember verstrich, ohne dass etwas geschah. Sein Schüler Jan Matthys aus Haarlem in Holland, der sich auch Prophet Henoch nannte, wusste Rat: Das Weltende werde seiner Rechnung nach erst zu Ostern 1534 eintreten. Die ausgesetzte Erwachsenentaufe müsse sofort wiederaufgenommen werden, damit genügend Menschen gerettet werden konnten. Matthys sandte auch zwei Missionare nach Münster, die am 5. Januar 1534 dort ankamen. Bei Rothmann und seinen Anhängern rannten sie offene Türen ein. Mehrere hundert Menschen ließen sich taufen. Zweite weitere Missionare trafen am 13. Januar ein und fanden eine große Gemeinde Getaufter vor. Einer der beiden Missionare war der Schneidergeselle, Gastwirt und Laienschauspieler Jan Bockelson aus Leiden, genannt Jan van Leiden, wir werden noch von ihm hören. Die Täufergemeinde traf sich heimlich, ihre Mitglieder lehnten sowohl den katholischen als auch den evangelischen Glauben ab und wollten vorsichtshalber nicht zu sehr auffallen.

Aber schon nach zwei Wochen wusste der Landesherr Bischof Franz Bescheid. Am 23. Januar 1534 erließ er einen Fahndungsbefehl: Rothmann und einige andere seien ihm sofort auszuliefern. Wer sie schützte, machte sich strafbar. Das brachte den Rat und die Gilden in ein böses Dilemma: Der Bischof war zweifellos im Recht, aber jedes Nachgeben hätte ihre eigene Stellung geschwächt. Die Gilden schalteten auf stur und weigerten sich, überhaupt irgendjemanden auszuliefern. So beschloss der Rat als weiteren Kompromiss, die Täufer von nun an offiziell in der Stadt zu dulden. Das war ein Affront gegen den Bischof und ein Signal für die Täufer in der ganzen Region. Jan Matthys, der sich noch in Holland aufhielt, ließ überall verkünden, Münster sei das neue Jerusalem, wo Gott die Seinen versammeln wolle, wenn zu Ostern das Weltende komme. Nur dort würden sie vor dem Strafgericht über die Gottlosen sicher sein. Tausende Täufer strömten jetzt nach Münster, darunter viele Entwurzelte, Heimatlose und gescheiterte Existenzen.

Was hatte es mit dem sogenannten neuen Jerusalem auf sich? Nach der Logik von Melchior Hoffman und Jan Matthys sollte das neue Jerusalem nicht, wie in der Bibel (Off. 21) beschrieben, auf das alte herabsinken, weil Jerusalem in der Hand der Heiden war. Vielmehr werde Gott es dort erschaffen, wo seine Auserwählten zusammengekommen waren. Das werde am Ende der Zeit geschehen, also zu Ostern 1534. Die Ratsherren hatten jetzt ein echtes Problem: Unter dem Druck der Gilden hatten sie den Täufern Asyl gewährt und damit das Reichsrecht gebrochen. Den Gilden ging es, wie bereits erwähnt, nicht so sehr um den Glauben, sondern vorwiegend um die Behauptung ihrer Machtposition. Jetzt hatten sie sich aber verrannt, denn rechtlich war die Position der Stadt unhaltbar geworden.

Im Februar 1534 begann der Bischof Truppen auszuheben, um die Stadt unter Druck zu setzen. Die Truppen standen nicht etwa in der Stadt, denn Franz von Waldeck war zwar Fürstbischof von Münster, hielt sich aber nicht dort auf. Schließlich hatte er zusätzlich das Amt des Fürstbischofs von Osnabrück und des Administrators des Bistums Minden auszufüllen. Er vereinigte also beträchtliche Macht in seiner Hand, und die Bürger der Stadt Münster taten sich keinen Gefallen damit, ihn zu reizen. Andererseits konnte die schwer befestigte Stadt ihn aussperren, und das tat sie jetzt. Die Lage war außer Kontrolle geraten, Krieg lag in der Luft. Eine ganze Reihe von Bürgern zog es vor, Münster zu verlassen, solange die Straßen noch offen waren. Einer der Honoratioren, der Syndikus von der Wyck, fiel dabei dem Bischof in Hände. Der Rat ersuchte um seine Freilassung, aber es war bereits zu spät, der Bischof hatte ihn ohne Gerichtsverfahren hinrichten lassen. Obwohl viele Bürger flohen, stieg die Einwohnerzahl der Stadt stetig an. Aus dem ganzen Münsterland kamen Täufer, weil der Bischof angeordnet hatte, alle ketzerischen Täufer und ihre Helfer verhaften zu lassen. Auch aus den Niederlanden (die damals noch zum Reich gehörten) pilgerten immer mehr Täufer nach Münster, um beim bevorstehenden Weltende geschützt zu sein. Die turnusmäßige Ratswahl am 23. Februar ergab einen Erdrutschsieg für die Unterstützer der Täufer (obwohl die Zugezogenen kein Wahlrecht hatten). Der Tuchhändler und Täufer Bernd Knipperdollinck erhielt einen der Bürgermeisterposten. Um diese Zeit erschien auch der selbsternannte Prophet Jan Matthys in Münster und übernahm die Führung der Wiedertäufer.

Ende Februar begannen die Kampfhandlungen. Der Bischof ließ Straßensperren errichten. Die Täufer gingen derweil daran, im Dom religiöse Bilder, Altäre, die Orgel und die Astronomische Uhr zu zerschlagen. Wertvolle Dinge trugen sie ins Rathaus, um sie der Stadt zur Verfügung zu stellen. Eigentlich hatten die meisten Wiedertäufer friedlich das Weltende erwarten wollen, aber jetzt rief Jan Matthys sie auf, sich zu bewaffnen. Am 27. Februar 1534 forderten bewaffnete Täufer alle Bürger auf, entweder die Taufe anzunehmen oder die Stadt zu verlassen, allerdings ohne Gepäck oder Proviant. Wer sich nicht bekehren lassen wolle und die Stadt verlasse, werde bei dem nahen Weltende Gottes Zorn zu spüren bekommen, verkündeten sie drohend. Das Wetter passte dazu: Es regnete in Strömen.

Mit dem Befehl »Taufe oder Flucht« überschritten die Wiedertäufer die Schwelle von der friedlichen christlichen Sekte zu einer Kampfgemeinschaft. Glauben kann man nicht erzwingen, und die Loyalität der so in die Gemeinschaft Aufgenommenen blieb zweifelhaft. Etwa 2000 Einwohner verließen die Stadt, ungefähr 2300 ließen sich taufen, davon 2000 Frauen und 300 Männer. Viele Bürgerfrauen waren zurückgeblieben, um ihre Habe zu bewachen, während die Männer flohen. Das machte durchaus Sinn, denn Männer konnten zum Waffendienst oder zu schweren Schanzarbeiten herangezogen werden. Sollte der Bischof wirklich die Stadt stürmen, würde er die Männer niedermetzeln lassen. Frauen hatten einfach die besseren Chancen. Natürlich wäre es auch möglich, dass die Frauen für die Donnerpredigten der Täuferpropheten empfänglicher waren. Wir wissen es nicht. Ohnehin glaubten die meisten, dass der Spuk nach wenigen Tagen vorüber wäre. Tatsächlich sollte die Belagerung aber fast 16 Monate andauern.

Den ganzen März über strömten weitere Wiedertäufer in die Stadt, um vor den Schrecken des Weltendes geschützt zu sein. Der Bischof behinderte weder die Flucht noch den Zuzug. Entweder hatte er noch nicht genügend Truppen gesammelt, um den Belagerungsring zu schließen, oder er kalkulierte, dass die Stadt umso schneller ein Versorgungsproblem bekommen würde, je mehr Menschen hineinströmten. Möglicherweise war er auch ein ebenso schlechter Stratege wie Menschenkenner. Ab März war der selbsternannte Prophet Jan Matthys der eigentliche Herrscher der Stadt. Er ging vermutlich davon aus, dass er die Stadt nur bis zum 5. April, dem Ostersonntag, halten musste, denn für diesen Tag erwartete er ja das Jüngste Gericht. Bis dahin herrschte er rabiat: Die protestierenden Ratsherren und Aldermänner ließ er verhaften und drohte ihnen Gottes Zorn an. Einen Mann, der seine prophetische Gabe in Frage stellte, tötete er mit eigenen Händen. Der Rat machte sich derweil daran, die Stadtbefestigungen instand setzen zu lassen. Die Bürgermeister kontrollierten den Wachdienst, ihrerseits bewacht von Jan van Leiden. Bischof Franz aber ließ sich Zeit. Im März ließ er keinen Angriff auf die Stadt versuchen.

Jan Matthys befahl unterdessen, die Essensvorräte der Geflüchteten und der Klöster zu beschlagnahmen. Die verbliebenen Einwohner und Zuwanderer sollten alles Geld und Edelmetall abliefern, damit es zentral verwaltet werden konnte. Die Urgemeinden hätten schließlich auch kein Geld gebraucht, ließ er verlauten. Offenbar besaßen die Urgemeinden auch keine Musikinstrumente, Notenblätter, Spielkarten, Würfel oder Bücher außer der Bibel. Jedenfalls war das alles abzugeben. Die Stadt müsste »gereinigt« werden, erklärte Matthys alias Prophet Henoch. Der Ostersonntag kam und Christus blieb aus. Jan Matthys unternahm mit wenigen Getreuen einen Ausfall aus der Stadt. Die bischöflichen Landsknechte ließen sich die Gelegenheit nicht entgehen und fielen über die kleine Truppe her. Matthys wurde getötet und vor den Augen seiner Anhänger grausam verstümmelt. Hatte er auf göttliche Hilfe vertraut? Hielt er sich vielleicht für unbesiegbar? Oder glaubte er, die Prophezeiung erfüllen zu müssen, nach der der Prophet Henoch eines gewaltsamen Todes sterben musste, bevor Christus wiederkehren konnte? Letztlich weiß es niemand. In jedem Fall ließ er die Einwohner von Münster entsetzt und führerlos zurück.

Dies war die große Stunde des Jan van Leiden. Er konnte offenbar gut predigen und war in den vergangenen Monaten zu einem der engsten Vertrauten von Jan Matthys aufgestiegen. Noch am Osterabend sprach er der Gemeinde Mut zu. Außerdem verkündete er, eine Offenbarung habe ihm schon vor einer Woche Jan Matthys Tod angezeigt und ihn selbst zu dessen Nachfolger bestimmt. Und er habe erfahren, dass von Münster aus die Heilung des Erdkreises erfolgen solle. Die Gemeinde werde dabei eine wichtige Rolle spielen. Vom nahen Weltuntergang war nicht mehr die Rede. Das kam gut an, und Jan van Leiden wurde zum neuen Anführer gewählt.

Wenn Bischof Franz angenommen hatte, dass verrückte Prediger keine Stadtverteidigung organisieren könnten, so hatte er sich geirrt. Die Wiedertäufer machten seinen Truppen das Leben reichlich sauer, und zu allem Überfluss missionierten sie unter seinen Landsknechten. Eine beträchtliche Anzahl von ihnen ließ sich von den aus der Stadt geschmuggelten Flugblättern überzeugen und lief über. Die Verteidiger hatten die Helme von einigen Kirchtürmen geschlagen und nutzten die Stümpfe als Kanonenbasis. Damit erhöhten sie die Reichweite der Kugeln und zwangen die Belagerer zu lästigen Umwegen und steter Vorsicht. Bei einem Ausfall brannten sie in Wolbeck einen Stützpunkt des Bischofs nieder. In der Stadt sicherte Jan van Leiden derweil seine Macht. Er verlieh sich offiziell das Amt des Propheten und löste den Stadtrat durch einen »Rat der 12 Ältesten« ab. Dieses Gremium wurde nicht gewählt, vielmehr ernannte Gott die Mitglieder selbst, indem er dem Propheten Jan van Leiden die Namen offenbarte. Ferner führte er für eine lange Liste von Vergehen die Todesstrafe ein.

Bischof Franz hatte bereits im März feststellen müssen, dass Kriege teuer sind. Er hatte Kriegsanleihen aufgenommen und Kriegssteuern eingeführt. Einige benachbarte Landesherren spendeten Geld, Geschütze oder Pulver. Trotzdem war sein Truppenaufgebot alles andere als überzeugend. Ab dem 21. Mai 1534 ließ er die Stadt beschießen, aber ein Sturmangriff scheiterte an der Disziplinlosigkeit einiger betrunkener Söldner. Der Bischof verlor 200 Mann, die Täufer gaben ihre Verluste mit 50 Kämpfern an. Eine Wiederholung des Angriffs erwies sich als unmöglich, weil die Truppen sich weigerten, noch einmal vorzurücken. Damit war abzusehen, dass die Einnahme der Stadt länger andauern würde als erwartet. Die Täufer sahen die Entwicklung als erneutes Zeichen Gottes an.

Wenige Wochen nach dem Angriff beschloss der »Rat der Ältesten«, dass ein Mann ab sofort beliebig viele Frauen nehmen durfte. Die Frauen, so predigten die Führer der Bewegung, seien den Männern untertan, und schließlich hätten die alttestamentarischen Patriarchen auch mehrere Frauen gehabt. Eine Frau durfte hingegen nicht mit mehreren Männern verkehren, das war Hurerei und bei Todesstrafe untersagt. Die Vielehe, so erklärten die Prediger, diene keineswegs zur Befriedigung der Lust, sondern nur der Vermehrung. Es könnte ja sein, dass eine Frau unfruchtbar war. Außerdem würde ein Mann mit mehreren Frauen nicht die Frau seines Nächsten begehren, denn wenn eine seiner Frauen unpässlich war, hätte er schließlich genügend Auswahl. In der belagerten Stadt lebten deutlich mehr Frauen als Männer, so dass dieses Edikt durchaus sinnvoll sein konnte. Andererseits zeigte es, wie selbstherrlich die Führung der Täufer inzwischen regierte.

Selbst innerhalb der Stadt blieb das Edikt umstritten und führte zu einem Aufstand von 100 bis 200 Mann, der aber so ungeschickt ausgeführt wurde, dass die Führer der Täufer ihn niederschlagen konnten. 47 Beteiligte ließen sie hinrichten. Ende August versuchte der Bischof erneut, die Stadt einzunehmen, aber die Täufer schlugen seine Truppen ein weiteres Mal zurück. Sie ließen verlauten, sie hätten bei eigenen Verlusten von 16 Mann 3000 Angreifer getötet, eine offensichtliche Übertreibung. Die Täufer hielten diesen Sieg für ein sicheres Zeichen, dass sie Gottes auserwähltes Volk waren.

Jan van Leiden ließ sich zum »König auf dem Stuhl Davids« ausrufen. Nach unterschiedlichen Versionen ließ er seine Berufung entweder von einem zweiten Propheten bestätigen oder stützte sich ausschließlich auf eine eigene Offenbarung. Die Idee trug er wohl schon eine Weile mit sich herum, denn er ernannte sofort eine Reihe von Beratern, die Bernhard Rothmann von einer vorbereiteten Liste ablas. Schon damals erschien die militärische Lage beinahe aussichtslos, aber der selbsternannte König und seine Berater sollten die Stadt noch ein Jahr lang halten. Das neue Führungsgremium setzte sich wie folgt zusammen: Bernd Knipperdollinck wurde zum »Statthalter« ernannt, Rothmann zum »Worthalter«, Heinrich Krechting zum Kanzler, der ehemalige Bürgermeister Tilbeck zum Hofmeister. Bernd Krechting, Hinrich Redeker, Gerd Reininck und Gert tom Kloister durften sich »Räte des Königs« nennen.

148 Personen benannte die »Hofordnung«, davon nur noch 66 aus Münster, der Rest von auswärts. Das war kein Wunder: Die Münsteraner konnten auf Amnestie hoffen, wenn der Bischof die Stadt einnahm, die Einwanderer aber nicht. Für den Bischof waren sie nutzlos, während er Münster ohne die Ratsfamilien kaum regieren konnte. Die Auswärtigen mussten also kämpfen, wenn sie überleben wollten, deshalb konnte Jan van Leiden unbedingt auf sie zählen. Die Führung der Täufer hatte ihr Leben auf jeden Fall verwirkt, der Bischof würde sie unter keinen Umständen begnadigen. Ihr blieb nur die Hoffnung, dass der Bischof sich aus Geldmangel zu Verhandlungen bequemen würde.

Der selbsternannte König Jan van Leiden ging daran, sich mit allem Prunk auszustaffieren. Er beschlagnahmte einen der schönsten Domherrenhöfe am Domplatz und nannte ihn »Berg Zion«. Seine vier (später 16) Frauen bezogen das Nachbarhaus. Natürlich gehörten auch schöne Kleider, Schmuck, Reichsinsignien und edle Pferde zur Ausstattung. Ursprünglich waren die meisten Täufer friedliche Menschen, die versuchen wollten, die christlichen Urgemeinden nachzuleben. Was Jan van Leiden jetzt trieb, hatte damit nichts mehr zu tun. Aber um Erklärungen war die Herrscherclique auch jetzt nicht verlegen. Rothmann, der neu ernannte »Worthalter«, schrieb einen Bericht über die Ereignisse, der bis heute erhalten ist. Danach musste im neuen Jerusalem erst das Reich Davids wiederhergestellt werden, damit ihm der neue Salomo nachfolgen könne, und das werde niemand anders als Christus selbst sein. Jan van Leiden gab also vor, nur das Königreich Gottes auf Erden vorzubereiten. Wie aber passte diese große Aufgabe mit den Belagerungstruppen vor den Toren zusammen? Ganz einfach: Erst einmal stand eine Zeit der Leiden und Prüfungen an. Für die Münsteraner war es gesünder, an dieser gewagten Interpretation der Bibel keine Zweifel anzumelden. Die Beauftragten Gottes würden den Gottlosen ab sofort ihre gerechte Strafe zukommen lassen, drohten die Täuferführer. Die Einwohner der Stadt mussten also wenigsten so tun, als ob sie die seltsamen Erklärungen glaubten. Andererseits werden viele sich daran geklammert haben, dass Gott tatsächlich bald kommen werde, um sie zu erlösen.

Rothmann verfasste eine missionarische Schrift, mit der neue Verbündete in der näheren Umgebung gewonnen werden sollten. 27 »Apostel« gingen hinaus in alle Welt – und wurden fast überall sofort verhaftet. Nur in Warendorf fand einer von ihnen überhaupt Gehör, aber Franz von Waldeck erzwang seine Auslieferung. Einer der »Apostel« mit Namen Heinrich Graes rettete sich, indem er sich zu Spitzeldiensten bereiterklärte, die Übrigen wurden hingerichtet.

Jetzt schickten die Wiedertäufer Sendboten zu den Täufergemeinden in Holland mit der Bitte um Unterstützung. Rothmann hatte ein neues Schreiben verfasst: *Ein tröstlicher Bericht von der Wrake* [Rache]. Darin rechnete er vor, dass die Endzeit angebrochen war. Und wie in der Johannesoffenbarung beschrieben, sei jetzt, kurz vor der Erlösung, die Not am größten. Er rechtfertigte auch das aggressive Vorgehen gegen »Gottlose«. Der von Gott ernannte König David habe die Aufgabe, das Gericht vor der Ankunft des Herrn zu vollziehen. Der Text war ausgiebig mit Bibelstellen garniert, um jeden Widerspruch im Keim zu ersticken. In der Tat machten sich in Holland mehrere Gruppen auf, um den Glaubensbrüdern in Münster zur Hilfe zu eilen, aber keine davon erreichte die Stadt. Die Fürsten waren vorsichtig geworden und gingen entschlossener gegen die Täufer vor.

Der bischöfliche Spion Heinrich Graes war inzwischen nach Münster zurückgekehrt und erzählte dort eine phantasievolle Geschichte von seiner wunderbaren Rettung. Man glaubte ihm unbesehen, und es gelang ihm sogar, das Vertrauen des selbsternannten Königs zu gewinnen. Er erbot sich, Hilfe heranzuholen, schwatzte dem »König« 200 Goldgulden ab, verließ Münster und erstattete dem Bischof Bericht.

Bischof Franz von Waldeck hatte nach den misslungenen Versuchen, die Stadt einzunehmen, immer größere Schwierigkeiten, seine Söldner zu bezahlen. Einige Fürsten hatten ihm Hilfe und Kredite zugesagt, aber das Geld traf nur sehr zögerlich ein. Erst im Dezember 1534 bewegte er die drei nächstgelegenen der zehn Reichskreise zur Übernahme der Kriegskosten. Das wäre ein großer Erfolg gewesen, hätten die Kreise den Finanzbedarf nicht lächerlich niedrig angesetzt. So blieb der Bischof auch weiterhin auf einem Großteil der Kosten sitzen. Dummerweise hatte er aber weit reichende Rechte an die Reichskreise abgeben müssen, unter anderen das zur Bestellung eines Oberbefehlshabers, der den Reichskreisen verantwortlich war. Im April 1535 entschied die Versammlung der Reichsstände, dem Bischof finanziell unter die Arme zu greifen. Aber auch dieses Geld tröpfelte nur sehr langsam herein.

Der neue Oberbefehlshaber sorgte erst einmal für die Abriegelung der Stadt. Anfang April kamen tatsächlich keine Lebensmittel oder Entsatztruppen mehr zu den Täufern durch. Praktisch sofort begannen die Einwohner von Münster zu hungern; offenbar hatten die Täufer keine nennenswerten Lebensmittelvorräte angelegt. Immer wieder versuchten Gruppen von Menschen aus der Stadt zu flüchten. Die Belagerer zeigten sich jetzt unnötig rachsüchtig: Sie machten die Männer sofort nieder, Frauen und Kinder trieben sie zurück. Weil die Täufer sich weigerten, Flüchtlinge wieder in die

Stadt zu lassen, verhungerten viele Menschen zwischen den Linien. In der Stadt herrschte jetzt der blanke Terror. Hinrichtungen waren an der Tagesordnung. Im Mai ging der Stadt endgültig das Brot aus und immer mehr Menschen flohen.

Der Bischof geriet in Verlegenheit, denn er hatte Angst, die Flüchtlinge würden ihre ketzerische Überzeugung in der ganzen Gegend verbreiten. Schließlich ließ er die geflüchteten Frauen in einem Lager unterbringen. Sie mussten abschwören und durften gehen, sofern Verwandte sich für sie verbürgten. Wer nicht abschwor, wurde hingerichtet. Am 24. Juni gelang es den Belagerern endlich, mit Hilfe von Überläufern eine Schwachstelle in der Verteidigung auszunutzen und in die Stadt einzudringen. Drei Tage dauerten die Kämpfe. Etwa 650 Täufer kamen dabei um. Der Bischof strich der Stadt das Privileg der Selbstverwaltung, von nun an setzte er den Rat der Stadt per Dekret ein. Die Gilden ließ er auflösen. Drei Anführer der Täufer, Jan van Leiden, Heinrich Krechting und Bernd Knipperdollinck, wurden im Januar 1536 zum Tode verurteilt und hingerichtet. Vier Stunden lang marterte sie der Scharfrichter mit glühenden Zangen, bis er sie endlich erdolchte. Die Hinrichtungsmethode erscheint uns heute außerordentlich grausam, entsprach aber der damaligen Rechtsordnung. Ihre Leichen wurden in eiserne Käfige gelegt und zur Abschreckung am Turm der Marktkirche, der Lambertikirche, aufgehängt. Nachbildungen der Käfige hängen dort noch heute.

Schlussfolgerungen aus dem Täuferaufstand

Das Wiedertäuferreich in Münster entstand aus einer einmaligen Konstellation von äußeren Umständen. Dabei ging es nicht einmal vorrangig um den Glauben: Die Gilden in Münster wollten den Konflikt um die Täufer als Hebel benutzen, um ihre wirtschaftlichen Forderungen gegen den Fürstbischof durchzusetzen. Offenbar hatten beide Seiten die schnelle Eskalation der Situation unterschätzt. Als der Rat der Stadt auf Druck der Gilden beschloss, die

Täufer nicht zu verfolgen, setzte er eine Kaskade von Ereignissen in Gang, die er nicht mehr beherrschen konnte. In Münster hatte wohl niemand damit gerechnet, dass die Täuferprediger in Holland Münster sofort zum neuen Jerusalem erklären und ihre Anhänger auffordern würden, sich dort zu versammeln, um beim Weltgericht verschont zu werden. Hätte der Fürstbischof entschlossen gehandelt und den Zuzug verhindert, hätte sich der Rat wahrscheinlich mit ihm auf einen Kompromiss geeinigt. So aber trug die zögerliche Kriegsführung des Landesherrn zur weiteren Verschärfung der Lage bei.

Die von den Täufern und vom Bischof erzwungene strikte Absonderung von der Außenwelt führte zu einer weiteren ideologischen Verhärtung. Die Anführer und die überzeugten Anhänger der Täufer hatten bei einer Niederlage oder bei einem Kompromissfrieden nur noch die Todesstrafe zu erwarten. Das schloss jede Verhandlungslösung aus.

Marxismus-Leninismus

> Der marxistische Kommunismus … ist ein Experiment, von dem wir lernen, wie leicht die, die sich anmaßen, den Himmel auf Erden zu verwirklichen, die Hölle verwirklichen können.
>
> Karl Popper, *Auf der Suche nach einer besseren Welt,* Seite 240

In der Religion ist die Erschaffung des Paradieses eine göttliche Aufgabe. Menschen wären damit überfordert. Aber im 19. Jahrhundert meinten plötzlich einige Philosophen und Revolutionäre, sie hätten den Weg ins irdische Paradies gefunden. Die Vergesellschaftung des Eigentums an Produktionsmitteln und die vollständige staatliche Kontrolle über die Herstellung und Verteilung aller Güter sollten für Gerechtigkeit und Wohlstand sorgen. Sozialismus nannten sie das. Das war eine schöne Theorie, aber würde sie auch der Praxis standhalten? Der Marxismus-Leninismus, die Staatsideologie der untergegangenen Sowjetunion und ihrer Satellitenstaaten beanspruchte, dies wissenschaftlich beweisen zu können. Der Sozialismus, konsequent durchgeführt, sollte zum Kommunismus führen, einer idealen Gemeinschaft, in der jeder nach besten Kräften mithilft, die Menschen sich freiwillig die Arbeit teilen und keiner mehr nimmt, als ihm zusteht. Damit ist das Ende der Geschichte erreicht, denn die Menschen leben glücklich, frei und friedlich nach ihren Bedürfnissen.

Das erklärte Staatsziel der sozialistischen Staaten war es, diesen paradiesischen Zustand herbeizuführen. In Kuba und Nordkorea gilt das heute noch, wobei Nordkorea eine eigene nationale Variante des Marxismus-Leninismus eingeführt hat (*Chuch'e*), die das Führerprinzip festschreibt. Die Volksrepublik China hat ihre Verfassung in den letzten Jahren vorsichtig modernisiert und alle Heilsversprechen gestrichen.

Die Notwendigkeit des Himmels auf Erden

Karl Marx (1813–1883), der bekannteste unter den sozialistischen Theoretikern, ging von einer notwendigen geschichtlichen Entwicklung hin zum Kommunismus aus. Er träumte davon, die kommenden gesellschaftlichen Umwälzungen selbst einzuleiten und sah sich weniger als Philosoph denn als Revolutionär. »Die Philosophen haben die Welt nur verschieden interpretiert; es kömmt drauf an, sie zu verändern«, schrieb er.

Marx entlieh die Grundlagen seiner Heilsvorstellungen beim Philosophen Hegel (1770–1831). Der genoss im 19. Jahrhundert einen herausragenden Ruf, ja, er galt als der wichtigste deutsche Denker seiner Zeit. Und wie es bei deutschen Denkern gelegentlich vorkommt, war sein Werk umfangreich und schwer verständlich. Marx sah sich als legitimer Nachfolger des großen Philosophen, mehr noch, er wollte Hegels Ideen zurechtrücken und korrigieren. Er bezeichnete sich selbst als umgestülpten Hegelianer. Was meinte er damit? Hegel sah die gesamte Welt als Ausfluss des Geistes. Die Materie folgt dem Geist, der Geist ist frei, er erfindet die Welt. Marx sah das umgekehrt: Die Materie bestimmt den Geist, oder in seinen eigenen Worten: »Das Sein bestimmt das Bewusstsein.« Die Beziehung des Menschen zu seiner materiellen Umwelt, und hier wiederum speziell zu den Produktionsverhältnissen, war Ausgangspunkt seiner Philosophie. Unter »Produktionsverhältnissen« verstand Marx die Art und Weise, in der die Herstellung von Gütern und Dienstleistungen organisiert ist. Die geistige Welt sei nachrangig, auch die Religion sei ein Ausdruck der Lebensverhältnisse. Sie sei das »Opium des Volkes«, der Rausch, mit dem es sich über seine triste Situation im Diesseits hinwegtröstet. Ein Jenseits gibt es nach Marx natürlich nicht, und so ist Religion eine Illusion. Zur Charakterisierung der Produktionsverhältnisse seiner Zeit geht Marx davon aus, dass die Kapitalisten die Arbeitskraft der »Lohnabhängigen« billigst einkaufen, um dann Dinge zu produzieren, die einen höheren Wert haben als die Summe der geleisteten Arbeit. Den so erwirtschafteten Mehrwert stecken sie ein. So einfach ist das natürlich nicht: Unternehmer haben Kosten (Lohn, Produktionsmittel, Rohstoffe, Materialverschleiß, Werbung, Transport) und müssen versuchen, durch den Verkauf ihrer Produkte diese Kosten wieder hereinzuholen. Dabei kann ebenso gut ein Minderwert entstehen, der auf Dauer zur Zahlungsunfähigkeit führt. Aber Marx betrachtete nur die positive Seite und prophezeite, dass die Kapitalisten immer mehr Geld ansammeln, während die Massen immer mehr verelenden und so zum Proletariat[11] werden. Aufgabe der Sozialisten ist es, den Massen ihre Situation vor Augen zu führen und sie damit zu klassenbewussten Proletariern zu machen. Dadurch entsteht ein Gegensatz, ein Widerspruch, der nach Auflösung strebt. Das Konzept des Widerspruchs, von These und Antithese, stammt von He-

---

11 Gemeinschaft der Proletarier, der Besitzlosen, von lat. Proles = die Nachkommen. Im antiken Rom Bezeichnung für Menschen, die keinen anderen Besitz als ihre Kinder hatten.

gel. Er sah den geistigen Fortschritt als eine Folge von Thesen, die wiederum eine Antithese nach sich ziehen. Der menschliche Geist ist mit keiner These zufrieden, er ersinnt auch die Umkehrung, die Negation, die Antithese. Daraus entwickelt sich dann eine *Synthese,* eine Höherentwicklung der ursprünglichen These unter Einbeziehung der Bedenken aus der Antithese. Jetzt beginnt der Kreis von neuem, denn auch die höhere These gebiert wiederum eine Antithese.

Marx wandte dieses geistige Prinzip auf die Produktionsverhältnisse an. Es sei die Aufgabe der Sozialisten, dem Proletariat den Widerspruch zwischen Kapital und Arbeit klarzumachen, ihm den Trost der Religion und aller anderen Ablenkungen zu nehmen, damit es revoltieren und den Widerspruch beseitigen könne. Die Synthese bestehe in der Aufhebung des Gegensatzes zwischen Kapital und Arbeit. Marx sah diese Entwicklung als historische Notwendigkeit, als unabwendbar kommenden Fortschritt. Die Argumentation in seinen philosophischen Werken betrachtete er als den wissenschaftlichen Beweis dieser Idee. Marx sieht auch einen neuen Menschen entstehen. Im Kapitalismus arbeitet der Mensch nur, um Geld zu verdienen, und nicht, weil ihn seine Arbeit befriedigt. Damit ist er der Arbeit entfremdet. Im Kommunismus aber soll jeder frei sein, das zu tun, was ihm liegt. Und dem neuen Menschen, davon war Marx überzeugt, werde immer die Arbeit gefallen, die seine kommunistische Gemeinschaft gerade brauche. Gemeinschaft und Individualität fielen im Kommunismus zusammen, damit werde es auch keine Regierungen mehr geben, weil alle mit Freude ihren Teil zum Blühen der Gemeinschaft beitrügen.

Wie das genau zu bewerkstelligen war, wusste Marx auch nicht, andererseits erwartete er den Sozialismus und in der Folge den Kommunismus in den nächsten Jahrzehnten. Und in der Tat entstand schon 1917 in Russland der erste erklärtermaßen sozialistische Staat. Wladimir Iljitsch Uljanow, genannt Lenin, war der erste Sozialist, dem ein Staatsstreich gelang. In der Oktoberrevolution des Jahres 1917 beseitigte seine Partei, die Bolschewiki, die noch junge russische Republik. Sie stürzten nicht, wie viele Menschen glauben, den russischen Zaren. Tatsächlich war Zar Nikolaus II. bereits im Februar 1917 entthront worden, aber die neu entstandene Republik hatte keine wirksame Regierungsarbeit gestalten können.

Sie hatte einen denkbar schlechten Zeitpunkt für den Umsturz gewählt: Russland stand seit 1914 im Ersten Weltkrieg. Nach anfänglichen Erfolgen gegen die Deutschen und Österreicher erlitt die russische Armee empfindliche Niederlagen und musste sich ab 1915 immer weiter zurückziehen. Das marode Zarenregime vermochte weder die Versorgung der Bevölkerung sicherzustellen noch die Auflösung der Armee abzuwenden. In den zurückliegenden Jahrzehnten hatte sich auch im Agrarstaat Russland ein städtisches, für revolutionäre Parolen empfängliches Proletariat gebildet. Der Krieg verschärfte die Gegensätze, denn die ungeheuren Kosten verursachten eine Wirtschafts- und Versorgungskrise. Die anfängliche nationalistische Kriegsbegeisterung schwand mit den militärischen Niederlagen. Als die bürgerliche Regierung im Februar 1917 den Zar stürzte, übernahm sie mitten in einem fast verlorenen Krieg ein abgewirtschaftetes Land.

Sie wurde den großen Erwartungen nicht gerecht und blieb umstritten. Das spielte Lenin in die Hände, als er sich mit einem gewaltsamen Staatsstreich im November 1917 zum Diktator aufschwang. Er schloss zunächst einen unvorteilhaften Frieden mit Deutschland, um seine Macht im Innern konsolidieren zu können. Erst nach einem drei Jahre währenden Bürgerkrieg konnten die Bolschewiki, die sich jetzt Kommunisten nannten, ihre Herrschaft über das nunmehr völlig verwüstete Land sichern. 1922 rief die kommunistische Partei den neuen russischen Staat aus: die *Union der sozialistischen Sowjetrepubliken (UdSSR). Sowjets* nannten sich Soldaten- und Arbeiterräte der frühen Revolutionszeit. Ihr tatsächlicher Einfluss war aber bereits bei der Gründung der Sowjetunion gegenüber der kommunistischen Partei eher gering, de facto war der Sowjet-Staat von Anfang an eine Diktatur.

Unter den Intellektuellen der westlichen Welt kam der Kommunismus zu Beginn des 20. Jahrhunderts groß in Mode. Die Errichtung des irdischen Paradieses durch die »Aufhebung des Gegensatzes zwischen Kapital und Arbeit« galt als Evangelium, die Intellektuellen sahen sich als Avantgarde der Arbeiterklasse. Darum begrüßten viele von ihnen die Machtübernahme der Kommunisten in Russland als Beginn der längst fälligen Weltrevolution. Marx hatte vorgegeben, dass erst nach einer erfolgreichen sozialistischen Revolution in *allen* industriell entwickelten Staaten ein weiterer Fortschritt in Richtung kommunistisches Paradies möglich sei. Lenin hatte den Startschuss gegeben, und viele Intellektuelle hofften, dass jetzt überall in der Welt die Arbeiter aufstehen würden. Marx und Lenin ergänzten sich perfekt: Marx hatte die theoretische Grundlage der Revolution begründet, und Lenin strukturierte die Durchführung. Er forderte dabei, dass die revolutionären Kader sich vollständig in den Dienst der Partei stellten, die Befehle der Führung vorbehaltlos ausführten und ständig daran arbeiteten, jeden ketzerischen Gedanken aus ihrem Kopf zu verbannen. Tag und Nacht sollten sie sich dem Wohl der Werktätigen widmen. Die Einheit der Partei war das höchste Gut; jede Abweichung war verwerflich. Das von Lenin vorgegebene Ideal der Partei glich dem einer Sekte, mit ihm selbst als oberstem Guru. Lenin befahl, Feinde und Renegaten ohne Gnade zu eliminieren. Kulaken (Großbauern) und reiche Bürger waren zu töten. Faule Arbeiter waren zu töten. Priester, Mönche, Nonnen und unbelehrbare Gläubige waren zu töten. Wissenschaftler und Techniker wurden noch gebraucht und waren deshalb lediglich einzuschüchtern. Lenin sah seine Partei als Vorhut der Arbeiter und Kleinbauern. Dennoch waren seine Versuche, diese Gruppen für die Revolution zu gewinnen, nicht sonderlich erfolgreich. Wo sie scheiterten, setzte er rücksichtslos Gewalt ein, denn Nachgeben kam für ihn nicht in Frage. Lenin starb nach einer Serie von Schlaganfällen im Januar 1924 im Alter von erst 53 Jahren. Der Georgier Josef Stalin gewann den Machtkampf um seine Nachfolge und führte die Sowjetunion vollends in eine blutige Diktatur. Anders als Lenin kümmerte er sich nicht mehr um die Entwicklung des internationalen Sozialismus, sondern propagierte den *Sozialismus in einem Land.* Das Eigentum an Produktionsmitteln, Industrieanlagen oder Grund und Boden ließ er verbieten. Auch die Verteilung von Waren lag ausschließlich in der Hand des Staates. Niemand sollte sich mehr am Kauf oder Verkauf bereichern können. Die Bauern wurden enteignet und ihr Land zu großen, gemeinschaftlich bewirtschafteten Einheiten, den Kolchosen, zusammengefasst. Fünfjahrespläne gaben die Entwicklung der Wirtschaft vor. Nach offizieller Propaganda gehörte alles dem Volk, und die Partei als Vorhut des Volkes hatte die schwere Aufgabe, das Volkseigentum zu verwalten und zu verteilen. Die Partei musste stets vereint auftreten, die Bildung von Fraktionen war strengstens verboten. Jeglicher Widerspruch gegen Stalins Anordnungen war deshalb untersagt. Wer protestierte, bildete eine Fraktion, und das konnte ihn zu Zeiten der »Säuberungen« schnell den Kopf kosten. Stalin ließ sich von der gleichgeschalteten Presse der Sowjetunion als Held feiern, als Vater des Fortschritts, als endzeitlicher Heilsbringer. Viele westliche Intellektuelle wollten das glauben und verschlossen die Augen vor seinen Massenmorden.

Die übrige Welt hatte sich nicht zum Sozialismus bekehrt, im Gegenteil: Ende der dreißiger Jahre herrschten nationalistisch-totalitäre Regime in Deutschland und Italien; Spanien und Portugal standen unter der Knute von Militärdiktatoren.

Die Weltrevolution war im ersten Anlauf in Russland steckengeblieben.

Glaubte Stalin wirklich an seine eigene Propaganda? Ist es überhaupt denkbar, dass ein Diktator Millionen von Menschen aushungern, deportieren oder ermorden lässt, um die Welt dem irdischen Paradies näher zu bringen? Stalins theoretisch-programmatische Schriften können uns diese Frage zumindest im Ansatz beantworten. Er beschreibt darin im Sinne von Marx die *Gegensätze* als treibende Kraft der gesellschaftlichen Entwicklung. Den *Kampf* sieht er als Wesen des Fortschritts. Um den Sozialismus zu erreichen, muss man den Kapitalismus nicht graduell überwinden, sondern die Gegensätze zwischen Kapital und Arbeit vertiefen, eine unversöhnliche proletarische Klassenpolitik betreiben, die eine wiederum vollständige Umwälzung erzeugt und so den Sozialismus herbeiführt.

Stalin sieht den gesellschaftlichen Fortschritt als Naturgesetz. Er begründet das so: Im Verhältnis von Geist und Materie hat die Materie Vorrang, die gesellschaftlichen Verhältnisse sind also materiell bestimmt. Im Bereich der Materie gelten die Gesetze der Physik, also folgt auch die gesellschaftliche Entwicklung den Naturgesetzen. Er schloss daraus, dass der Marxismus-Leninismus die Gesetze der gesellschaftlichen Entwicklung auf eine *wissenschaftliche* Basis gestellt habe. Wir müssen also davon ausgehen, dass Stalin tatsächlich annahm, sein Terrorregime werde die Welt dem Paradies näher bringen. In der Sowjetunion wollte ihm zu seiner Zeit niemand widersprechen.

Nach seinem Tode galt Stalin den meisten Sozialisten, auch seinem Nachfolger im Amt, als ein Mann, der die sozialistische Lehre zugunsten eines grausamen Personenkults pervertiert habe. Tatsächlich hat Stalin Lenins System weder zurechtgebogen noch zerstört, er hat es lediglich in aller Konsequenz weitergeführt. Bis zum inneren Zerfall des sozialistischen Experiments vertraten die Anhänger der marxistisch-leninistischen Lehre die Meinung, ihr Staatsverständnis beruhe auf wissenschaftlichen Grundsätzen und sei deshalb allen anderen Staatstheorien überlegen.

Nach dem Ende des Staatssozialismus

Die sozialistischen Staaten Europas sind zwischen 1980 und 1990 zerbröselt, nicht unter dem Ansturm ihrer Feinde, sondern als Folge ihrer inneren Widersprüche. Sie konnten ihr Versprechen, den Himmel auf Erden zu erschaffen, nicht einlösen, sie kamen ihm nicht einmal näher. Es gelang ihnen auch nicht, die junge Generation zu sozialistischen Menschen zu machen. Der neue sozialistische Mensch sollte von klein auf dazu erzogen werden, sich nahtlos ins

Kollektiv einzufügen, freudig für das Wohl der Gemeinschaft zu arbeiten und niemals zu versuchen, sich oder seiner Familie Vorteile auf Kosten anderer zu verschaffen. Dieser Mensch war trotz jahrzehntelanger sozialistischer Erziehung niemals aufgetaucht. Im Gegenteil: Der Machtmissbrauch und die Bestechlichkeit der Funktionäre nahmen eher zu als ab.

Die zeitgenössischen Sozialisten sind deshalb vorsichtiger geworden. Die Jungsozialisten in der SPD fordern in einem Thesenpapier des Bundesvorstands vom Juni 2008 nach wie vor die Überwindung des Kapitalismus. Sie halten aber auch fest: »Der realexistierende Sozialismus war gescheitert und eine Alternative zum Kapitalismus damit scheinbar diskreditiert.« Sie betonen, der Ruf des Sozialismus sei nur scheinbar, nicht wirklich beschädigt. Wie sieht ihre aktuelle Sozialismus-Vision aus?

»Den demokratischen Sozialismus zu erreichen, ist dauernde Aufgabe. Ihn exakt zu definieren, ist unmöglich.« Und: »Der demokratische Sozialismus ist also ein Ergebnis demokratischer Prozesse, das nicht vorweg bestimmt werden kann.«

Das ist alle andere als konkret. Aber im Thesenpapier finden sich immerhin die Grundideen der neuen Gesellschaft: Für die Welt soll eine neue Ordnung bestimmt werden. Männer und Frauen werden gleichberechtigt zusammenarbeiten, es soll kein Militär mehr geben, jegliche Unterdrückung und Ausbeutung hört auf.

Die Vorstellung vom sozialistischen Paradies auf Erden ist geblieben, aber sie ist wolkiger denn je. In dieses Paradies kann jeder eingehen, es steht nicht, wie im Christentum und im Islam, nur Gläubigen und Gerechten offen. Nach der traditionellen leninistischen Vorstellung entsteht das kommunistische Paradies erst nach einer Epoche des Sozialismus, einer klassischen Endzeit im religiösen Sinne. In dieser Periode von unbestimmter Dauer muss erst der sozialistische Mensch erzogen werden, für den individuelle und gesellschaftliche Bedürfnisse eins sind. Nur er wird das Paradies schaffen und bewohnen können. Die Jungsozialisten von heute möchten dagegen dem Paradies mit einer Reihe von Vorschriften und Verboten näher kommen, ohne jedoch genauere Angaben dazu zu machen, ob sich Menschen gegenwärtiger Prägung für den idealen Endzustand der Gesellschaft eignen. Bevor das Judentum die Vorstellung eines Weiterlebens nach dem Tode entwickelte, sahen die Paradiesvorstellungen der Propheten dem sozialistischen Ideal erstaunlich ähnlich. Materieller Wohlstand für alle, innerer und äußerer Frieden, ein idealer, von Gott gesegneter König, Gesundheit und langes Leben, verlässliches Wetter und kühle, saubere Flüsse kennzeichneten das neue und ewige Israel. Offenbar haben sich in den letzten zweieinhalbtausend Jahren die Sehnsüchte der Menschen nicht wesentlich geändert.

Marxismus als Religion

Die Priester einer politischen Religion glauben daran, das Heil aller Menschen durch die Festlegung aller Aspekte ihres Zusammenlebens zu erreichen. Dazu müssen sie die Gesellschaft in bestimmter Weise umbauen und die Menschen neu erziehen. Die genauen Richtlinien enthält das zentrale theoretische Werk, die jeweilige »Bibel« der aktuellen politischen Religion. Natürlich dürfen die Hüter des wahren Fortschritts nicht zulassen, dass Menschen oder Gruppen den Weg zum Paradies versperren oder auch nur kritisieren. Der Soziologe Klaus-Georg Riegel von der Universität Trier definiert die wichtigsten Eigenschaften einer politischen Religion sehr treffend so:

1. Die Forderung nach dem totalen Umbau der Gesellschaft. Das schließt die Ausschaltung der alten Eliten ein.
2. Der Glaube an das Primat der Politik, also das Recht der Politik, in alle Lebensbereiche einzugreifen.
3. Das Selbstverständnis der Führungsspitze und ihrer Jünger als moralische Elite. Die Elite ist unbedingt berechtigt, ihr Heilsversprechen durchzusetzen und die übrigen Menschen notfalls zur Mitarbeit zu zwingen.

4. Diese Elite beansprucht, dass ihre Lehren unbedingt wahr sind. Damit schließen sie aus, dass andere, ähnliche Lehren richtig sein könnten. Abweichler werden unnachsichtig verfolgt und bestraft.
5. Der Anspruch auf ausschließliche und unbedingte Wahrheit der Heilslehre führt zur Forderung nach weltweiter Missionierung.

Punkt 4, die Bildung der moralischen Elite, spricht Intellektuelle besonders an. Die Mitarbeit am irdischen Paradies adelt sie, mehr noch, sie sind berufen, die Masse der Unwissenden zu führen. Wenn eine Gruppe glaubt, sie besitze den Schlüssel zum Glück für alle Menschen, hat sie einen guten Grund, die gesamte Menschheit auf den rechten Weg zu bringen. Sie sind die Bewahrer und Missionare ihrer großen Sache. Was aber, wenn die Menschen sich nicht überzeugen lassen? Wer den Weg zum Glück kennt, muss zur Not die Menschen auch gegen ihren Widerstand auf den rechten Weg bringen. Hinterher werden sie es ihm ganz sicher danken. Priester einer weltlichen Religion handeln *für* die Menschen, nicht etwa *mit* ihnen. Wer für die Proletarier etwas erreichen will, muss sich nicht unter sie begeben, er muss nur ihre Interessen vertreten, und zwar ihre *wahren* Interessen, die er längst wissenschaftlich bewiesen sieht, von denen sie aber selbst vielleicht nicht einmal wissen. Wenn der Vorsitzende einer linken Partei für die Rechte der Armen eintritt, tut er das als Priester seiner säkularen Religion, nicht als Betroffener. Sein eigener, möglicherweise beträchtlicher Reichtum spielt da keine Rolle.

Die Sozialpsychologie der Endzeitsekten

Sind Endzeitsekten in jedem Fall gefährlich? Es gibt einige Beispiele dafür, wie etwa die japanische Aumsekte. Ihre Anhänger wollten das Weltende herbeiführen, indem sie in der U-Bahn in Tokio Giftgas freisetzten. 13 Menschen starben, mehr als 6000 erlitten Verletzungen. Nur mit viel Glück und durch ihre entschlossene Reaktion verhinderten die Sicherheitsbehörden in Japan eine schlimmere Katastrophe. Bei den Razzien gegen die Sekte stellte sich heraus, dass die Führungsgruppe bereits weitere Morde begangen hatte. Auf dem Gelände der Sekte fand man eine Fabrik zur Herstellung von Giftgas, Anleitungen für die Herstellung tödlicher Bakterien und Viren sowie Anlagen zur Herstellung von Schusswaffen. Damit wollte die Sekte den »letzten Krieg« auslösen, den allein ihre Anhänger überleben sollten.

Ist das aber typisch oder eine seltene Ausnahme? Werfen wir einen Blick auf die Sozialpsychologie der Endzeitsekten.

Endzeitsekten erwarten den Weltuntergang für alle Menschen, außer für sich selbst. Schon bald, so glauben sie, werde die Endzeit anbrechen, und nur sie selbst seien darauf vorbereitet. Dabei geht es nicht um kleine Veränderungen, sondern um *Erlösung* oder *Verdammnis* als ewige und unwiderrufliche Gerechtigkeit. Die vielen Grautöne zwischen Gut und Böse in der gegenwärtigen Welt weichen einem eindeutigen Kontrast von Licht und Finsternis. Das Glaubensbekenntnis lautet stets: Wir und die Unseren sind die Guten, alle anderen sind böse. Während die christlichen und islamischen apokalyptischen Gruppen die Erlösung von Christus bzw. Allah erwarten, übernehmen die Sozialisten selbst die Rolle der Erlöser: Sie führen nicht nur die eigene Gruppe, sondern auch die Proletarier, Arbeiter und Bauern, in ein kommunistisches Paradies.

Aus der Sicht der Sozialpsychologie steht dahinter das bekannte Phänomen, dass Menschen die Gruppe, der sie sich zugehörig fühlen, für besser halten als andere Gruppen. In einer Reihe von Studien hat der britische Sozialpsychologe Henri Tajfel nachgewiesen, dass Menschen ihre eigene Gruppe sogar dann für überlegen hielten, wenn sie während der Studie nach dem Zufallsprinzip zusammengesetzt wurde. In den Endzeitgruppen schaukelt sich dieses Phänomen bis zum Extrem auf. Es gibt nur noch *uns*, die Guten, und die *anderen*, die Bösen. An der bevorstehenden Abbruchstelle der Geschichte bekommen beide Seiten ihr endgültiges und gerechtes Urteil.

Halten wir fest: Zentrum des Endzeitglaubens ist der Wunsch nach dem plötzlichen Abbruch der gegenwärtigen Lebensverhältnisse mit einer nachfolgenden Belohnung der Guten und Bestrafung der Bösen. Dabei sehen sich die Gläubigen unbedingt aufseiten der Guten. Sie werden also sicher erlöst. Sie werden selbst zu Erlösern, wenn sie es schaffen, andere Menschen vor dem Weltende auf ihre Seite zu ziehen (Missionsgebot).

Wenn die Erlösung nahe ist, lohnt es sich, dafür zu kämpfen oder zu arbeiten. Viele Endzeitgruppen fordern deshalb von ihren Mitgliedern die Abkehr von ihrem bisherigen Freundeskreis oder sogar von ihrer Familie. Sie erwarten die totale Hingabe an die Gruppe, die Verbreitung der Heilslehre und eventuell auch die Aufgabe des weltlichen Besitzes. Weil das Weltende unmittelbar bevorsteht, ist das schließlich kein großes Opfer.

Die weltliche Erlösung sieht etwas anders aus: Auch hier erwartet die Gruppe vom Einzelnen die völlige Hingabe an die große Aufgabe, bei Kadergruppen auch illegale Aktionen und Untergrundkampf. Dafür wartet auf die umtriebigen Genossen die Belohnung nach der Revolution: Führungsaufgaben, Privilegien und soziale Anerkennung. Die befreiten Arbeiter werden ihnen danken, allen wird es bessergehen, und ihr unermüdlicher Einsatz wird endlich Früchte tragen. Und vielleicht werden sie sogar noch den Übergang zum Kommunismus, dem irdischen Paradies, erleben dürfen. Und ihren voller Bewunderung lauschenden Enkeln werden sie einst sagen, sie hätten geholfen, die neue Welt aufzubauen.

Endzeitgruppen sehen die Gegenwart als entbehrungsreiche, von Trübsal, Spott und Unterdrückung gekennzeichnete Endzeit. Aber diese Zeit ist begrenzt, ja sie ist beinahe abgelaufen. Endzeitgruppen haben etwas, das die Theologen eine *Naherwartung* nennen. Sie rechnen jederzeit, oder zu einem fest berechneten Zeitpunkt, mit dem Ende der gegenwärtigen Welt. Und dann, davon sind sie überzeugt, werden sie belohnt werden.

Halten wir fest: Die Naherwartung sorgt in den Endzeitgruppen für eine rastlose Tätigkeit, um das kommende Paradies vorzubereiten. Daraus folgt eine stärkere Bindung an die Gruppe und die Lockerung oder der Abbruch der Außenbindung.

Das überschätzte Charisma

Die meisten Endzeitgruppen haben einen Propheten, der seine Anhänger dazu bringt, die abstrusesten Dinge zu glauben oder zu tun. Welche Eigenschaften braucht er, um Erfolg zu haben? Die Antwort lautet fast immer: Charisma. Das ist aber nur scheinbar eine Erklärung, es ist meistens nur eine Umschreibung für ein hilfloses »weiß ich auch nicht«. Die Geschichte hat gezeigt, dass die Propheten oder Wortführer von Endzeitgruppen keineswegs die gleiche Persönlichkeitsstruktur besitzen, im Gegenteil: Sie könnten kaum verschiedener sein. Das gilt ebenfalls für »charismatische« Führerpersönlichkeiten. Laut *Encyclopaedia Britannica* kann ein charismatischer Anführer

> von seinen Anhängern vollständige Hingabe verlangen und bekommt sie auch. Die Grundlage der charismatischen Führung entspringt dem Gefühl, nicht dem Verstand: Es beruht auf Vertrauen und Glauben, die beide blind und kritiklos sein können. Ungeachtet aller Moral, Regeln oder Vorbilder kann der charismatische Führer unbegrenzte Macht beanspruchen, die ihm auch gewährt wird.

Das hört sich unheimlich an. Sind Sektenführer tatsächlich Rattenfänger, die nur auf ihrer Flöte spielen müssen, um die willenlos gewordenen Menschen in den Untergang zu ziehen? Nein, keineswegs, die *Encyclopaedia*-Definition ist glücklicherweise falsch. In Wirklichkeit ist Charisma ein komplexer zwischenmenschlicher Prozess. Zweifellos gibt es Naturtalente der Redekunst oder gewinnend auftretende Menschen, denen man unbesehen jeden Gebrauchtwagen abkaufen würde. Die meisten als charismatisch bezeichneten Personen gehörten aber nicht dazu. Shoko Asahara, der Gründer der Aumsekte, galt beispielsweise in der Schule als Außenseiter, der andere Schüler schikanierte. Im Alter von 40 Jahren brachte er aber seine fanatischen Anhänger dazu, in der U-Bahn von Tokio Giftgas freizusetzen. Wie war es möglich, dass er eine solche Macht über Menschen gewinnen konnte? Ganz einfach: Er hatte dazugelernt.

Zunächst sollte man sich klarmachen, dass Charisma keine unveränderliche Eigenschaft ist wie Schuhgröße oder Augenfarbe. Charisma entsteht erst in der Wahrnehmung anderer Menschen. Wenn Sie sich immer schon gefragt haben, wie Sie selbst mehr Charisma entwickeln können, dann sollten Sie jetzt aufmerksam weiterlesen, denn Charisma kann man lernen. Nur wer andere Menschen von sich und seiner Botschaft wirklich überzeugen möchte, hat eine Chance, Charisma zu entwickeln. Er lernt an seinen Fehlern, indem er sich anpasst. Im Lebenslauf anerkannt charismatischer Persönlichkeiten finden sich immer wieder erstaunliche Misserfolge. In manchen Situationen lässt ihr Instinkt für die richtigen Worte und Gesten sie offenbar im Stich. Nur durch Versuch und Irrtum lernen die künftigen Propheten oder Politiker, auf welche Weise sie ihre Mitmenschen am besten beeindrucken können. Mit den Jahren bauen sie dieses System dann weiter aus, bis sie schließlich ihre ganz persönliche Beeinflussungsmethode perfektioniert haben. Jeder kann in gewissem Maße Charisma entwickeln, aber letztlich trainiert man Charisma nicht anders als Klavierspielen. Man braucht etwas Talent, viel Technik, sehr viel Übung und unermüdlichen Fleiß. Selbst dann reicht es nur bei einigen wenigen zum Virtuosen.

Die folgenden Eigenschaften lassen sich bei allen Charismatikern finden:

1. Sie haben ein außerordentliches Interesse daran, andere Menschen für sich oder ihre Sache einzunehmen oder zu begeistern. Dabei müssen sie immer wieder Rückschläge verkraften.
2. Sie erwecken den Eindruck, dass sie von ihrer Sache ganz und gar überzeugt sind. Das muss nicht stimmen, aber sie müssen es überzeugend spielen können.

3. Sie versuchen, ein Gefühl der Gemeinschaft zwischen sich und den Zuhörern aufzubauen.
4. Sie sprechen vorwiegend die Gefühle an, nicht den Verstand.
5. Sie reden in einfachen und konkreten Bildern.
6. Sie bedienen die Sehnsüchte und Ängste der Menschen und benutzen sie für ihre Botschaft.
7. Sie beobachten andere Menschen sehr scharf, damit sie erkennen können, welche Überzeugungsstrategie am besten wirkt.

Charisma beruht auf der Wechselwirkung zwischen dem Redner und seinen Zuhörern. Ein kluger Charismatiker wird seine Sache nur dann mit aller Vehemenz vertreten, wenn die Menge mitgeht. Charisma ist kein Selbstzweck, sondern eine Durchsetzungsmethode. Es wirkt nur kurze Zeit und keineswegs auf alle. Das von vielen gerühmte Charisma des amerikanischen Präsidentschaftskandidaten Barack Obama hat sich beispielsweise nach seiner Wahl sehr schnell abgenutzt.

Insgesamt wird der Faktor »Charisma« bei der Sektenbildung weit überschätzt. Das persönliche Charisma eines Sektenführers spielt allenfalls bei der Gewinnung der ersten Anhänger eine entscheidende Rolle. Sektenführer versuchen gerne, ihre Anhänger aus der bisherigen Sozialbindung zu reißen, damit die Sekte ihre einzige soziale Gruppe wird. Je stärker die Sekte angefeindet wird, desto enger wird der Zusammenhalt. Die Gläubigen gieren danach, überzeugt zu werden. Alles, was der Sektenführer sagt, erscheint ihnen richtig und logisch, denn sie haben so viel aufgegeben, dass sie keine andere Wahl mehr haben, als ihm zu glauben. Diese psychische Abhängigkeit hat wenig oder nichts mit Charisma tun. Auch Personenkult und Legendenbildung sollten nicht mit Charisma verwechselt werden. Allen verfügbaren Quellen nach war Lenins persönliches Charisma eher gering. Sein Führungsanspruch beruhte auf seinem Ehrgeiz und seiner rastlosen Arbeit als Berufsrevolutionär. Er stammte aus einer reichen Familie und konnte es sich leisten, keiner Arbeit nachzugehen, durch ganz Europa zu reisen, Versammlungen zu besuchen, Bücher zu schreiben und Theorien auszuarbeiten. Das Märchen von seinem Charisma stammt von Stalin, der einen gewaltigen Lenin-Kult aufzog. Das tat er nicht uneigennützig, vielmehr nahm er für sich in Anspruch, Lenins Testament zu vollstrecken und seine Arbeit weiterzuführen.

Halten wir fest: Persönliches Charisma hilft einem Sektengründer sicherlich dabei, Anhänger zu gewinnen. Es erklärt aber nicht die Dynamik von Endzeitsekten. Insgesamt wird seine Bedeutung weit überschätzt.

Was geschieht, wenn nichts geschieht?

Wenn sich eine Sekte auf ein bestimmtes Datum für den Weltuntergang geeinigt hat, rückt dieser Tag logischerweise ständig näher, und irgendwann geht er vorbei, ohne dass die letzte Posaune geblasen wird. Wie werden die Gläubigen reagieren? Werden sie alles hinwerfen und ihren Propheten verprügeln? Oder einfach neu nachrechnen und auf den nächsten Termin warten? Es gibt einige gut untersuchte Beispiele von gescheiterten Prophezeiungen. Zu den wohl bekanntesten gehört das Schicksal der sogenannten Milleriten.

Im Jahre 1818 rechnete der Farmer und Hobby-Prediger William Miller aus, dass Jesu zweites Erscheinen auf der Welt im Jahre 1843 stattfinden werde. Er lebte im Bundesstaat Vermont in den USA und war seit 1816 aktives Mitglied in einer Baptistengemeinde. Über viele Jahre hatte er sich intensiv mit der Bibel und ihrer Auslegung beschäftigt. Besonders die Vorhersage des anglikanischen Bischofs von Irland, James Ussher, hatte ihn fasziniert. Im Jahre 1650 war der Kirchenmann zu dem Schluss gekommen, dass Gott die Welt im Jahre 4004 v. Chr. geschaffen hatte. Nach sechs Tagen zu je tausend Jahren (»Tausend Jahre sind IHM wie ein Tag«) werde Jesus wieder auf die Erde kommen, um das Sabbat-Jahrtausend, das Millenium, einzuläuten. Genau am 23. Oktober 1996 werde es so weit sein. Miller rechnete nach. Unter Einbeziehung verschiedener Zahlen aus dem Daniel-Buch und der Offenbarung des Johannes kam er zu dem beunruhigenden Ergebnis, dass Ussher sich geirrt hatte. Schließlich war er überzeugt, dass Jesus bereits zwischen dem Frühjahr 1843 und dem Frühjahr 1844 auf die Erde zurückkommen werde. Von da an würden die Drangsale der Apokalypse die Erde erschüttern. Ab 1831 verkündete Miller seine frohe Botschaft in den Städten und Dörfern der Ostküste der USA. Er predigte viele Jahre lang, stieß auf reges, aber letztlich bescheidenes Interesse. Das änderte sich im Jahre 1840, als er auf den Prediger und Pastor Joshua Himes traf, der ein echtes Talent für großangelegte Werbung mitbrachte. Er verlegte diverse endzeitlich ausgerichtete Zeitschriften, deren Gesamtauflage schnell einige Millionen Exemplare erreichte. Kurz darauf musste Miller nicht mehr selbst predigen, einige hundert überzeugte Anhänger aus allen protestantischen Glaubensrichtungen schwärmten aus und halfen ihm. Bald war die Bewegung als Milleriten oder Adventisten (von Advent = die Ankunft) bekannt. Viele Katholiken konnten sie nicht überzeugen, denn Miller machte deutlich, dass er den Papst für den Antichrist hielt. Außerdem lehnte die katholische Kirche aus schlechter Erfahrung jede Art der Endzeitberechnung ab. Auch in den Südstaaten der USA hatte die Bewegung wenig Anhänger, denn Miller und Himes traten vehement für die Abschaffung der Sklaverei ein.

Weder im Frühjahr noch im Sommer, Herbst oder Winter 1843 erschienen Zeichen eines nahen Weltuntergangs am Himmel. Der adventistische Prediger Samuel S. Snow rechnete mit spitzer Feder nach und legte im Mai 1844 den Tag der himmlischen Trompeten auf den 22. Oktober 1844 fest. Nach langem Zögern stimmte Miller ihm Anfang Oktober zu. Das reichte für ausgiebige Vorbereitungen, echte Reue und natürlich eine ausreichende Zeit des tadellosen Wohlverhaltens. Millers Anhänger glaubten, dass die wahren Gläubigen zu Beginn des Milleniums in die Luft entrückt würden und nur die übrigen Menschen unter den anbrechenden apokalyptischen Katastrophen leiden müssten. Als der ominöse Termin nahte, zählte Millers Anhängerschaft dank der unermüdlichen Werbung von Joshua Himes etwa fünfzig- bis hunderttausend Menschen. Sie versammelten sich am Abend des 21. Oktober in ihren Kirchen, sangen, beteten und warteten auf die Trompeten, die ihre Entrückung ankündigen sollten. Nach einer Nacht bangen Wartens stand fest: Die Welt drehte sich weiter, Jesus hatte sich nicht gezeigt, die Posaunenengel waren ausgeblieben.

In der amerikanischen Volkskultur ist das Datum inzwischen als »die große Enttäuschung« bekannt. Der Spott ließ nicht lange auf sich warten. Die Zeitungen verbreiteten genüsslich, viele Milleriten hätten sich weiße »Himmelfahrtsgewänder« angezogen, um für den Anlass passend gekleidet zu sein. Andere seien auf Bäume geklettert und in der Hoffnung auf Entrückung in die Luft gesprungen. Leider schlugen sie heftig auf dem Boden der Tatsachen auf, statt nach oben zu entschwinden. Eine Versammlung habe tatsächlich Trompetenstöße gehört (in Amerika blasen die Engel zum Jüngsten Gericht Trompete, nicht Posaune). Als sie aus der Kirche rannten, fanden sie vor der Tür den Dorfsäufer, der sich über sie lustig machte. Alle diese Geschichten sind nicht nachprüfbar, wurden aber gerne weitergetragen.

Für die Milleriten, die sich schon bei Jesus gesehen hatten, brach die Welt zusammen.

> Unsere sehnlichsten Hoffnungen und Erwartungen hatten sich zerschlagen, und ein Weinen kam über uns, wie wir es noch nie erlebt hatten … Wir weinten und weinten, bis der Tag anbrach. (Festinger et al., S. 24)

Viele waren enttäuscht, aber kaum wütend. Gewalttaten gegen milleritische Prediger oder Gotteshäuser sind nicht berichtet. Eine beträchtliche Anzahl blieb überzeugt, dass Christus sehr bald wiederkommen werde, auch wenn der Tag nicht bekannt war. Aus den Resten der Milleriten entstanden verschiedene Freikirchen, die größte und bekannteste trägt den Namen »Sieben-Tage-Adventisten«. Sie hat weltweit nach eigenen Angaben mehr als 15 Millionen Mitglieder. Sie glauben an die baldige Wiederkehr des Erlösers, und so heißt es in ihrem 25. Glaubensartikel:

Der Zeitpunkt dieses Ereignisses ist nicht offenbart worden; deshalb sind wir aufgefordert, jederzeit bereit zu sein.

Offenbar waren die meisten Gläubigen bemüht, ihr Weltbild möglichst wenig zu verändern, nur gerade so viel, dass es wieder der Wirklichkeit entsprach. Im Fall der Milleriten hieß das: Christus kommt zwar nicht heute, aber doch sehr bald.

Die Zeugen Jehovas hatten Anfang des 20. Jahrhunderts gleich mehrfach das Ende der Welt vorausgesagt. Es trat nicht ein, aber die Gemeinschaft blieb trotzdem bestehen und passte ihre Lehren an. Wie war das möglich?

Die Psychologen Leon Festinger, Henry Riecken und Stanley Schachter stellten fünf Bedingungen auf, unter denen eine Religionsgemeinschaft die Widerlegung ihrer Weltende-Prophezeiung überleben kann und anschließend sogar umso mehr von ihrem Glauben überzeugt ist.

1. Der Glaube muss auf einer tiefen Überzeugung beruhen und Einfluss auf die Handlungen einer Person haben.
2. Gläubige müssen sich festgelegt haben, das heißt, sie müssen Handlungen unternommen haben, die sie nur schwer rückgängig machen können.
3. Der Glaube muss ausreichend spezifisch und weltbezogen sein, so dass er durch Ereignisse eindeutig widerlegt werden kann.
4. Diese Widerlegungs-Ereignisse müssen stattfinden und von den Gläubigen wahrgenommen werden.
5. Die Gläubigen müssen soziale Unterstützung haben. Es ist unwahrscheinlich, dass einzelne isolierte Gläubige dem Druck ihrer Umgebung standhalten können.

Theorien sind wohlfeil, aber die drei Psychologen hätten sie zu gerne experimentell bestätigt. Woher aber eine Endzeitsekte nehmen, die sich gut beobachten ließ und alle diese Bedingungen erfüllte? Die Welt ist schließlich kein Labor mit Rattenlabyrinth. Da kam ihnen ein unglaublicher Zufall zu Hilfe. Sie lasen Ende September 1954 in der Zeitung von einer Gruppe ganz in der Nähe ihrer Universität. Die Mitglieder (etwa zwei Dutzend) waren fest davon überzeugt, dass die Welt in der Morgendämmerung des 21. Dezember 1954 von einer großen Flut vernichtet werden würde. Eine Hausfrau aus Michigan, der die Psychologen in ihrem Bericht den Namen Marian Leech gaben, hatte diese Nachricht auf telepathischem Wege von Außerirdischen erhalten. Nur die wahren Gläubigen sollten verschont werden. Eine fliegende Untertasse werde sie um Mitternacht vor dem Termin abholen. Die Psychologen und einige freiwillige Helfer gaben sich als Gläubige aus und mischten sich unter die kleine Gruppe. Sie zeichneten die Ereignisse und die Reaktionen der Gläubigen in den nächsten Monaten minutiös auf. Daraus entstand das Buch *When Prophecy Fails*, das mittlerweile zu den Klassikern unter den psychologischen Sachbüchern gehört. Den Umgang der einzelnen Sektenmitglieder mit dem herannahenden Weltende, die internen Querelen, die Reaktionen auf skeptische bis spöttische Presseberichte, das alles haben die Psychologen sorgfältig aufgezeichnet. Auch die Enttäuschung nach dem bitteren Ende, also nach dem Ausbleiben der Flut und des rettenden UFOs beschrieben sie in allen Einzelheiten. Marian Leech empfing direkt am nächsten Tag die telepathische Nachricht, dass Gott selbst so fürsorglich gewesen war, die Flut abzusagen. Die Reaktion der Gruppe war enthusiastisch, und sie begann auch anderen Menschen ihren Glauben zu predigen. Vorher hatten sie den Standpunkt vertreten, Gott werden ihnen die Menschen schicken, die das UFO abholen sollte, missionieren sei also nicht sinnvoll.

Nach dem abgesagten Weltende fiel die Gruppe auseinander, aber zumindest einer reiste von nun als Prediger der UFO-Bewegung durchs Land. Alles in allem konnten die Psychologen ihre Thesen zwar nicht beweisen, aber doch immerhin so weit untermauern, dass sie weiterhin Gültigkeit beanspruchen können.

Der Untergang des Abendlandes

Es gibt geflügelte Worte, die jeder kennt. Der »Untergang des Abendlandes« gehört unbedingt dazu. Nur wenige Menschen wissen, dass es ein Buch mit diesem Titel gibt, und noch weniger haben es gelesen. Nachdem ich mich durch das 1200 Seiten lange Werk gequält hatte, wurde ich den Eindruck nicht mehr los, dass viele von denen, die das Buch zitieren, es nie von Anfang bis Ende gelesen haben. Denn tatsächlich geht es darin nicht um den Untergang der westlichen Zivilisation, sondern um eine universelle Theorie über das Leben und Sterben von Kulturen.

Es hat die Historiker, aber auch die Philosophen immer wieder fasziniert, den Aufstieg und den Fall einer Kultur nachzuzeichnen. Warum ging die antike Welt unter? War das Römische Reich zu seiner Blütezeit nicht perfekt organisiert? Hatte es nicht eine modern anmutende Verwaltung, schnurgerade, gepflasterte Straßen, Aquädukte und eine perfekt trainierte Armee?

Warum zerfiel das britische Weltreich? Im ausgehenden 19. und beginnenden 20. Jahrhundert herrschte die englische Königin Victoria über ein Reich, »in dem die Sonne nie unterging«, wie es damals hieß. Im Jahre 1922 umfasste das Empire ein Viertel der Landmasse und ein Viertel der Weltbevölkerung. Bereits 50 Jahre später war die Herrlichkeit vorbei: Die Kolonien Australien, Kanada, Indien und Malaysia sowie die großen afrikanischen Gebiete hatten sich losgesagt und waren unabhängig geworden. Einer der größten Machtblöcke der Welt war ohne Widerstand auseinandergefallen.

Wie konnte es im 20. Jahrhundert zu zwei verheerenden Kriegen nacheinander kommen, die eine völlige Umwälzung der Machtverteilung in der Welt mit sich brachten? Nicht nur Geschichtsforscher, auch Politiker interessiert die Frage, ob diese Veränderung auf historischen Gesetzmäßigkeiten beruht. Im frühen 20. Jahrhundert haben zwei Historiker versucht, diese Frage so allgemein wie möglich zu beantworten: Der Deutsche Oswald Spengler und der Engländer Arnold Toynbee. Spengler war der Erste: Er schrieb sein

Werk *Der Untergang des Abendlandes* während des Ersten Weltkriegs und in der Zeit unmittelbar danach. Der Titel ist etwas irreführend: Der Autor möchte nicht das Ende des Westens beschwören, sondern die Gesetzmäßigkeiten der Geburt, des Wachstums und des Alterns von Kulturen beschreiben. Acht wichtige Kulturen hatte er ausgemacht, die im Laufe der Jahrtausende aufgetaucht und verschwunden seien:

1. die ägyptische
2. die indische
3. die babylonische
4. die antike
5. die chinesische
6. die arabische
7. die mexikanische (Azteken)
8. die abendländische.

Russland zählte er nicht zur abendländischen Kultur, im Gegenteil: Er ging davon aus, dass es von der europäischen Kultur lediglich überformt war, aber in Kürze eine eigenständige neue Kultur entwickeln werde.

In seinem umfangreichen Werk versuchte Spengler, die Gemeinsamkeiten der Kulturen und ihrer Entwicklung herauszuarbeiten. Die Kulturen, so schrieb er, entwickeln sich als quasiorganische Einheiten, sie entstehen, blühen auf, reifen, altern, siechen dahin und sterben. Ihre Lebenserwartung beträgt einheitlich etwa tausend Jahre.

Spengler sah diesen Vorgang als gesetzmäßig und unabänderlich an. Das Abendland sei bereits alt und schwach, erklärte er. Bald werde es vergehen und der jugendlichen russischen Kultur Platz machen. Das sei kein plötzliches Ereignis wie ein Schiffsuntergang, sondern ein natürlicher Vorgang wie das Absterben eines alten Baums. Spengler verlangte vom Westen Haltung angesichts des drohenden Endes. Nicht im blinden Anrennen gegen das Schicksal, sondern in der preußischen Pflichterfüllung bis zum Schluss sah er das Ideal für einen würdigen Niedergang. Das hat ihm reichlich Kritik eingetragen. Später, nach dem Zweiten Weltkrieg, fiel den kritischen Lesern die großzügige Verwendung der Begriffe *Volk* und *Rasse* auf. Bei genauer Betrachtung waren Spenglers Ideen aber keine Vorläufer der nationalsozialistischen völkischen Theorien, denn Spengler definierte ein Volk als eine Gemeinschaft von Menschen mit einem Wir-Gefühl, ganz gleich, welcher Herkunft sie waren. Auch seine Rassedefinition konnte den Nazis nicht gefallen: »Rasse haben«, schrieb er, »ist nichts Stoffliches, sondern etwas Kosmisches und Gerichtetes, gefühlter Einklang eines Schicksals ...«

Überhaupt sah er kosmische, naturwissenschaftlich nicht fassbare Einflüsse als entscheidende Antriebskräfte des Schicksals an. Für ihn waren alle Kulturen gleichberechtigt. Sie würden sich in ähnlicher Weise entfalten und entwickeln. Die Dreiteilung der Geschichte in Antike, Mittelalter und Neuzeit lehnte er ab. Die Antike sei eine fremde Kultur gewesen, die mit der unseren kaum etwas gemeinsam habe. Es gebe auch kaum eine Kommunikation zwischen den Kulturen, sie übernähmen fast nichts voneinander und befruchteten sich gegenseitig nur unwesentlich, argumentiert er. Das ist gut beobachtet. Das Mittelalter ist in der Tat kein direkter Nachfolger der Antike, sondern eine neue Kultur. Christlich-mittelalterliche und antike Vorstellungen von Staat, Moral und Religion sind nahezu unvereinbar. Deshalb haben christliche Gelehrte viele Schriften und Bücher der Antike entweder zerstört oder einfach nicht mehr abgeschrieben, so dass die Schriftrollen irgendwann zerbröselten. Ein Großteil des antiken Wissens (wohl mehr als 90 Prozent) ging zwischen dem 4. bis zum 8. Jahrhundert unwiederbringlich verloren. Das römische Recht verschwand aus der Rechtskultur und erlebte erst in der frühen Neuzeit eine Wiedergeburt.

Aber zurück zu Spengler: Am Ende einer Kultur, so lehrte er, bilde sich die Zivilisation, eine Phase der Erstarrung. Aus der aktiven dörflichen und kleinstädtischen Kultur werde die weltstädtische Unkultur, aus der Religion die Irreligion, der Unglaube. Den Stoizismus der Antike und den Sozialismus des Abendlandes bezeichnete Spengler als typische Beispiele dafür. Wenn es so weit gekommen ist, werden die einfachen Menschen eine zweite Phase der Religiosität erleben. Sie bewirkt die Abwendung von der materiellen Welt, und von da an reagieren die Massen auf alle Veränderungen weitgehend passiv. Damit ist die Zeit reif für die nächste Kultur, sie wird die alte einfach auslöschen. Ein imperialer Schutzschild wie im alten Rom kann noch einige Zeit davor schützen, und so empfahl ihn Spengler auch für Europa. Letztlich sah er aber die abendländische Kultur als todgeweiht an und sagte voraus, sie werde bald von der in Entstehung befindlichen russischen Kultur abgelöst. Diesem Ende müssten die Europäer gefasst entgegensehen.

Spengler traf mit seinen Thesen den Nerv der Zeit: Der Erste Weltkrieg hatte die alte europäische Ordnung unwiderruflich zerstört. In Russland hatten die Kommunisten die Macht übernommen und den Zaren ermordet. Sollte, ja musste da nicht eine Gesetzmäßigkeit zugrunde liegen? Spenglers Werk bot eine schlüssige Erklärung. Es fand enthusiastische Zustimmung, aber es zog auch heftige Kritik auf sich. Von sozialistischer Seite hieß es, Spengler habe die stetige Höherentwicklung der Geschichte nicht begriffen. Auch sein Kulturpessimismus, die Behauptung eines unabwendbaren Endes der abendländischen Kultur, gefiel seinen Kritikern nicht.

Aus heutiger Sicht sind viele der grundlegenden Argumente Spenglers esoterischer Unfug. Als Triebkraft aller Veränderungen sieht er einen »kosmischen Takt«.

> Dieser Takt kosmischer Kreisläufe lebt und webt noch unter jeder Freiheit mikrokosmischer Bewegungen im Raume und löst zuweilen die Spannung aller wachen Einzelwesen in einen großen gefühlten Einklang auf.

Spengler teilt mit den Lebensphilosophen der damaligen Zeit eine Verachtung der Naturwissenschaften. Er hält sie für Auswüchse des »Kausalitätsdenkens«, im Gegensatz zum umfassenderen »Schicksalsdenken«.

Darwins Abstammungslehre lehnt er ausdrücklich ab. Die Archäologie zeige, dass unveränderte Formen »plötzlich und sofort in endgültiger Gestalt« erschienen. Es fehle jeder Anhaltspunkt dafür, »zweckmäßige und sichtbare Ursachen« anzunehmen.

> Es ist ein Schicksal, welches das Leben überhaupt, ... jeden einzelnen Typus, jede Gattung und Art in die Welt berief. Und mit diesem Dasein ist zugleich eine bestimmte ***Energie der Form*** [Hervorhebung im Original] gegeben ...

Die Physik, so argumentierte er, sei eine Religion der abendländischen Kultur. Man könne ihre Ideen und Zusammenhänge einem Gelehrten aus einer fremden Kultur nicht einmal im entferntesten vermitteln. Sie werde also mit dem Abendland untergehen. Hier trifft sich Spengler mit den postmodernen Soziologen der achtziger und neunziger Jahre des vergangenen Jahrhunderts. Viele seiner Thesen untermauert er mit abenteuerlichen Interpretationen archäologischer Funde. Auch hat er nicht ausreichend begründen können, warum Kulturen sich untereinander kaum austauschen, oder warum sie gesetzmäßig tausend Jahre alt werden. Während Spenglers Buch also viele kluge Beobachtungen enthält, sind seine Theorien als Ordnungsprinzip oder gar System vollkommen unbrauchbar und heute nur insofern interessant, als sie ein Licht auf die damals verbreitete geisteswissenschaftliche Verachtung der Naturwissenschaft wirft.

Der englische Historiker Arnold Toynbee kannte und variierte Spenglers Thesen möglicherweise, als er einige Jahre später seine eigene zwölfbändige Universalgeschichte *Der Gang der Weltgeschichte* schrieb. Darin ging er von 21, später sogar von 23 Kulturen aus, nicht nur von acht wie Spengler.

Er nahm für die Entwicklung der Kulturen keine starren Gesetze an. Jede Kultur entfalte sich anders, schrieb er. Ihr Schicksal hänge nur davon ab, wie sie auf die Herausforderungen reagierte, mit denen sie fertig werden müsse. Wenn sie sich durchsetzen, beginnt eine Phase des Wachstums, Zeiten der Unruhe, die Bildung eines Universalstaates und schließlich der Abstieg.

Anders als Spengler sah Toynbee keine vollständige Trennung der Kulturen. Die antike Kultur habe die gegenwärtige als Tochterkultur hervorgebracht, lehrte er. Die chinesische Kultur überlebte hingegen sehr lange, weil sich immer wieder angepasst habe. Toynbee sah keine Möglichkeit, den Untergang des Abendlandes oder die Entwicklung einer Kultur im Voraus zu bestimmen. Jede Kultur sei ihrem eigenen Schicksal unterworfen.

Toynbee und Spengler waren weder die Ersten noch die Letzten, die den Aufstieg und Fall von Kulturen untersucht haben, aber sie blieben lange Zeit die Einzigen mit nennenswertem Einfluss. Erst der an der Harvard-Universität lehrende amerikanische Politikwissenschaftler Samuel H. Huntington stieß mit seinem Buch *Kampf der Kulturen* eine neue Kontroverse an. Das Buch entstand aus einem 1993 veröffentlichten Artikel für die Zeitschrift *Foreign Affairs*. Er trug die gleiche Überschrift, allerdings mit Fragezeichen am Ende.

Für Huntington war das 20. Jahrhundert eine Zeit der westlichen Dominanz. Seit dem Zweiten Weltkrieg war die Welt in zwei ideologisch definierte Einflusszonen aufgeteilt: die der Großmächte USA und Sowjetunion. Diese Zeit nennt man den »Kalten Krieg«, weil alle Mittel der Auseinandersetzung unterhalb einer direkten militärischen Aktion erlaubt waren. Angesichts der mehr als 30 000 Atomsprengköpfe, die beide Seiten gehortet hatten, wollte keine der Großmächte einen Krieg riskieren. Im Jahr 1991 zerfiel die Sowjetunion, und der Kalte Krieg war beendet. Samuel Huntington prophezeite in seinem Buch, dass die neuen Konfliktlinien entlang der alten Kulturgrenzen verlaufen würden, die vorher kaum eine Rolle gespielt haben. Sieben bis acht Kulturen habe die gegenwärtige Welt, meinte er: die chinesische, indische, japanische, islamische und westliche. Dazu kämen noch die neueren: lateinamerikanische, die orthodoxe und vielleicht die afrikanische Kultur.

Eine weitere Kultur, die »Davos-Kultur«, sei die Kultur einer globalen Elite, meint Huntington. In Davos trifft sich jedes Jahr das Weltwirtschaftsforum. Die Intellektuellen, Journalisten, Unternehmer, Manager, Bankiers und Politiker hätten längst eine eigene Kultur geschaffen, und sie gehörten in großen Teilen der Welt zu den einflussreichsten Menschen überhaupt. Trotzdem sieht uns Huntington nicht auf dem Weg zu einer Universalkultur. Im Gegenteil: Die allgemeine Modernisierung, die Überschwemmung der Welt mit westlichen Produkten und die Ausbreitung des Englischen als internationale Verständigungssprache (*Lingua franca*) werden eher zu einem erhöhten Widerstand der übrigen Kulturen gegen westliche Werte führen. Der Westen habe seine beste Zeit hinter sich, schreibt Huntington. Sein Aufstieg habe 400 Jahre gedauert und sein Abstieg könnte ebenso lange dauern.

Huntington weist der westlichen Kultur eine einmalige Kombination von Merkmalen zu. Dazu gehört das Erbe der Antike, die Religionsgeschichte mit der Teilung in Katholizismus und Protestantismus, die Sprachenvielfalt, die Rechtsstaatlichkeit, die Trennung von Kirche und Staat, der Pluralismus und der Individualismus. Allerdings zeigten sich immer mehr Zeichen des Verfalls wie beispielsweise die Zunahme von Gewalt, der Zerfall der Familie, die geringere Bereitschaft zum Engagement in Vereinen, nachlassende Arbeitsethik und abnehmendes Interesse für Bildung. Für die USA sieht Huntington die bedenkliche Tendenz, die Zugehörigkeit zum westlichen Kulturkreis zugunsten einer kulturellen Beliebigkeit aufzuweichen. Der Westen sei kein Universalstaat, aber die Undenkbarkeit von Kriegen zwischen den Staaten seines Kulturkreises und die vielfältigen Verknüpfungen seien als Äquivalent dazu anzusehen. Wie Toynbee und Spengler betrachtet Huntington den Universalstaat als Vorstufe des Zerfalls.

Indien, China und besonders die muslimische Kultur sieht er dagegen im Aufwind. China werde sich mit der islamischen Kultur verbinden und Japan werde sich China anschließen.

Im 21. Jahrhundert entstünden deshalb vermehrt Konflikte zwischen dem Westen und diesen Kulturen. Beim Islam sieht Huntington nicht so sehr den Fundamentalismus als Problem. Vielmehr sei der Islam eine Kultur, dessen »Menschen von der Überlegenheit ihrer Kultur überzeugt und von der Unterlegenheit ihrer Macht besessen« seien. Der Westen hingegen sei überzeugt, dass seine Kultur (gemeint ist hier wohl: seine Werte) universell sei und deshalb über die ganze Erde verbreitet werden müsste. Das führe natürlich zu Konflikten.

Huntington erklärt den Glauben an die Universalität westlicher Werte für falsch, unmoralisch und gefährlich. Es müsse, so meint er, ein Miteinander auf der Grundlage der Anerkennung verschiedener Kulturen geben, sonst drohe Krieg. Der Westen müsse sich zusammenschließen und Lateinamerika mit ins Boot nehmen. Die Sicherheitsinteressen Russlands seien anzuerkennen, und die technische sowie militärische Überlegenheit des Westens müsste behauptet werden. Interventionen in andere Kulturkreise seien gefährlich und sollten beendet werden.

Eine auf Kulturen basierende Ordnung ist der sicherste Schutz vor einem Weltkrieg, meint Huntington. Letztlich sei der eigentliche Kampf der Menschheit, der Kampf, den alle Kulturen gemeinsam führen müssen, der gegen die Vernichtung jeglicher Zivilisation durch eine neue Barbarei.

Christentum und Islam, schreibt Huntington, unterscheiden sich von den Religionen anderer Kulturen durch ihren teleologischen (auf das Ende gerichteten) Charakter, während Buddhismus und Hinduismus zyklisch orientiert sind. Das birgt das Risiko, dass große und ernsthafte Konflikte als endzeitliche Kämpfe angesehen werden, die der Schaffung des Gottesreichs vorausgehen. Sie würden dann mit aller Rücksichtslosigkeit geführt, weil die Zukunft nach dem Krieg ausschließlich in Gottes Hand liegt. Dennoch hält Huntington einen solchen Konflikt nicht für unausweichlich.

Huntington macht den Fehler, die Forderung nach einer Neuausrichtung der amerikanischen Politik als Reaktion auf das Ende des Kalten Krieges zu einer allgemeinen Theorie der Kulturen aufzublasen. Dabei charakterisiert er die Kulturen mit Stammtisch-Klischees. Japan werde sich China unterordnen, schreibt er, weil »Japan historisch seine Sicherheit in einem Bündnis mit der jeweiligen als relevant und dominierend begriffenen Macht« gesucht habe. Das ist schlicht falsch, Japan hat sich jahrhundertelang weitgehend isoliert und ist überhaupt keine Bündnisse eingegangen. Der Islam sei aggressiv, schreibt Huntington. Das ist so nicht richtig, vielmehr ist der Islam in der arabischen Stammesgesellschaft des 7. Jahrhunderts entstanden, in der ein tapferer Krieger höchste Anerkennung genoss. Das schlägt sich notwendig auch im Glauben nieder.

Insgesamt ist Huntingtons Buch ein guter und gedankenvoller Aufruf zur Neuorientierung der amerikanischen Politik am Ende des 20. Jahrhunderts als Reaktion auf das Ende des Kalten Krieges. Als System zur Vorhersage von Konflikten taugt es nur wenig.

3 Weltende und Endzeit in der Wirklichkeit

Für das Weltende gibt es keine Präzedenzfälle. Also sind die Wissenschaftler auf Berechnungen, Spekulationen oder Simulationen angewiesen. Nichts davon ist sicher. Die Menschheit kann sich in tausend Jahren oder früher selbst ausgelöscht haben, oder sie hat sich auf den Weg gemacht, die Milchstraße zu besiedeln. Zwischen diesen beiden Extremen ist viel Platz: Ein neues Mittelalter könnte entstanden sein, oder die Menschen sind biologisch unsterblich geworden. Vielleicht hat die globale Erwärmung die Pole abschmelzen lassen, und Deutschland steht bis zum Bauch im Wasser. Vielleicht fällt auch ein großer Asteroid auf die Erde und löscht alles Leben aus. Viele Forscher haben sich Gedanken darüber gemacht, was den Menschen alles zustoßen könnte. Die Universität Cambridge hat sogar ein eigenes Institut dafür eingerichtet, das Future of Humanity Institute unter Leitung des schwedischen Philosophen Nick Bostrom. Er befasst sich mit existentiellen Risiken für die Menschheit, ist aber grundsätzlich sehr optimistisch, was die Zukunft angeht. Eines Tages, so hat er in verschiedenen Interviews erklärt, werde die Menschheit in der Lage sein, ihre Gehirnfunktion in Computer zu transferieren und unsterblich zu werden. Bostrom ist einer der Gründer der World Transhumanist Association, die sich inzwischen in Humanity+ umbenannt hat. In der *Transhumanist Declaration*, einem Grundsatzpapier der Gruppe, heißt es:

> Wir sehen die Möglichkeit, das menschliche Potential zu erweitern, indem wir das Altern, kognitive Unzulänglichkeiten, unfreiwilliges Leiden und unsere Begrenzung auf den Planeten Erde überwinden.

Diese schönen Prognosen können nur Wirklichkeit werden, wenn unsere Zivilisation die nächsten Jahrhunderte überlebt. Dazu muss sie mit selbstgemachten Risiken wie Atomkriegen, Klimawandel oder Rohstoffmangel fertig werden, aber auch natürliche Bedrohungen (Vulkanausbrüche, Meteoriteneinschläge) überstehen.

In einem Telefongespräch habe ich Nick Bostrom gefragt, was seiner Einschätzung nach die größten Gefahren für den Fortbestand der Menschheit seien. Er sagte mir, dass die nächsten Jahrhunderte die risikoreichsten wären. Wenn diese kritische Zeit erst einmal überwunden sei, werde das Risiko sehr viel geringer.

Die Wahrscheinlichkeit des nahen Weltuntergangs

Wie wahrscheinlich ist es, dass die Menschen in absehbarer Zeit von der Erde verschwinden? Wenn man dem Physiker Richard Gott und dem Philosophen John Leslie glauben will, sollten wir schon einmal über den Text für eine Erinnerungstafel nachdenken, denn mit einer Wahrscheinlichkeit von mehr als 50 Prozent geben sie den Menschen keine 500 Jahre mehr. Ihre Begründung: Es ist reiner Zufall, als wievielter Mensch Sie und ich geboren werden. Die Wahrscheinlichkeit, dass die Hälfte der Menschen bereits existiert hat, liegt bei 50 Prozent. Die Wahrscheinlichkeit, dass Sie oder ich unter den ersten 10 Prozent aller jemals existierenden Menschen sind, beträgt dagegen nur 10 Prozent, denn mit der gleichen Wahrscheinlichkeit könnten wir ja auch unter den zweiten 10 Prozent oder den sechsten 10 Prozent leben.

John Leslie schätzt, dass bereits 60 Milliarden Menschen gelebt haben. Es werden also mit einer Wahrscheinlichkeit von 50 Prozent nicht mehr als 60 Milliarden nachfolgen, bevor die Menschheit ausstirbt. Eine aktuelle Schätzung der UNO besagt, dass die Anzahl der gleichzeitig lebenden Menschen sich in naher Zukunft bei etwa 10 Milliarden einpendeln wird. Nehmen wir an, ein Mensch wird im Durchschnitt 60 Jahre alt. Dann würde es noch sechs Lebensalter dauern, bis weitere 60 Milliarden Menschen die Erde bevölkert haben. Sechs Lebensalter, das sind 60 × 6 also 360 Jahre! Wenn diese Rechnung stimmt, ständen unsere Chancen 50:50, dass unsere Art, der Homo sapiens, bereits in 360 Jahren ausgestorben ist. Entsprechend geringer sind die Chancen, dass die Menschheit noch länger existiert. Folgt man dieser Argumentation, wäre die Menschheit bei einer konstanten Weltbevölkerung von 10 Milliarden in 5000 Jahren nahezu sicher ausgestorben.

Diese Rechnung ist als Doomsday-Argument bekannt, benannt nach dem englischen Wort *Doomsday* (Jüngster Tag).

Also: Suchen Sie sich schon mal einen geschmackvollen Gedenkstein für die Menschheit aus, wir werden ihn bald brauchen. Oder stimmt mit der Rechnung irgendwas nicht? Leslie und Gott haben eine lebhafte Diskussion vom Zaun gebrochen, und viele Wissenschaftler haben sich bemüht, ihre Rechnung zu widerlegen. Schließlich sind die Schlussfolgerungen auch recht sonderbar. Ein Beispiel: Gehen wir davon aus, dass 60 Milliarden Menschen auf der Erde gelebt haben, und mit einer Wahrscheinlichkeit von 50 Prozent noch einmal 60 Milliarden leben werden. Dann würden wir die Lebensdauer der Menschen am besten dadurch verlängern, dass wir den Zeitraum für die nächsten 60 Milliarden so weit wie möglich strecken. Oder anders ausgedrückt: Wir sollten dafür sorgen, dass möglichst wenige Menschen gleichzeitig leben. Wenn immer nur ein Mensch auf der Erde lebt, und wir lassen den nächsten erst kommen, wenn jener gestorben ist, dann hätte die Menschheit nach Gotts und Leslies Rechnung eine gute Chance, noch 60 Milliarden Lebensalter zu existieren. Das wären 3,6 Billionen Jahre (bei 60 Jahren pro Lebensalter). Bei zwei Menschen gleichzeitig (sonst wird es schließlich etwas einsam) wären es immer noch 1,8 Billionen Jahre. Bis dahin ist die Sonne bereits zu einem kalten Klumpen erstarrt und selbst die letzten Sterne der Milchstraße dürften erloschen sein.

Das ist nicht besonders plausibel. Lassen wir die Mathematik einmal beiseite und konzentrieren wir uns auf die Randbedingungen des Doomsday-Arguments, genauer gesagt, auf das Versäumnis, diese Randbedingungen zu berücksichtigen. Zunächst einmal: Wie kommt Leslie darauf, dass bisher 60 Milliarden Menschen auf der Erde gelebt haben? In der biologischen Wirklichkeit ist nicht genau festzustellen, wann der erste Mensch die Erde betrat. Biologische Arten gehen unmerklich ineinander über, es ist deshalb unmöglich, den *ersten* Vertreter einer Art zu definieren. Man kann nicht sagen, dass der Vater Vormensch, der Sohn aber Mensch ist. Fachlich ausgedrückt: Eine Art ist zeitlich nur im Querschnitt gut definiert, im Längsschnitt wird es schwierig. Andererseits waren die Vor- und Frühmenschen nicht annähernd so zahlreich wie die heutigen Menschen, es lebten maximal einige Millionen zur gleichen Zeit. Selbst wenn wir die Grenze der Menschheit um einige Millionen vor- oder zurückverlegen, dann würde das den Rang der 60 Milliarden bereits geborener Menschen kaum verändern und damit das wahrscheinliche Ende der Menschheit lediglich um einige hundert Jahre vor- oder zurückverlegen.

Der zweite Einwand gegen das Doomsday-Argument wiegt schon schwerer: Wenn es stimmte, ließe es sich auf jede Tierart anwenden. Demnach müsste eine Tierart, die sich stark vermehrt, mit hoher Wahrscheinlichkeit schnell wieder verschwinden. Die Archäologen müssten also erst wenige Skelette über einen langen Zeitraum verteilt finden, dann schlagartig sehr viele und unmittelbar darauf keine mehr. Beispielsweise könnte eine Population von tausend Doomosauriern eine Million Jahre lang in einer beschaulichen kreidezeitlichen Lagune gelebt haben, bevor sie sich, warum auch immer, in nur tausend Jahren über einen ganzen Kontinent ausbreitete. Die meisten Tiere hätten dann in diesen tausend Jahren gelebt, und nach dem Doomsday-Argument müsste der Doomosaurier dann mit hoher Wahrscheinlichkeit nach etwa zwei- bis dreitausend Jahren wieder ausgestorben sein. Archäologen müssten also die Regel ableiten können, dass eine Tierart, die sich schnell ausbreitet, auch schnell ausstirbt. Das widerspricht aber den bisherigen Beobachtungen.

Damit lässt sich wiederum die Wahrscheinlichkeit abschätzen, mit der das Doomsday-Argument die Wirklichkeit richtig wiedergibt. Ergebnis: Sie ist sehr gering. Oder anders ausgedrückt, es ist höchstwahrscheinlich falsch.

Der dritte Einwand zielt auf die angenommene Gleichverteilung.

Ich muss mich keineswegs mit einer Wahrscheinlichkeit von je 50 Prozent in der ersten oder letzten Hälfte Menschheit befinden. Nach dem Doomsday-Argument würde ich beispielsweise die Lebensdauer der Spezies Mensch entscheidend verbessern, wenn ich dafür sorge, dass ab jetzt nur noch eine Million Menschen auf der Erde leben, weil es dann sehr viel länger dauern würde, bis die Anzahl von Menschen geboren wäre, die bereits gelebt haben. Die Wahrscheinlichkeit des Überlebens der Art hängt aber auch von der Anfälligkeit für Schadensereignisse ab. Dieser Risikofaktor nimmt mit der geographischen Ausbreitung und der Anzahl gleichzeitig lebender Individuen deutlich ab. Je mehr Menschen gleichzeitig leben, desto größer die Chance, dass ausreichend viele von ihnen eine verheerende Seuche oder eine Hungersnot überstehen. Nick Bostrom hat noch eine sehr viel kompliziertere Widerlegung geschrieben, nachdem er zunächst einige der einfacheren verworfen hat. Halten wir fest: Das Doomsday-Argument ist falsch. Die Menschheit braucht noch keinen Gedenkstein. Wir wissen schlicht nicht, wie lange die Menschen als Art überleben werden.

Ende, welches Ende?

Wir sollten uns aber nicht zu sicher fühlen. Die Menschheit hat im vergangenen Jahrhundert eine Reihe von Maßnahmen unternommen, um ihre eigene Ausrottung zu befördern. Zum ersten Mal in ihrer Geschichte hat sie Waffen entwickelt, deren gezielter Einsatz alle Menschen töten könnte. Sie baut Rohstoffe ab, fischt die Meere leer und pumpt Schadstoffe in die Luft, als gäbe es kein Morgen.

Aber auch wenn die Menschen rechtzeitig zur Vernunft kommen, könnte immer noch ein riesiger Vulkan ausbrechen oder ein Meteor auf der Erde einschlagen. Dann hinge das Überleben der Menschheit am seidenen Faden.

Der besseren Übersicht halber habe ich die möglichen Untergangsereignisse in fünf Grade eingeteilt:

1. Grad: Ende einer Kultur ●
2. Grad: Ende der Zivilisation überhaupt, Rückfall um mindestens 200–500 Jahre ●●
3. Grad: Ende der Menschheit ●●●
4. Grad: Vernichtung allen höheren Lebens auf der Erde ●●●●
5. Grad: Untergang der Erde, der Sonne oder des Universums ●●●●●

Die Wahrscheinlichkeit des Eintretens ist ebenfalls in fünf Gruppen eingeteilt:
▲▲▲▲: mehr als 50 Prozent Wahrscheinlichkeit innerhalb der nächsten hundert Jahre
▲▲▲: mehr als 5 Prozent Wahrscheinlichkeit innerhalb der nächsten hundert Jahre
▲▲: mehr als 0,5 Prozent Wahrscheinlichkeit innerhalb der nächsten hundert Jahre
▲: weniger als 0,5 Prozent Wahrscheinlichkeit innerhalb der nächsten hundert Jahre
0: nur theoretisch möglich.
Ein Beispiel: Der Einschlag eines Meteoriten von 20 Kilometer Durchmesser ist außerordentlich unwahrscheinlich, wäre aber verheerend. Er würde die Menschheit wahrscheinlich ausrotten. Die Bewertung wäre also ●●●/▲.

Selbstgemachte Katastrophen

Die nukleare Katastrophe

Wirkung: ●● bis ●●●
Wahrscheinlichkeit: ▲▲ bis ▲▲▲

In den siebziger Jahren des 20. Jahrhunderts hatten die Atommächte zusammen mindestens 25 000, vermutlich eher 35 000 Atombomben aller Größen angesammelt, von der mit Kanonen verschießbaren Atomgranate bis zu Bomben von der tausendfachen

Stärke der Hiroschima-Bombe. Ein großflächiger Atomkrieg hätte die Welt zuverlässig in die Steinzeit zurückbefördert. Das neueste, im Jahre 2010 zwischen Russland und den USA abgeschlossene Abrüstungsabkommen sieht eine Reduzierung auf je 1550 Sprengköpfe vor. Im September 2009 hatten die USA nach einer Pressemitteilung der Streitkräfte noch 5113 Atomsprengköpfe. Russlands Streitkräfte verfügten über ca. 12 000 Atomsprengköpfe, von denen ca. 4650 einsatzbereit waren.

Die weiteren Atommächte Frankreich, England, China, Israel, Indien und Pakistan dürften zusammen noch einmal 800 bis 1500 nukleare Gefechtsköpfe besitzen. Zusammen sind das nur noch etwa halb so viele wie in den siebziger Jahren des 20. Jahrhunderts, aber immer noch genug für den Weltuntergang. Anders als die meisten Menschen vermuten, ist jedoch nicht die radioaktive Strahlung für die schlimmsten Auswirkungen verantwortlich, sonst wäre die Menschheit längst tot. Neben den ersten Testexplosionen in der Wüste Nevada und den beiden Atombombenabwürfen über Hiroschima und Nagasaki haben die USA, die Sowjetunion, Frankreich, England und China zwischen 1945 und 1980 mehr als 500 Atombomben in der Atmosphäre gezündet. Dazu kommen über 1000 unterirdische Kernwaffentests. Die Radioaktivität hat dadurch bis zum Jahr 1963 im weltweiten Durchschnitt um rund sieben Prozent zugenommen. Inzwischen ist die Belastung deutlich rückläufig und beträgt nur noch 0,2 Prozent der natürlichen Strahlung. Aber auch das 20-Fache der natürlichen Strahlung würde nicht zu einer akuten Strahlenkrankheit führen, und selbst Langzeitschäden sind bei einer solchen Belastung bisher nicht bewiesen.

Ein weltweiter Atomkrieg wird also nicht zu einer allgemeinen unmittelbar lebensgefährlichen Strahlenbelastung führen. Das ist leider kein Grund zur Erleichterung. Die übrigen Auswirkungen reichen aus, um den Bestand von Kulturen oder sogar der gesamten Zivilisation zu gefährden. Schon ein größerer regionaler Atomkrieg könnte die Welt an den Rand einer Katastrophe führen.

Man misst die Größe einer Atombombe, indem man ihre Wirkung mit der einer bestimmten Menge des Sprengstoffs Trinitrotoluol (TNT) vergleicht. Die Hiroshimabombe hatte eine Wirkung, die der Explosion von ca. 12 000 Tonnen TNT entsprach. Tausend Tonnen werden als Kilotonne bezeichnet, eine Million Tonnen als Megatonne. Atombomben, die zusätzlich zur Atomspaltung auch die Energie der Kernfusion nutzen (sogenannte Wasserstoffbomben), setzen mehrere Megatonnen Energie frei.

Eine Atombombenexplosion verletzt und tötet die meisten Menschen in einem Umkreis von mehreren Kilometern, wenn sie nicht gut geschützt sind. Vier Faktoren machen ihre Zerstörungskraft aus:

- Der Hitzeblitz. Er entsteht durch Hitzestrahlung, die der mehrere tausend Grad heiße Feuerball der Explosion ausstrahlt. Bei kleineren Atombomben, etwa von der Größe der Hiroshimabombe, dauert die Hitzestrahlung weniger als eine Sekunde, bei großen Explosionen dehnt sich der Feuerball wesentlich weiter aus, so dass die Hitzestrahlung bis 10 Sekunden anhalten kann.
- Die Luftdruckwelle. Die vom Explosionsort weggedrückte Luft erzeugt eine Druckwelle, die kilometerweit um den Explosionsort die meisten Gebäude zerstört. Bei einer Bombe von 550 KT Sprengkraft würden noch in 50 Kilometer Entfernung Fenster zerspringen, und in 18 Kilometer Entfernung müsste man mit Verletzungen durch umherfliegende Glassplitter rechnen.
- Die Initialstrahlung, also die unmittelbar durch die Kernreaktion erzeugte Gamma- und Neutronenstrahlung. Bei kleinen Explosionen kann die Initialstrahlung einen beträchtlichen Teil der Verletzungen ausmachen, bei großen Explosionen ist ihre Reichweite gegenüber der Hitzestrahlung und Druckwelle so gering, dass sie kaum ins Gewicht fällt, weil in ihrem Wirkungsbereich ohnehin kaum jemand überleben würde.

- Der radioaktive Niederschlag (*Fallout*). Der radioaktive Niederschlag besteht aus Bombenresten, Wasserdampf, verdampften und kondensierten Feststoffen, Asche und Bodenstaub. Alle diese Bestandteile sind durch die Initialstrahlung radioaktiv geworden. Je näher die Explosion am Boden stattfindet, desto mehr Fallout entsteht. Das stark strahlende Material lagert sich nach Stunden und Tagen unter anderem als »schwarzer Regen« in Windrichtung ab. Wenn der Wind in dieser Zeit nicht dreht, bildet die gefährdete Zone eine gestreckte Ellipse. Die für ungeschützte Menschen tödliche Zone kann eine Länge von mehr als 50 Kilometer erreichen. Sollte eine 2-MT-Bombe über Hamburg gezündet werden, würde bei Südwind selbst Kiel unbewohnbar werden.

Wenn eine Atombombe über einer Stadt explodiert, werden sich die entstehenden Brände sehr wahrscheinlich zu einem Feuersturm vereinen. Darunter versteht man einen gigantischen Brand, dessen aufsteigende Luft einen Sturm zum Zentrum hin erzeugt. Eine Bekämpfung ist so gut wie unmöglich. Der Brand saugt den Sauerstoff aus der Luft, und selbst in einem gut geschützten Bunker unterhalb des Feuers werden die Menschen ersticken, wenn sie nicht an der Hitze sterben. Der zum Zentrum des Brandes rasende Luftstrom lässt verletzten Menschen im unmittelbaren Umkreis keine Chance zu entkommen. Sie sterben unweigerlich an der glühenden Hitze. Im Zweiten Weltkrieg führten die Flächenbombardements der Alliierten zu Feuerstürmen in vielen deutschen Städten. Theo Sommer schrieb in der *Zeit* zum Feuersturm in Hamburg am 28. Juli 1943:

> In den orkanartigen Feuerstürmen, die mit Windgeschwindigkeiten von 270 Stundenkilometern durch die Straßen brausten, kamen in dieser Nacht 18 400 Menschen ums Leben – verätzt oder erstickt; verbrannt, verkohlt und verglüht; verschmort, verkocht. Auf den Straßen schlug der Asphalt Blasen. Die peitschenden Luftmassen entwurzelten meterdicke Bäume und wirbelten Balken, Planken, Gesimsteile, Dächer durch die Straßenschluchten. Brillengläser

> zersprangen in der Gluthitze, die 800 bis 1000 Grad Celsius erreichte. Halb verbrannte Bücher trug der Feuerwind bis in die Gärten von Lübeck.

Dabei darf man nicht vergessen, dass die Stadt Hamburg schon Wochen vorher auf einen Großangriff vorbereitet war.

In einer aktuellen Schadensabschätzung kamen die amerikanischen Wissenschaftler William Bell und Cham Dallas auf mehr als sechs Millionen Opfer bei einem Terrorangriff auf New York mit einer 550-KT-Wasserstoffbombe. Diese Sprengkraft hat der häufigste Typ der strategischen russischen Wasserstoffbomben.

Die Stadt würde dabei völlig zerstört, Großbrände wären mit Sicherheit zu erwarten. Der radioaktive Niederschlag würde je nach Windrichtung ein größeres Gebiet unbewohnbar machen. Trotzdem wäre selbst bei einem Angriff auf mehrere amerikanische und europäische Städte wohl keine Zerstörung der westlichen Kultur zu erwarten, wie die Erfahrungen des Zweiten Weltkriegs zeigen. Damals blieb selbst in völlig zerstörten deutschen Städten die öffentliche Ordnung weitgehend gewahrt. Hamburg war nach dem Feuersturm schon im September notdürftig wieder bewohnbar gemacht, weil genügend Hilfe von außen kam. Das ist nur möglich, wenn nicht zu viele Städte gleichzeitig getroffen werden und genügend Transportmöglichkeiten zur Verfügung stehen, also die Eisenbahnlinien und Straßen einigermaßen benutzbar bleiben.

In den sechziger Jahren des 20. Jahrhunderts hat eine Gruppe von Wissenschaftlern unter der Führung des Physikers und Philosophen Carl-Friedrich von Weizsäcker die Folgen eines Atomkriegs für Deutschland untersucht. Das war vor der Wiedervereinigung, die Rechnung betrifft deshalb nur die alten Bundesländer. Das Ergebnis ist erschreckend: Bei einer bodennahen Explosion von 75 Wasserstoffbomben von je 2 MT wäre Deutschland unbewohnbar. Die Industrie und das Transportwesen wären auf lange Zeit lahmgelegt. Diese Anzahl von Bomben würde allerdings wohl nur bei einem weltweiten Schlagabtausch mit mehreren tausend Bomben erreicht. Schon 20 große Atombomben würden aber mehr als 15 Millionen Menschen sofort töten, über 10 Millionen wären verletzt. Industrie und Landwirtschaft wären schwer angeschlagen, würden sich aber möglicherweise erholen können. Heutzutage wäre der materielle Schaden weitaus schlimmer. Der mit einem Atombombenangriff verbundene elektromagnetische Puls würde das Kommunikationsnetz und die meisten Computer völlig zerstören und damit die Industrie um 50 Jahre zurückwerfen.

Der elektromagnetische Puls

Eine Atombombenexplosion in einer Höhe von ca. 100 bis 500 Kilometern erzeugt noch ein weiteres Problem: den sogenannten elektromagnetischen Puls (EMP). Dabei handelt es sich um eine sehr kurzzeitige und starke elektromagnetische Strahlung, die Spannungsspitzen in elektrischen und elektronischen Geräten hervorruft. Moderne Computerchips haben eine Vielzahl von Funktionseinheiten auf kleinstem Raum integriert und sind deshalb gegen Überspannungen äußerst empfindlich. Nicht abgeschirmte Handys, Laptops oder Desktops würden vermutlich noch in einer Entfernung von mehr als 1000 Kilometern beschädigt oder zerstört. Die Autoelektronik ist normalerweise robuster, aber bei einem sehr starken EMP könnten Automotoren ausgehen, weil die Zündung versagt.

Je stärker die Infrastruktur vernetzt ist, umso einschneidender wäre der Effekt eines EMP. Fast alle Industriestaaten setzen elektronische SCADA-Systeme (*Supervisory Control and Data Acquisition* – Überwachung und Datenerfassung) selbst in kritischen Bereichen ein. Ein Ausfall dieser Systeme würde die Versorgung mit Wasser, Gas, Elektrizität und anderen lebenswichtigen Gütern schwer beeinträchtigen.

Ein Beispiel: An einem Tag im November 1999 waren im kalifornischen San Diego die drahtlosen Netze für die Wasser, Gas- und Stromversorgung von einem Moment zum anderen massiv gestört. Die zuständigen Firmen schickten in aller Hast Techniker los, um die computergesteuerten Wasser- und Gas-Ventile von Hand zu bedienen. Das Wassernetz stand kurz vor einer »katastrophalen Fehlfunktion«, wie die Wasserbehörde später schrieb. Wasserleitungen hätten platzen können, eventuell wären größere Bereiche überflutet worden, während in anderen Gebieten kein Wasser mehr verfügbar gewesen wäre. Ursache war das Radar eines Schiffs 40 Kilometer vor der Küste.

Bereits einzelne, in großer Höhe gezündete nukleare Sprengköpfe könnten beträchtliche Teile der Infrastruktur der USA, Japans, Chinas und Europas lahmlegen. Vermutlich genügen dafür weniger als 20 Bomben (insgesamt, nicht etwa pro Land). Eine Expertenkommission in den USA warnte in einem 2008 veröffentlichten Bericht, dass bereits ein oder zwei solcher Bomben 70 Prozent oder mehr des amerikanischen Stromnetzes lahmlegen könnten. In Europa dürfte es nicht besser aussehen. Die Bomben müssten mit geeigneten Raketen auf mindestens 100 Kilometer Höhe gehoben werden, um solche verheerenden Wirkungen zu entfalten. Das ist heute kein Hindernis mehr, weil viele Staaten über die notwendige Technik verfügen. Die entsprechenden Bomben könnten auch unbemerkt in den Weltraum geschossen werden, und dort in Lauerstellung verbleiben. Ab ca. 1000 Kilometern Höhe können Satelliten über längere Zeit kreisen, in niedrigerer Höhe würden sie durch die Erdatmosphäre zu stark abgebremst. Im Jahre 2011 gab es bereits eine ganze Reihe von Staaten, die Satelliten gegen Bezahlung ins All befördern. Dazu gehören unter anderem die Länder der EU, Russland, die USA, Indien, China und Japan. Weitere Staaten verfügen über die nötige Technologie, um Satellitenstarts durchzuführen, darunter Pakistan, der Iran und Israel. In Zukunft dürften auch einige private Anbieter dazukommen. Die Firmen SpaceX und International Launch Services bieten bereits heute kommerzielle Satellitenstarts an. Wer immer über Atomsprengköpfe verfügt, kann sie unauffällig in eine Umlaufbahn befördern lassen und die internationale Gemeinschaft wirksam erpressen (gutes Thema für einen künftigen James-Bond-Film).

Ein massiver EMP-Angriff mit 10 oder mehr Atomsprengköpfen, die in einer Höhe von 100 bis 400 Kilometer explodieren, würde die Infrastruktur der westlichen Staaten schwer schädigen. Die elektronischen Zahlungs- und Kassensysteme der Banken würden größtenteils zerstört werden. Gas-, Wasser und Stromversorgungen erlitten schwere Schäden. Heizungsanlagen, die nicht in Kellern mit Stahlbetondecken untergebracht sind (z. B. Gasthermen), würden vermutlich ihren Dienst versagen. Ein Angriff an einem kalten Wintertag wäre fatal, weil vielerorts die Wasserleitungen einfrieren und platzen würden. Die Verkehrslenkung sowie das Internet wären weitgehend offline. Die Mobil-Funknetze würden vermutlich komplett ausfallen, weil die Sender zerstört würden. Die Notfallsysteme wären nur noch eingeschränkt arbeitsfähig, ebenso Krankenhäuser, Polizei und Feuerwehr. Die meisten computergestützten medizinischen Geräte wie Ultraschallgeräte, Röntgengeräte oder Magnetresonanztomographen wären wahrscheinlich funktionsunfähig. Wie gesagt: 10 Bomben würden genügen.

Globale und langfristige Wirkungen

Schon ein regionaler Konflikt könnte so viel Asche, Rauch und Staub in die Atmosphäre blasen, dass die Sonne deutlich an Kraft verliert und die Temperaturen auf der Erde sinken. Aber auch hier gilt: Nur ein weltweiter Atomkrieg würde den schlimmsten Fall auslösen, den sogenannten atomaren Winter mit einem Temperatursturz von fünf bis zehn Grad und einem weitgehenden Ausfall der Vegetationsperiode in den folgenden Jahren. Der Klimatologe Alan Robock von der Rutgers University in New Brunswick in den USA hat sich mit dem Thema besonders gründlich befasst. Er hat die Auswirkungen eines nuklearen Winters mehrfach mit den neuesten jeweils verfügbaren Klimamodellen durchgerechnet. Das Ergebnis ist erschreckend: Selbst der angenommene Fall eines regionalen Konflikts zwischen Indien und Pakistan mit der Explosion von

100 kleineren Atombomben würde das Weltklima ähnlich stark beeinflussen wie der Ausbruch des Vulkans Tambora, der 1816 das Jahr ohne Sommer ausgelöst hat. Die Temperaturen würden weltweit um ca. 1,25 Grad Celsius sinken, und die Regenmenge würde auf ca. 90 Prozent des Normalwerts zurückgehen. Dabei wären die mittleren und hohen Breiten vom Temperatursturz am stärksten betroffen, während die Tropen hauptsächlich unter dem Ausbleiben des Regens leiden würden. Die Sonneneinstrahlung wäre weltweit sichtbar verringert. Der aufgewirbelte dunkle Rauch würde die Hochatmosphäre aufheizen und die Ozonschicht ausdünnen. Erst nach ungefähr fünf Jahren würden sich die Verhältnisse wieder normalisieren. Zu wenig Regen, zu wenig Sonne, zu kalt, zu viel UV-Strahlung: Weltweite Missernten wären unvermeidlich. Die Menschheit würde mindestens zwei bis drei Jahre lang hungern und frieren, ganz abgesehen vom Elend rund einer Milliarde direkt betroffener Menschen.

Das sind nur die Folgen eines regionalen Krieges, ein globaler Atomkrieg würde zur Klimakatastrophe führen. Auch dieses Szenario hat Alan Robock durchgerechnet. Bei einer Menge von 50 Millionen Tonnen Rauch in der Atmosphäre würde es über Jahre dunkel und kalt. Die Durchschnittstemperatur wäre um drei Grad Celsius niedriger. Das mag sich erträglich anhören, aber der Effekt wird über den Landmassen der Nordhalbkugel deutlich stärker ausfallen, in Deutschland träten auch mitten im Hochsommer Nachtfröste auf. Der Himmel wäre über Jahre hinaus bedeckt, die Sonne auch an klaren Tagen kaum sichtbar, die Ozonschicht so stark geschädigt, dass wegen der massiven UV-Strahlung schon kurze Aufenthalte im Freien gesundheitsschädlich wären.

Sollten die Atommächte auf die Idee kommen, sich gegenseitig den Großteil ihres Arsenals an die Köpfe zu werfen, würde die Menschheit möglicherweise aussterben. Überall würde es finster werden, und die Temperaturen würden um sieben Grad Celsius abstürzen. Die Ernten der folgenden zwei bis drei Jahre würden in weiten Teilen Europas, Asiens und Nordamerikas komplett ausfallen, die Ozonschicht wäre schwer geschädigt. In Deutschland stiegen die Temperaturen im ersten Sommer nur selten über den Gefrierpunkt, im Winter würden sie auf minus 30 bis minus 40 Grad Celsius fallen. Das Land würde buchstäblich erstarren, viele Seen und Flüsse selbst im Sommer nicht mehr auftauen. Nur in den Tropen könnten die Ernten vielleicht ausreichen, um die Menschen zu ernähren.

Im Gegensatz zu den Befürchtungen der meisten Menschen spielt die Radioaktivität auf lange Sicht nur eine untergeordnete Rolle. Nur in den direkten Fallout-Regionen der Atombomben wäre die Strahlung gefährlich oder tödlich. Sie klingt aber bereits im Laufe von wenigen Wochen wieder ab, weil bei Atombombenexplosionen hauptsächlich kurzlebige Isotope entstehen. Jahrelang würde der natürliche Strahlungspegel um ca. 50 bis 200 Prozent steigen. Das würde die Anzahl von Krebserkrankungen messbar in die Höhe treiben. Allerdings wäre nach einer solchen Katastrophe niemand mehr da, der diese Statistiken erheben könnte.

Bei einem weltweiten Atomkrieg würden vermutlich eine ganze Reihe von Bomben in der Hochatmosphäre gezündet, um einen EMP auszulösen. Damit wären weite Teile der Kommunikation und auch des Krisenmanagements erst einmal lahmgelegt. Das Telefonnetz wäre vermutlich für Wochen unterbrochen, das Internet Geschichte. Die Produktionsanlagen für Computerbauteile wären vermutlich unwiderruflich zerstört, ein Wiederaufbau kaum denkbar. Die Weltwirtschaft wäre schwer getroffen, die Herstellung und Verteilung von Gütern würde auf einen Bruchteil der Vorkriegsproduktion absinken. Auch in den nicht direkt betroffenen Gebieten hätten die Kraftwerke große Schwierigkeiten, an Ersatzteile und Brennstoffe zu kommen. Die Versorgung mit Medikamenten wäre gestört. Für hochentwickelte Nationen käme das einer Katastrophe gleich, weil immer mehr Menschen beispielsweise auf tägliche Insulingaben angewiesen sind. Erdölfelder und Raffinerien sind wichtige Ziele in einem Atomkrieg, sie wären vermutlich zu einem großen Teil zerstört. Weil aber Treibstoffe für das Funktionieren aller

Volkswirtschaften von entscheidender Bedeutung sind, würden die Staaten alles versuchen, um wenigstens eine minimale Versorgung aufrechtzuerhalten. Trotzdem gäbe es nach einem Atomkrieg innerhalb von Wochen keinen privaten Autoverkehr mehr. Alle Treibstoffe würden staatlich verwaltet und wären ausschließlich für Notfälle reserviert. In Deutschland könnten nicht mehr alle Gebäude geheizt werden, die Menschen müssten in Sammelunterkünfte evakuiert werden, um die ersten drei mörderischen Winter zu überstehen. Selbst wenn Deutschland vom unmittelbaren Krieg verschont bliebe, würden allein die Folgen zu einer Jahrtausendkatastrophe führen. Die Klimaverschlechterung würde ein Massenaussterben in der Tierwelt auslösen, ähnlich demjenigen, das zum Verschwinden der Dinosaurier geführt hat. Eventuell würde der Verursacher der Katastrophe, die Art Homo sapiens, dabei auch von der Erde verschwinden.

Fazit

Ein großer weltweiter Atomkrieg würde zu einem Massenaussterben führen. Für die Menschen bedeutete es mindestens das Ende der technischen Zivilisation. Die Gefahr ist heute nicht geringer als vor 50 Jahren, auch wenn sie in den öffentlichen Diskussionen kaum auftaucht.

Atomkrieg in der Literatur

Sanfter Regen (There will come soft rains, 1920)

Sanfter Regen kommt und der Erde Geruch
Schwäne rauschen wie ein schimmerndes Tuch

und des Nachts singen Frösche im Kreis
und Pflaumenbäume in bebendem Weiß

Rotkehlchen zwitschern im Feuerkleid
auf schlaffem Zaundraht zur Frühlingszeit

Ein Krieg zog auf, sie erfuhren es nie,
dann endete er, was kümmert es sie?

Es stört nicht den Vogel, auch nicht den Baum,
dass die Menschen vergingen wie ein nächtlicher Traum

Und wenn am Morgen der Frühling erwacht
hat er kaum an unser Verschwinden gedacht.

(Sara Teasdale, amerikanische Lyrikerin, 1884–1933,
Übersetzung Thomas Grüter)

In ihrem Gedicht aus dem Jahre 1920 entwirft die Dichterin zunächst eine geradezu kitschige Naturidylle. Erst in den letzten Strophen wird klar, was der Ausdruck »schlaffer Zaundraht« schon andeutet: Die Menschen sind verschwunden, sie haben sich in einem großen Krieg selbst ausgelöscht. Die Natur aber kümmert das nicht, Bäume, Vögel und Frösche leben sehr gut ohne uns weiter. Das Gedicht entstand unter dem Eindruck der menschenfressenden Schützengrabenschlachten des Ersten Weltkriegs, die Atombombe war noch nicht erfunden.

In Deutschland sehr bekannt ist das Buch *Die letzten Kinder von Schewenborn* von Gudrun Pausewang. Die Autorin hat viele Jugendbücher geschrieben, von denen einige ihr Engagement in der Anti-Atomkraft-Bewegung widerspiegeln.

In allen grausamen Einzelheiten schildert die Autorin aus der Sicht des zwölfjährigen Roland die Erlebnisse einer Familie nach einem Atomkrieg in Deutschland. Roland lebt mit seiner Familie in Frankfurt, als plötzlich der Krieg ausbricht. Die Familie überlebt nur, weil sie zum Zeitpunkt der Atomexplosionen in das kleine Dorf Schewenborn gefahren ist, um die Großeltern zu besuchen. Die Menschen dort sind zwar von den unmittelbaren Zerstörungen nicht betroffen, leiden aber wie alle anderen unter den Folgen.

Die Strahlenkrankheit fordert ihre Opfer, Nahrungsmittel werden knapp, Seuchen brechen aus. Die meisten Kinder, die in den nächsten Jahren geboren werden, sind kaum lebensfähig, das Dorf stirbt langsam aus.

Am Ende des Buchs ist der Junge 17 Jahre alt und unterrichtet selbst Kinder, »die Letzten«, wie er sagt. Seine Geschwister und seine Mutter sind gestorben, ebenso ein Großteil der Bewohner in Schewenborn. Wer nicht gegen den Atomkrieg protestiert, müsse sich vor den Nachgeborenen als Mörder verantworten, meint die Autorin. Das Buch gehört zur Standard-Schullektüre und soll nachdrücklich vor einem Atomkrieg warnen. Dieser Aufgabe wird es nur unzureichend gerecht, denn es schildert den Krieg und die Folgen als ein unbegreifliches, unabwendbares Ereignis, quasi als höhere Gewalt. Zu den Ursachen oder zur Vorsorge gegen einen Krieg verliert es kein Wort.

Der 1984 gedrehte englische Film *Threads* bereitet das Thema eines nuklearen Weltkriegs als Dokudrama auf. Der Titel (Threads = Fäden) verweist darauf, dass unsere Zivilisation auf dem reibungslosen Zusammenspiel eines ganzen Netzes von einzelnen Fäden beruht, zum Beispiel der Versorgung mit Wasser, Strom und Benzin, dem Funktionieren der öffentlichen Dienste und des Transportwesens sowie einer intakten Kommunikation. Wird dieses Netz gewaltsam zerrissen, ist unsere Lebensweise auf lange Zeit zerstört.

Die Handlung des Films spielt im Frühjahr eines ungenannten Jahres und zeigt das Schicksal der Familien Beckett und Kemp in der englischen Stadt Sheffield. Die junge Ruth Beckett ist von ihrem Freund Jimmy Kemp schwanger. Sie beschließen zu heiraten. Schwierigkeiten sind vorprogrammiert, denn die Familie Beckett gehört zur wohlhabenden Bürgerschicht, die Familie Kemp aber zur Arbeiterklasse. Gleichzeitig eskaliert ein militärischer Konflikt zwischen den Großmächten USA und UdSSR. Am 25. Mai explodiert eine Atombombe hoch über der Nordsee. Der elektromagnetische Puls vernichtet große Teile der elektronischen Infrastruktur und der

Kommunikationsgeräte. Nur wenige Minuten später fallen Atombomben auf Sheffield und einen nahe gelegenen Flugplatz. Die Stadt wird zerstört. Wenige Wochen später sind bis auf Ruth alle Protagonisten tot: Die Kemps erliegen der Strahlenkrankheit, die Becketts werden von Plünderern ermordet, Jimmys Schicksal bleibt ungewiss. Die öffentliche Ordnung bricht zusammen, die Regierung verhängt das Kriegsrecht und führt die Todesstrafe ein, Plünderer werden ohne Anruf erschossen. Die vielen Leichen können nicht mehr beerdigt werden, Seuchen breiten sich aus. Die Explosion der vielen Atomwaffen hat weltweit gewaltige Brände ausgelöst, deren Rauch die Sonne verdeckt. Die Temperaturen stürzen ab, die Ernte fällt fast vollständig aus. Es dauert Jahre, bis die Sonne wieder mit voller Kraft scheint. Auch die Ozonschicht wird geschädigt, so dass die UV-Strahlung fast ungehindert die Erde erreicht. Viele Menschen erkranken an Hautkrebs, bei anderen trüben sich die Augenlinsen und sie erblinden. Fünf Jahre nach dem Krieg hat England noch vier bis elf Millionen Einwohner, mehr als 80 Prozent aller Menschen sind tot.

Ruth ist aus Sheffield geflüchtet und bringt ihre Tochter ohne jede Hilfe in einer Scheune zur Welt. 10 Jahre später stirbt sie, ausgemergelt, weißhaarig und blind. Der Film endet, als Ruths Tochter einige Jahre später nach einer Vergewaltigung ein missgestaltetes totes Kind zur Welt bringt. Noch immer hat sich England von der Katastrophe nicht erholt: Das Krankenhaus, in dem sie entbindet, ist kaum mehr als ein Notlazarett.

Der Film dokumentiert die brutale und endgültige Vernichtung der Zivilisation durch einen globalen Atomkrieg. Seine Botschaft lautet: Wenn die Strukturen der Gemeinschaft, die Fäden des Netzes, einmal zerrissen sind, braucht es Jahrzehnte, sie zu flicken, wenn es überhaupt gelingen kann. Die Spielhandlung wird immer wieder von Texttafeln unterbrochen, die Hintergrundinformationen über das Ausmaß und die Wirkungen eines weltweiten Atomkriegs anzeigen.

Der Film ist im Internet abrufbar und als DVD erhältlich.

In den sechziger bis achtziger Jahren des 20. Jahrhunderts gab es sehr viel Literatur über den Atomkrieg. Einiges davon wirkt heute etwas antiquiert. Folgende Bücher möchte ich empfehlen:

Das letzte Ufer (On the Beach) von Nevil Shute, 1958

(Deutsch nur antiquarisch erhältlich, die Originalfassung ist noch lieferbar.)

Ein Atomkrieg hat die Nordhalbkugel der Welt zerstört, nur in Australien, Südamerika und Teilen von Afrika haben Menschen überlebt. Aber die Radioaktivität breitet sich unerbittlich aus und tötet auch die letzten Überlebenden. Das Buch beschreibt die letzten Monate im Leben von einigen Australiern und einer amerikanischen U-Boot-Besatzung, die sich dorthin gerettet hat. Die Amerikaner kehren an die Westküste der USA zurück, weil sie glauben, von dort Funksignale gehört zu haben, aber das erweist sich als Fehlalarm. Nevil Shutes Protagonisten bewahren Haltung bis zum unvermeidlichen Ende, die Menschheit stirbt zivilisiert.

Lobgesang für Leibowitz (A canticle for Leibowitz) von Walter Miller, 1959

(Deutsch nur antiquarisch erhältlich, die Originalfassung ist noch lieferbar.)

Im 20. Jahrhundert ist die Welt durch einen großen Atomkrieg verwüstet worden. Dieser Schock führte zu einer Verdammung jeder Art von akademischem Wissen, einschließlich des Lesens und Schreibens. Nur ein katholischer Orden, der »Albertinische Orden von Leibowitz«, bemüht sich um die Rettung des alten Wissens. Miller hat ihn nach Albertus Magnus, dem großen Kirchengelehrten des Mittelalters und Schutzpatron der Naturwissenschaftler, benannt. Sein Gründer ist der ehemals jüdische, zum katholischen Glauben übergetretene Elektroingenieur Isaac Edward Leibowitz. 600 Jahre nach dem Atomkrieg entsteht eine neue Renaissance und noch einmal 600 Jahre später haben die Menschen wieder Atomwaffen, aber sie reisen jetzt auch zu fremden Sternen. Unmittelbar vor dem nächsten weltweiten Atomkrieg retten die Mönche im Auftrag der Kirche so viele Menschen wie möglich und fliegen sie in eigens gebauten Raumschiffen zu den Sternenkolonien. Der Autor weist der katholische Kirche eine einzigartige Rolle bei der Wiederherstellung der Zivilisation nach der Katastrophe zu. Sie repräsentiert für ihn die Kontinuität der Kultur in einer zerstörten Welt. Dabei geht es ihm wohl nicht so sehr um die Inhalte des Glaubens als vielmehr um den stützenden Rahmen, den die hochentwickelte Kirchenorganisation gewährleistet.

Biologische und chemische Waffen.

Wirkung: ●● bis ●●●
Wahrscheinlichkeit: ▲

In der Literatur ist die Ausrottung der Menschheit durch eine biologische Waffe ein beliebtes Thema. Mary Shelley, die Autorin des *Frankenstein*, lässt die Menschheit in ihrem Buch *The Last Man* (1826) durch eine Seuche sterben, bevor der letzte Mensch eine einsame Segeltour durch das Mittelmeer beginnt. In Stephen Kings *The Stand – Das letzte Gefecht* gelangen tödliche Keime aus einem amerikanischen Labor in die Umwelt, und in *Oryx und Crake* von Margaret Atwood setzt der verrückte Wissenschaftler Crake ein als Rauschdroge getarntes Virus frei, das daraufhin die Menschheit ausrottet.

Diese literarischen Fiktionen sind jedoch in der Wirklichkeit eher unwahrscheinlich. Die Entwicklung und Lagerung biologischer Waffen sind seit der Biowaffenkonvention von 1972 verboten, aber viele Staaten halten sich nicht daran. Mit den neuen Möglichkeiten des Bioengineering könnte man schädliche Organismen erzeugen, die den schauerlichsten Albträumen entsprungen sein könnten. Dabei ist das, was über die Forschungen in den USA und der Sowjetunion in den sechziger und siebziger Jahren bekanntgeworden ist, bereits schlimm genug. Mehrere tausend Tonnen von gefährlichen und gegen alle Antibiotika resistenten Bakterien soll die Sowjetunion hergestellt und gelagert haben. Die Vorräte hätten eventuell ausgereicht, um ganze Staaten auszulöschen. Das Schicksal dieser mörderischen Substanzen ist nicht sicher geklärt. Teile der sowjetischen Biowaffenproduktion wurden auf der Insel Ostrow Wosroschdenija im Aralsee gelagert, wo sich auch das Forschungslabor für Biowaffen befand. Mit dem Zerfall der Sowjetunion ging die Insel in die Hoheit der neu entstandenen Republik Usbekistan über. Der Aralsee verlandet seit über 50 Jahren in immer schnellerem Tempo und die ehemals unzugängliche Insel hat inzwischen eine direkte Verbindung zum Festland. Man fürchtet jetzt, dass mit gefährlichen Erregern verseuchte Tiere kaum beherrschbare Epidemien verbreiten könnten.

Im Jahr 2008 warnte eine Kommission des US-Kongresses eindringlich vor den Gefahren eines Terror-Anschlages mit biologischen Waffen, zum Beispiel mit Pockenviren. Selbstmordattentäter könnten sich infizieren und mit dem hochansteckenden Virus im Körper auf Interkontinentalflüge gehen. Die Inkubationszeit, also die Zeit von der Ansteckung bis zum Ausbruch der Krankheit, beträgt ein bis zwei Wochen, die Träger sind ab Beginn der ersten Erscheinungen ansteckend, oder sie könnten das Virus über Sprühfläschchen verteilen. Bevor der Terroranschlag erkannt wäre, könnten Tausende von Menschen infiziert sein. Viele Industriestaaten haben Gegenmaßnahmen ergriffen: Deutschland hält beispielsweise zurzeit (2010) 100 Millionen Dosen Pockenimpfstoff bereit. Es gibt Notfallpläne für rigorose Quarantänemaßnahmen. So widerwärtig ein solcher Terrorangriff auch wäre: Es ist mehr als unwahrscheinlich, dass er die Menschheit oder auch nur eine Kultur gänzlich ausrotten könnte. Ähnliches gilt auch für die Bedrohung durch chemische Waffen. Sie können in einem kleinen Gebiet Hunderte oder Tausende von Menschen töten, aber keinen Weltuntergang auslösen.

In der Endzeitliteratur ist die alles vernichtende Epidemie eher ein Kunstgriff als eine realistische Vision. Sie erlaubt es, den oder die letzten Menschen in eine weitgehend unzerstörte, aber unbevölkerte Umgebung zu versetzen.

Ökologischer Kollaps

Wirkung: ● bis ●●
Wahrscheinlichkeit: ▲▲▲▲

Es ist unwahrscheinlich, dass die Zivilisation oder die Menschheit sich in einem Atomkrieg vernichtet, auch ein passender Vulkan oder Asteroid zur Ausrottung unserer Art ist bisher nicht in Sicht. Möglicherweise müssen wir solche Katastrophen auch nicht bemühen: Wir sind derzeit auf dem besten Wege, unseren eigenen Ast abzusägen. Im Jahre 1972 warnte die Arbeitsgruppe von Dennis Meadows, Donella Meadows, Erich Zahn und Peter Milling bereits davor, dass die Grenzen des Wachstums bald erreicht sein würden.

In verschiedenen Szenarien untersuchten sie mittels einer Computersimulation die Zukunft der Menschheit bis zum Jahr 2100. Sie bezogen rund 100 verschiedene miteinander gekoppelte Parameter in die Rechnung mit ein. Demnach werden bis Mitte des 21. Jahrhunderts Rohstoffe oder Anbauflächen knapp. Die Umweltverschmutzung erreicht gefährliche Werte. In der zweiten Jahrhunderthälfte wird die Bevölkerungszahl durch weltweite Hungersnöte drastisch zurückgehen. Unter dem Titel *The Limits to Growth* (deutsch: *Die Grenzen des Wachstums*) wurde das Buch zur Studie in kurzer Zeit international bekannt. Bis heute sind ca. 30 Millionen Exemplare davon verkauft.

Solche Warnungen sind nicht neu: Der britische Ökonom Thomas Malthus stellte schon 1798 in seinem Buch *Versuch über das Bevölkerungsgesetz* die These auf, dass die Bevölkerung geometrisch wächst, die Landwirtschaft aber immer nur um gleiche Erträge pro Zeiteinheit. Also wird sie irgendwann nicht mehr genug Nahrungsmittel liefern können, um die Menschen zu ernähren. Malthus überarbeitete das Buch mehrfach von der ersten, sehr kurzen Fassung von 1798 bis zur voluminösen sechsten Auflage 1826. Obwohl seine Annahmen und seine Statistiken auf recht schwachen Beinen standen, fanden sie in Europa und in den USA viele Anhänger unter Wissenschaftlern und Politikern. Malthus begnügte sich nicht mit der reinen Rechnung, er baute auch eine Theorie darauf auf. Die Bevölkerung, so postulierte er, werde stets anwachsen, solange die Menschen mehr als das Allernötigste zum Leben haben. Dann werden Hungersnöte, Kriege und Seuchen sie wieder dezimieren.

Damals lebte etwa eine Milliarde Menschen auf der Erde, zurzeit (im Jahr 2010) sind es 6,9 Milliarden, und jedes Jahr kommen mehr als 80 Millionen hinzu. Die UNO erwartet, dass sich das Bevölkerungswachstum bis 2050 verlangsamt, so dass zu diesem Zeitpunkt etwa neun (acht bis 10,5) Milliarden Menschen auf der Erde wohnen werden. In dieser Größenordnung wird sich die Zahl voraussichtlich stabilisieren, weil die weltweite Geburtenrate ständig sinkt. Dann wird die Erde das erleben, was wir aus den Industrieländern bereits kennen: eine beständige Alterung der Gesellschaft. Nach dem derzeitigen Stand der Dinge werden die zehn Milliarden Menschen nicht hungern müssen. Vielleicht wird die Welt auch friedlicher werden. Einige Forscher, darunter der emeritierte Bremer Soziologe Gunnar Heinsohn, vertreten die These, dass ein Überschuss an jungen Männern Kriege auslöst. Wenn junge Männer zwischen 15 und 24 Jahren keine Beschäftigung haben, so nimmt er an, wenden sie sich dem Kriegshandwerk zu. Das ist allerdings umstritten, und in jedem Fall eine grobe Vereinfachung. Sicher ist nur, dass Völker mit einer geringen Zahl von jungen Männern weniger Kriege führen. Geht die Entwicklung also zu einer alternden, friedlichen Welt ohne stetiges Bevölkerungswachstum? Dann könnte die Welt sich auf die Ausrottung von Hunger, Krankheit und Umweltverschmutzung konzentrieren, und die meisten Menschen lebten friedlich bis an ihr seliges Ende. Das hört sich viel zu gut an, um wahr zu sein. Und so ist es leider auch. Wenn in den nächsten 50 Jahren nicht unvorhergesehene Veränderungen eintreten, ist die jetzige Zivilisation am Ende. Das Problem hat drei Hauptfacetten:

Zum einen ist der Vorrat an wichtigen Rohstoffen begrenzt. Das betrifft keineswegs alleine das Erdöl, sondern auch – und im Besonderen – die für die moderne Hochtechnologie wichtigen seltenen Elemente Gallium, Indium und Germanium. Gallium ist ein silbern glänzendes Metall mit recht sonderbaren Eigenschaften. Es schmilzt bereits bei 29,76 Grad Celsius, aber das flüssige Metall kann man bis zur Weißglut erhitzen, bis es bei 2204 Grad Celsius endlich verdampft. Deshalb eignet es sich beispielsweise hervorragend für Hochtemperaturthermometer. Die wichtigsten Abnehmer kommen aber aus der Halbleiterindustrie, denn Gallium ist ein unentbehrlicher Bestandteil von Leuchtdioden, heute meist LEDs genannt. Der Kern der LED, der leuchtende Halbleiterkristall, besteht zum Beispiel aus Aluminiumgalliumarsenid, Galliumarsenid, Galliumphosphid, Galliumnitrid oder ähnlichen Verbindungen. Nach einer Prognose des Fraunhofer-Instituts für System- und Innovationsforschung (ISI) wird im Jahre 2030 allein der Galliumbedarf für weiße LEDs mindestens die Hälfte der Jahresproduktion verbrauchen. Der Gesamtbedarf für Gallium wird dann beim Sechsfachen der Jahresproduktion von 2006 liegen.

Noch schlimmer sieht es bei dem verwandten Element Indium aus. Dieses außerordentlich seltene Metall stammt aus derselben Periode des Periodensystems wie Gallium und Aluminium und wird für die Produktion von weißen LEDs für Flachbildschirme und Touchscreens gebraucht. Der Weltvorrat ist so begrenzt, dass er vermutlich noch vor dem Jahr 2050 erschöpft sein wird. Sollten Autos in Zukunft mit Lithium-Akkus betrieben werden, müsste auch Lithium auf die Liste der gesuchten Elemente.

Die EU-Kommission veröffentlichte im Juni 2010 das Arbeitsgruppenpapier *Critical Raw Materials for the EU*, das die Versorgung mit den Elementen Antimon, Beryllium, Magnesium, Gallium, Germanium, Indium, Kobalt, Niob, Tantal und Wolfram, den Mineralen Flussspat und Graphit sowie den Platinmetallen und den Seltenerdmetallen als kritisch für die EU einstuft. Unter »kritisch« versteht die Arbeitsgruppe eine ungesicherte Belieferung bei gleichzeitig hoher wirtschaftlicher Bedeutung. Gerade die seltenen, nur in geringen Mengen vorkommenden Metalle hatte die Arbeitsgruppe von Dennis Meadows nicht auf ihrer Rechnung, als sie die Grenzen des Wachstums auszuloten versuchte. Aber diese Elemente, oder genauer gesagt der Mangel an diesen Elementen, könnte die künftige Entwicklung ausbremsen.

Nicht nur die Rohstoffe, auch die biologischen Ressourcen gehen langsam zur Neige. Die Menschheit verbraucht bereits jetzt mehr davon, als nachwachsen kann. Der kanadische Populationsökologe William Rees und sein damaliger Doktorand, der Schweizer Mathis Wackernagel, erfanden in den frühen neunziger Jahren des 20. Jahrhunderts einen griffigen Index dafür, den sogenannten *ökologischen Fußabdruck*. Sie rechneten den Verbrauch von biologischen Ressourcen auf einen Standardhektar (den *global hectar*) um, der einen bestimmten Ertrag liefert. Ein Mensch verbrauchte im Jahr 2001 etwa die biologische Produktion von etwa 2,2 Standardhektar, ihm stehen aber nur etwa 1,8 Standardhektar zur Verfügung. Das ergibt einen Überverbrauch (*Overshoot*). Bereits seit Beginn der achtziger Jahre, so ergaben ihre Berechnungen, verbrauchen die Menschen mehr Ressourcen, als nachwachsen.

Der ökologische Fußabdruck fasst den Verbrauch von Land für Siedlungen (*Built-up land footprint*), den von Energie (*Energy footprint*) und den von Agrar- und Forstprodukten *(Food, Fiber and Timber footprint*) zusammen. Bei der Berechnung berücksichtigen die Wissenschaftler alle wichtigen Aspekte menschlichen Lebens, also auch den Verbrauch von Kleidung, Gebrauchsgegenständen und Baustoffen. Man kann sich sicherlich darüber streiten, ob ein einzelner Index den Verbrauch an natürlichen Ressourcen gut erfassen kann, aber in jedem Fall hat sich das Konzept weltweit durchgesetzt. Die UNO baut ihre Strategie darauf auf, England, Finnland und Japan verwenden es offiziell, und Wissenschaftler benutzen es, um globale oder regionale ökologische Veränderungen einzuschätzen. Mathis Wackernagel hat zahlreiche Auszeichnungen für sein Engagement erhalten und ist derzeit Präsident des Global Footprint Network. Diese internationale Organisation mit Büros in Oakland, Zürich, Brüssel und Washington möchte nach eigenem Bekunden »Entscheider auf allen Ebenen der Gesellschaft beeinflussen« und mithelfen, »den ökologischen Überverbrauch zu beenden«. Dazu kann sie auf beträchtliche Mittel zurückgreifen: Auf der Website stellten sich im Juni 2010 insgesamt 36 Mitarbeiter vor, und der Jahresbericht für 2009 weist einen Etat von mehr als 2,4 Millionen US-Dollar aus.

Wenn sich nichts ändert, wird der Überverbrauch weiter ansteigen, bis er im Jahre 2050 mehr als das Doppelte der verfügbaren Kapazität beträgt. Der größte Verursacher dieser fatalen Entwicklung ist das stete Wachstum des Energieverbrauchs, das wiederum den CO_2-Ausstoß in die Luft erhöht. Der Mehrverbrauch an Nahrungsmitteln hält sich dagegen in Grenzen, denn ein Mensch kann zwar immer mehr Energie verbrauchen, aber nicht beliebig viel essen. Auf ihrer Webseite schreibt das Global Footprint Network zu den Folgen ständigen Überverbrauchs:

»Das Ergebnis sind kollabierende Fischereiindustrien, verringerte Waldbedeckung, die Erschöpfung der Frischwasser-Kreisläufe und der Anstieg von Umweltverschmutzung und Abfall, was Probleme wie die globale Klimaveränderung hervorruft. Dies sind nur einige der auffälligsten Auswirkungen des Überverbrauchs.«

Das Global Footprint Network möchte besonders den CO_2-Ausstoß verringern, denn darin sieht es den größten Verursacher des Überverbrauchs. Ob das allerdings gelingt, ist sehr zweifelhaft. Ein Anstieg der Weltbevölkerung von jetzt sieben auf mindestens acht Milliarden Menschen wird den ökologischen Fußabdruck der Menschen um 15 Prozent ansteigen lassen, eine Reduktion unter den heutigen Stand würde also erfordern, dass die Menschen mindestens 20 Prozent weniger Ressourcen verbrauchen. Damit hätten sie aber nur den heutigen Stand konserviert, tatsächlich müssten sie den Fußabdruck auf ca. 60 Prozent des heutigen Stands reduzieren, damit die Natur sich regenerieren kann. Trotz aller Anstrengungen wird der CO_2-Ausstoß bis wenigstens 2050 weiter ansteigen, und die globale Erwärmung wird sich verstärken. Vermutlich werden sich irgendwann Meeres- und Luftströmungen sprunghaft ändern, so dass einige Weltgegenden sehr stark und andere kaum betroffen sein werden. Mit ausgedehnten Ernteausfällen sollten wir aber rechnen. Dann könnte das eintreten, was die Menschen in Europa und Nordamerika nur noch aus Geschichtsbüchern kennen: ein globaler Mangel und eine galoppierende Verteuerung der Grundnahrungsmittel. Ein gleichzeitiger Engpass bei Öl und Gas würde Heizung und Transport unerschwinglich machen. Ist eine Teuerung in den Industrieländern schon problematisch, so wird sie in den Entwicklungsländern zu einer großflächigen Hungersnot führen. Wenn aber nicht genügend Nahrungsmittel zur Verfügung stehen, werden die Industrieländer kaum helfen können. Es könnten also Hunderte von Millionen Menschen sterben.

Hungersnöte, Seuchen und Kriege hat es in der Geschichte der Menschheit immer wieder gegeben, ohne dass dadurch gleich eine Kultur oder gar die gesamte Zivilisation zugrunde gegangen wäre. Es hat aber noch nie eine Kultur gegeben, die sich vorwiegend auf zwei sehr zerbrechliche Säulen stützt:

Erstens die hochentwickelte Halbleiterindustrie und zweitens die davon abhängige globale Vernetzung. Handys, Internet, DVDs, PCs, Autoelektronik, Navis, GPS, digitales Fernsehen und intelligente Verkehrsleitsysteme bestimmen unser Leben. Eventuell werden in den nächsten 20 Jahren noch die intelligenten Stromverteilungssysteme (*Smart Grids*), intelligente Haushaltsgeräte und elektronische Servosteuerungen für die Gas- und Wasserversorgung hinzukommen. Das alles ist außerordentlich anfällig.

Die zerbrechliche Weltkultur

In der Geschichte der Menschheit hat es noch nie eine echte Weltkultur gegeben. Zu jeder beliebigen Zeit blühten wenigstens zwei oder drei grundverschiedene Hochkulturen. Mit dem Aufkommen des Internet hat sich das geändert. Kauft noch irgendwer ein, ohne sich vorher im Netz über den besten Preis informiert zu haben? Das Buch, das Sie jetzt in der Hand halten, hätte ich nicht schreiben können, wenn es kein Internet gäbe. Die umfangreichen Recherchen hätten sicher ein Jahrzehnt und nicht nur ein knappes Jahr in Anspruch genommen. Viele der dafür benutzten Bücher habe ich antiquarisch beschaffen müssen, was ohne Internetsuche aussichtslos gewesen wäre. Ich habe Wissenschaftler in der ganzen Welt per E-Mail um Auskünfte gebeten (und meist innerhalb einer Woche eine Antwort erhalten). Noch nie haben Sachbuchautoren, Wissenschaftler und Journalisten in so kurzer Zeit so viele Quellen ansehen und auswerten können. Die Handy- und Internetkultur hat fast die ganze Welt erfasst und umgekrempelt. Informationen sind weltweit sofort verfügbar. Die Umgangsformen der Internetnutzer sind überall erstaunlich ähnlich. Was wir zur Zeit erleben, ist nicht weniger als die Geburt der ersten echten Weltkultur. Sogar in ländlichen Gegenden Afrikas sind Handys inzwischen normaler Bestandteil des täglichen Lebens.

Leider hat das alles ein großes Problem: Die dahinterstehende Technik ist aufwendig und anfällig. Die Fabriken für moderne Halbleiterprodukte arbeiten fast alle für den Weltmarkt, und ohne Weltmarkt können sie nicht bestehen. Nehmen wir einmal folgendes Szenario an:

- Der Ölpreis steigt weiter stark an, weil die Förderung immer teurer wird. Damit steigen die Kosten für den weltweiten Transport von Waren auf schwindelnde Höhen.
- Eine Lebensmittelteuerung macht die Menschheit insgesamt ärmer.
- Die Preise wichtiger Rohstoffe für die Elektronik verzehnfachen sich.
- Damit würden Computer, Flachbildschirme und Handys deutlich teurer. Die hohen Transportkosten machen es unrentabel, in wenigen großen Fabriken für die ganze Welt zu produzieren. Die Produktion in kleineren Stückzahlen wäre aber noch einmal teurer. Immer weniger Menschen könnten sich Computer, Flachbildfernseher oder Handys leisten.

Die riesigen Hightech-Fabriken für die Chipproduktion und die Werke für die Glasrohlinge der Flachbildschirme werden geschlossen.

In diesem Moment beginnt ein Kampf gegen die Uhr. Ein modernes Handy, ein PC, ein Laptop, ein Modem oder ein Router haben eine Lebensdauer von fünf bis zehn Jahren. Das gilt auch für die Fabriken. Sie können nicht für längere Zeit stillgelegt werden. Wenn sie nicht innerhalb von zehn Jahren wieder hochgefahren werden, sind sie unwiederbringlich zerstört. Also stellt sich die entscheidende Frage: Können sie wieder aufgebaut werden, und wer soll die nötigen Mittel dafür aufbringen? Wir reden immerhin von mehreren hundert Milliarden Euro.

Und was ist mit der Infrastruktur? Eine Fabrik für hochgezüchtete PC-Zentraleinheiten oder Gigabit-Speicher braucht Zulieferer. Das alles nach einem Ausfall wiederaufzubauen könnte die Finanzkraft der gesamten Menschheit übersteigen. Dann wäre auch bald das auf elektronischen Speichermedien aufgezeichnete Wissen verloren. Eine Festplatte hält vielleicht ein Jahrzehnt, eine CD-R oder DVD-R ebenfalls, spezielle Langzeitspeicher überleben 50 Jahre. Zeit und Mittel werden nicht ausreichen, um die Daten auf andere Medien umzukopieren. Wenn die Verstärker der Unterseekabel nicht mehr ersetzt werden können, wird das Internet zusammenbrechen oder in viele kleine regionale Netze zersplittern. Die Internetkultur wäre verloren. Aber es kommt noch schlimmer: Viele der modernen Energiesparsysteme beruhen ebenfalls auf hochgezüchteter Elektronik. Während ein Kohlekraftwerk oder eine Wasserturbine zur Not ohne intelligente Steuerung auskommen, müssten moderne Windkraftanlagen eventuell stillgelegt werden, wenn die Steuercomputer ausfallen und nicht ersetzt werden können. Das Gleiche gilt für intelligent geregelte Heizungen. Der mühsam gebändigte CO_2-Ausstoß könnte sprunghaft steigen. Ab 2020 werden außerdem die Ölvorräte auf einen kritischen Wert absinken, zumindest wird die Förderung deutlich teurer, weil die leicht zugänglichen Reserven stark abnehmen. Der auf Öl oder Strom beruhende Individualverkehr ist dann kaum noch bezahlbar. Jetzt stellt sich natürlich die Frage, ob die Demokratie solche Erschütterungen überleben würde. Demokratische Entscheidungen beruhen auf einem ausgehandelten Konsens und brauchen deshalb viel Zeit. Wenn das Volk ungeduldig wird, könnte es versucht sein, eine Partei zu wählen, die alles schnell und radikal zu ändern verspricht. Aber ganz gleich, wie das ausgeht: Unsere gegenwärtige Kultur wäre verloren, und die Internetkultur, die erste echte Weltkultur, müsste sterben, ehe sie noch ganz erwachsen ist.

Halten wir fest: *Eine Unterbrechung der Produktion von modernsten Computersystemen wäre nach zehn Jahren vermutlich unumkehrbar.*

Im allerschlimmsten Fall bräche die Zivilisation ganz zusammen. Sollte der Welthandel zum Erliegen kommen, fehlten nahezu in jedem Land, ausgenommen vielleicht China und Russland, wichtige metallische und mineralische Rohstoffe. Die Lagerstätten in Europa lassen sich nur unter hohen Kosten neu erschließen oder reaktivieren, die leicht zugänglichen Erzadern haben unsere Vorfahren bereits vor langer Zeit ausgebeutet. Eine technische Zivilisation braucht aber Rohstoffe. Sollte im 21. Jahrhundert tatsächlich eine weltweite Katastrophe die Zivilisation zusammenbrechen lassen, hätten unsere Urenkel einen schweren Neustart vor sich. Sie müssten die Rohstoffe nehmen, die wir übrig gelassen haben, also Autowracks, Kupferkabel, Edelstahlgeschirr … Neue Lagerstätten würden sie wohl nicht so einfach finden. Diesem Szenario habe ich eine Wahrscheinlichkeit von über 50 Prozent zugeordnet, denn bisher lassen die Menschen keine Vernunft erkennen und haben noch nicht angefangen, ihre Ressourcen sinnvoll zu bewirtschaften.

Nick Bostrom sieht diesen Punkt nicht so kritisch. Als ich ihm meine Überlegungen zum ökologischen Kollaps geschildert habe, winkte er ab. Er sieht keine existentiellen Risiken durch Rohstoffmangel oder Teuerung, selbst die fragile Internet-Zivilisation sei nicht gefährdet, meint er. Dann hoffen wir mal das Beste.

Natürlich muss es nicht so kommen. Vielleicht erobern die Menschen rechtzeitig den Weltraum, finden im Asteroidengürtel genügend Rohstoffe für eine blühende Industrie und schwärmen über die Milchstraße aus. In einigen Millionen Jahren könnten sie unsere Galaxis besiedelt haben.

Naturkatastrophen und das Ende der Menschheit

Große Vulkanausbrüche

Wirkung: ●● bis ●●●
Wahrscheinlichkeit: ▲

Der Yellowstone-Nationalpark im Nordwesten der USA ist ein bemerkenswert schönes Fleckchen Erde. Er liegt in einem malerischen Hochtal der Rocky Mountains im Bundesstaat Wyoming an der Grenze zu Idaho und Montana. Bereits im Jahre 1872 erhielt das Gebiet den Status eines Nationalparks und ist damit der älteste Nationalpark der USA. Über 300 Geysire und Sinterterrassen geben ihm ein einzigartiges Aussehen. Auf seiner Webseite wirbt der National Park Service: »Erleben Sie den Old Faithful, den beliebtesten Geysir der Welt, und Hunderte von anderen Geysiren und heißen Quellen. Beobachten Sie Bären und Wölfe, Elche und Büffel im Lamar und Hayden Valley!«

Die vielen Geysire und heißen Quellen sind kein Zufall: Unter dem Nationalpark brodelt es. Dort verbirgt sich eine gigantische Magmakammer, in der sich geschmolzenes Gestein sammelt, das langsam aus dem Erdmantel aufsteigt. Sie ist grob bananenförmig und hat ein Volumen von 15 000 Kubikkilometer. Zum Vergleich: Der Ausbruch des Mount St. Helens am 18. Mai 1980 schleuderte etwa 1,1 Kubikkilometer in die Luft. Sollte das Yellowstone-Magma einen Weg an die Oberfläche finden, dann stünde uns möglicherweise ein gigantischer Vulkanausbruch bevor, größer als jeder andere in geschichtlicher Zeit.

Was da unter dem Nationalpark lauert, ist ein sogenannter Supervulkan. Er ist in ferner Vergangenheit mehrfach ausgebrochen, die Magmakammer hat sich entleert, und ihre Decke ist zusammengebrochen. Deshalb liegt über der Kammer ein Einbruchkessel, eine sogenannte *Caldera.* Mit einem Durchmesser von 50 × 80 Kilometern könnte sie das Bundesland Berlin ohne Schwierigkeiten komplett aufnehmen. Die Caldera entstand nach drei gigantischen Ausbrüchen vor ca. 2,1 Millionen, 1,3 Millionen und 640 000 Jahren. Allein der letzte Ausbruch beförderte 1000 Kubikkilometer Eruptionsmaterial in die Atmosphäre und begrub die halbe Fläche der USA unter vulkanischer Asche. Es dürfte damals für einige Jahre empfindlich kalt geworden sein auf der Welt.

Könnte ein großer Vulkanausbruch tatsächlich die Menschheit ausrotten? Nach der sogenannten Toba-Katastrophentheorie wäre es vor 74 000 Jahren beinahe so weit gekommen. Damals explodierte der Vulkan Toba auf der Insel Sumatra in Indonesien und blies etwa 2800 Kubikkilometer Gas, Asche und Gestein in Luft. Es war der größte Vulkanausbruch der letzten 100 000 Jahre und hat die Menschheit möglicherweise an den Rand des Aussterbens gebracht. Woher weiß man das heute noch? Die Unterschiede im Erbmaterial zwischen allen Menschen, ganz gleich, ob Europäer oder australische Ureinwohner, sind bemerkenswert gering. Die Ergebnisse von Genanalysen legen nahe, dass die Anzahl der gleichzeitig lebenden Menschen in den letzten 200 000 Jahren mindestens einmal auf die Einwohnerzahl einer Kleinstadt zusammenschrumpfte. Der *weltweit* gleichzeitig lebenden Menschen, wohlgemerkt. Dieses Phänomen ist unter dem Namen *genetischer Flaschenhals* bekannt.

Der Anthropologe Stanley Ambrose von der University of Illinios brachte Toba-Katastrophe und Flaschenhals in Verbindung und nahm an, eine enorme Abkühlung der Luft, ein *vulkanischer Winter,* habe die Menschheit an den Rand des Aussterbens gebracht. Das ist zwar plausibel, aber durchaus nicht zwingend. Die genetischen Daten können die Zeit des Bevölkerungsschwunds nur auf etwa 20 000 Jahre genau festlegen. Im Jahre 2009 rechnete eine Gruppe von Klimatologen unter Führung von Alan Robock von der Rutgers Universität in New Jersey die möglichen Klimaveränderungen noch einmal durch und fand, dass der Toba-Ausbruch einen Temperatursturz um bis zu 18 Grad für fünf Jahre ausgelöst haben könnte. Sie schlussfolgerten:

> Der ›Vulkanische Winter‹, der einer Toba-ähnlichen Supervulkan-Eruption folgt, würde auch heute verheerende weltweite Folgen für die Menschheit und die Ökosysteme haben.

Möglicherweise haben auch die Neandertaler vor etwa 40 000 Jahren unter den Folgen großer Vulkanausbrüche gelitten. Das legt eine Untersuchung von russischen Archäologen nahe. In Italien und im Kaukasus könnte es um diese Zeit verheerende Vulkanausbrüche gegeben haben. Auch hier gilt: Diese Annahmen sind alles andere als sicher.

Die Wirkungen von Vulkanen auf das Klima sind nicht etwa ein akademisches Gedankenspiel. In den letzten 250 Jahren hat es wenigstens viermal eine deutliche Abkühlung nach großen Vulkanausbrüchen gegeben.

1. Im Frühjahr des Jahres 1783 explodierte in Japan der Vulkan Asama, etwa 150 Kilometer nördlich von Tokio. Über Nordjapan wurde es vollständig dunkel. In weiten Teilen Japans fiel die Reisernte aus, so dass sich der Preis verdreifachte. Von 1783 bis 1787 brach eine Hungersnot über das Land herein. Zu Pfingsten 1783 brach die Laki-Spalte in Island auf einer Länge von 27 Kilometern auf. Dutzende von Kratern bliesen acht Monate lang große Mengen von Asche und vulkanischen Gasen in die Luft. Der Schwefelgeruch war noch in Mitteleuropa wahrnehmbar. Der schwefelsäurehaltige Regen vernichtete die Ernte in Island und schädigte Kulturpflanzen bis in die Niederlande. Überall in Europa war die Sonneneinstrahlung deutlich abgeschwächt. Der folgende Winter war schneidend kalt.
2. Am 10. April 1815 brach der Tambora-Vulkan in Indonesien aus und bescherte der Welt 1816 das Jahr ohne Sommer. Die Durch-

schnittstemperaturen sanken um drei bis vier Grad. Weltweite Missernten und Hungersnöte waren die Folge.

3. Am 27. August 1883 explodierte der Vulkan Krakatau in der Sunda-Straße, einer Meerenge zwischen Sumatra und Java. Der Knall der Eruption war noch in Australien hörbar. Ungeheure Mengen Gestein und Asche wurden bis 80 Kilometer in die Höhe geschleudert. Unmittelbar danach brach die Decke der Magmakammer ein und erzeugte eine mehr als 20 Meter hohe Flutwelle. Sie raste durch die Sunda-Straße und tötete 36 000 Menschen. Im Jahr 1884 gab es einen deutlichen Ernterückgang, der in den westlichen Staaten aber wegen der vorhandenen Überschüsse nicht zu einer Hungersnot führte.
4. Der letzte klimaverändernde Vulkanausbruch ist erst etwa 20 Jahre her. Am 15. Juni 1991 brach der Vulkan Pinatubo auf den Philippinen aus und schleuderte fünf Kubikkilometer Gestein und mehrere Millionen Tonnen Schwefelsäure in die Luft. Noch in Vietnam regnete es Vulkanasche. Die weltweiten Temperaturen sanken in den folgenden drei Jahren um ca. 0,5 bis ein Grad Celsius. Die Schwefelgase griffen auch die Ozonschicht an, der Ozongehalt sank um fünf bis zehn Prozent.

Fünf Kubikkilometer ist eine Zahl jenseits aller Vorstellung. Die Menge würde ausreichen, um die Fläche der Stadt Köln zwölf Meter hoch zu bedecken. Ein Supervulkan könnte aber *tausend* Kubikkilometer Asche ausstoßen. Der weltweite Temperaturrückgang würde für mehrere Jahre katastrophale Missernten nach sich ziehen, Hungersnöte auslösen und Epidemien begünstigen.

Machen wir uns nichts vor: Die Menschen sind auch heute noch auf eine einigermaßen stabile Umwelt angewiesen. Schon im Jahr 1816, dem *Jahr ohne Sommer,* kam es in Teilen Europas zu Missernten und Preissteigerungen, obwohl der damalige Ausbruch des Tambora-Vulkans in Indonesien um einige Größenordnungen kleiner war, als es der Ausbruch eines Supervulkans wäre. Ein solches Ereignis würde vermutlich das Ende der menschlichen Zivilisation bedeuten.

Meteoriten- oder Kometen-Einschlag

Wirkung: ●● bis ●●●●
Wahrscheinlichkeit: ▲

Bis zum 13. Januar 2004 war der Einschlag eines Asteroiden für die meisten Astronomen ein Risiko, über das sie gelegentlich mit ernstem Gesicht im Fernsehen berichteten, um dann mehr Mittel für die Himmelsüberwachung zu fordern. Aber an diesem Datum wurde die Bedrohung plötzlich sehr konkret. Das Observatorium des Lincoln Near Earth Asteroid Research Projekts (LINEAR) in New Mexico, USA, fand an diesem Tag ein schwach leuchtendes bewegtes Objekt, vermutlich ein Asteroid. Tim Spahr, der zuständige Astronom, ließ seinen Computer aus den vier bekannten Positionen eine vorläufige Bahn berechnen, gab die Daten auf die NEO-Confirmation Page auf der Website des Minor Planet Center (MPC) ein – und ging zum Abendessen in ein Restaurant. NEO steht für Near-Earth Objects, und auf der Confirmation Page stehen die Daten für die erwarteten Bewegungen am Himmel, damit das Objekt weiter verfolgt werden kann und nicht etwa verlorengeht. Ferner lässt sich dort die erwartete Helligkeit und die Bewegungsgeschwindigkeit ablesen. Der deutsche Amateurastronom Reiner Stoß sah die Daten und wunderte sich. Im Chatroom der MPML (Minor Planct Mailing List) von Yahoo äußerte er sein Erstaunen darüber, dass der Asteroid binnen eines Tages seine Helligkeit um den Faktor 40 steigern sollte. Dafür gab es nur eine Erklärung: Das Objekt näherte sich sehr rasch der Erde. Der Astronom Alan Harris las die Diskussion rein zufällig mit und beschloss nachzurechnen. Das Ergebnis war alarmierend: Es war möglich, dass der Asteroid die Erde traf, und zwar bereits am nächsten Tag. Er alarmierte einige Kollegen, darunter David Morrison vom NASA Ames Research Center, den Vorsitzenden der International Astronomical Union (IAU)-Arbeitsgruppe über NEOs, und Don Yeomans vom Jet Propulsion Laboratory (JPL), der das NEO Program Office der NASA leitete. Warum hatte Tim Spahr seine Ergebnisse nicht weitergemeldet?

Hatte er bereits festgestellt, dass der Asteroid die Erde verfehlen würde, oder hatte er den möglichen Zusammenstoß schlicht übersehen? Die Astronomen konnten ihn nicht erreichen. Aber sie erreichten um 20:30 Uhr Brian Marsden, den Direktor des MPC, der an diesem Tag länger arbeitete. Er gab dem JPL die Rohdaten der ersten vier Sichtungen. Jetzt stellte sich die Frage, ob man die Öffentlichkeit oder die Regierung alarmieren sollte. Wie groß war die Gefahr, und war man nicht in jedem Fall verpflichtet zu warnen?

Wie der Zufall es wollte, plante der amerikanische Präsident George W. Bush, am nächsten Tag eine Rede zur Zukunft der Raumfahrt zu halten. Würde er sein Skript dramatisch ändern müssen? Der Asteroid war ca. 30 Meter groß. Wenn ein solcher Brocken in die Atmosphäre rast, erhitzt er sich und platzt auseinander. Wenn das hoch über der Erde geschieht, erleben die Menschen einen gewaltigen Knall und einen weit verstreuten, aber wenig gefährlichen Trümmerregen. Schafft er es aber bis fast auf den Boden, dann können die Stoßwelle und die Hitzefront die Erde treffen. Die Trümmer schlagen auf einer relativ kleinen Fläche ein und können einigen Schaden anrichten. Insgesamt würde das reichen, um eine mittlere Stadt in Schutt und Asche zu legen.

Aber traf der Asteroid die Erde überhaupt? Weitere Positionsdaten würden helfen, die Bahn genauer zu bestimmen. Dummerweise war es in dieser Nacht fast überall wolkig, nur ein einzelner Beobachter in England konnte eine Sichtung liefern.

Inzwischen war Tim Spahr zu Hause angekommen, las seine E-Mails und raste zum Minor Planet Center zurück. Er hatte die Daten tatsächlich nicht auf eine eventuelle Kollision hin überprüft. Brian Marsden hatte inzwischen eine andere Bahn berechnet, die von der Erde wegführte und ebenfalls mit den spärlichen Beobachtungen vereinbar war. Er setzte sie auf die Website, um weiteren Schaden abzuwenden. Tim Spahr berechnete eine dritte Bahn, die knapp an der Erde vorbeiführte, und aktualisierte die Website erneut.

Wie Clark Chapman später anmerkte, hätten sie besser als Erstes berechnet, wo der Asteroid zu bestimmten Zeiten zu finden sein musste, wenn er tatsächlich auf Kollisionskurs war. Dann hätte man gezielt dort suchen können, um Entwarnung zu geben, wenn er sich nicht auf dieser Bahn befand. Aber die Astronomen hatten keine Pläne für ein solches Ereignis, und alle waren außerordentlich nervös.

Erst das JPL berechnete die Daten des Kollisionskurses und gab sie weiter. Einige Stunden später kam dann die Entwarnung: In den frühen Morgenstunden hatte ein Amateurastronom das Himmelsgebiet abgesucht und nichts gefunden. Der Asteroid war definitiv nicht auf Kollisionskurs, im Gegenteil: Er verfehlte die Erde um einige Millionen Kilometer.

Im Jahre 2008 schienen sich die Ereignisse zu wiederholen: Im Rahmen des Catalina Sky Survey, einem Projekt zur Suche nach Asteroiden, Kometen und NEOs, fand der Astronom Richard Kowalski am 6. Oktober 2008 einen Asteroiden, der nach ersten Berechnungen binnen 24 Stunden die Erde treffen sollte. Anders als vier Jahre vorher bestätigte sich schnell, dass der Asteroid tatsächlich auf Erdkurs war. Das MPC informierte die NASA und die wiederum die amerikanischen Bundesbehörden. Innerhalb weniger Stunden waren Dutzende von Teleskopen auf den Asteroiden gerichtet. Glücklicherweise hatte er einen Durchmesser von weniger als fünf Meter, und nach den immer genaueren Berechnungen war klar, dass er in einem dünn besiedelten Gebiet des Sudan in die Erdatmosphäre eintreten würde. Seine Bewegungsenergie entsprach der Sprengkraft von ungefähr tausend Tonnen TNT, knapp einem Zehntel der Hiroschimabombe. In 37 Kilometer Höhe zerbarst er in kleine Teile, die dann zu Boden fielen oder verglühten. Niemand kam zu Schaden. Ein Asteroid dieser Größenordnung trifft die Erde etwa einmal pro Jahr. Astronomen haben berechnet, dass bereits Asteroide von 20 Meter Durchmesser beträchtlichen Schaden anrichten können. In diesem Jahrhundert hat es allerdings noch keinen größeren Einschlag gegeben.

Der größte Asteroid des vergangenen Jahrhunderts traf in der Nähe des Flusses Tunguska in Sibirien auf, genauer gesagt: Er explodierte in der Luft. Die Schockwelle blies auf einer Fläche von 2000 Quadratkilometern einige Millionen Bäume um. Glücklicherweise war das Gebiet praktisch unbewohnt. Der Asteroid, von dem bisher übrigens keine Spuren gefunden wurden, hatte vermutlich einen Durchmesser von zwischen 35 und 100 Metern. Ein Asteroid von ungefähr tausend Metern Durchmesser würde mehr Energie freisetzen als die zeitgleiche Explosion aller Atombomben und hätte merkliche Auswirkungen auf das Weltklima. Ein Einschlagkörper ab etwa zwei Kilometern Durchmesser würde sicher eine globale Katastrophe auslösen, und ein 10 bis 20 Kilometer großer Brocken könnte die Menschheit und viele größere Tierarten vollständig ausrotten. Vor ca. 65 Millionen Jahren schlug ein Asteroid oder Komet dieser Größe auf der mexikanischen Halbinsel Yukatan ein, hinterließ den 180 Kilometer großen Chicxulub-Krater (nach dem Ort Chicxulub Puerto im Zentrum des Kraters) und bewirkte wahrscheinlich das weltweite Massensterben der Dinosaurier.

Was würde geschehen, wenn ein solcher Einschlag heute stattfände? In den vergangenen Jahren haben verschiedene Forschergruppen die Spuren des Einschlags untersucht und zugleich am Computer die Wirkung von Asteroidentreffern verschiedener Größen zu simulieren versucht. Wir haben also eine recht genaue Vorstellung darüber, was damals geschehen ist und heute geschehen würde.

Der Asteroid würde die Lufthülle binnen Sekunden durchschlagen und träfe auf den Erdboden. Auch eine Wasserschicht würde sofort zur Seite gedrückt werden. Beim Aufschlag entstehen im Asteroiden und im Erdboden extreme Schockwellen, die eine enorme Hitze auslösen. Der Asteroid heizt sich bis zu 10 000 Grad Celsius auf und verdampft praktisch sofort, ebenso wie ein Teil des darunter liegenden Gesteins. Ein Feuerball aus heißem Gas und verdampftem Gestein entsteht, schießt nach oben und breitet sich aus. Die intensive Wärmestrahlung dieser Glutwolke reicht aus, um noch in mehr als 1000 Kilometer Entfernung alles Entflammbare in Brand zu setzen. Gleichzeitig rast ein elektromagnetischer Puls um die Erde und vernichtet in Sekundenschnelle alle ungeschützten elektronischen Geräte im weiten Umkreis um die Einschlagstelle, eventuell sogar auf der ganzen Erde. Jede moderne Kommunikation wird lahmgelegt oder wenigstens schwer gestört. Der Feuerball breitet sich langsam aus und hüllt die Erde ein. Dabei kühlt er sich ab und ist schließlich nur noch einige hundert Grad heiß. Das verdampfte und hochgeschleuderte Gestein des Asteroiden und des Untergrunds kondensiert in den ersten Stunden nach dem Einschlag und fällt weltweit in kleinen Tröpfchen auf die Erde zurück, wobei es sich nochmals aufheizt. Überall in der Welt verdampfen die Wolken, und es entstehen riesige Brände. Wer sich ungeschützt im Freien aufhält, stirbt den Hitzetod. Selbst die obersten Zentimeter der Ozeane verdampfen. Ein bis zwei Stunden lang strahlt der Himmel unerbittlich Hitze aus, erst dann wird es etwas kühler.

Aber neues Ungemach ist schon im Anmarsch. Die Erde dröhnt unter dem Einschlag wie eine Glocke. Überall auf der Welt wäre die Erschütterung ohne Seimsmographen spürbar, und noch in tausend Kilometer Entfernung bebt die Erde so gewaltig, dass Gebäude zerreißen und Brücken zerbrechen. Kurze Zeit später folgt die überschallschnelle Luftdruckwelle. Sie würde noch im Umkreis von 2000 Kilometern alles vernichten, was das Erdbeben verschont hat. Die Druckfront eines Einschlags in Yukatan würde noch in New York Gebäude umwerfen.

Hunderte Kilometer um den Krater herum liegt jetzt eine meterdicke Schicht Auswurfmaterial. In den ersten Tagen nach dem Einschlag regnet es in weiten Teilen der Welt glasartige, wenige Millimeter große Kügelchen, Kondensate des verdampften Gesteins. Sie liegen überall, jeder Schritt knirscht.

Wenn der Asteroid im Wasser niedergeht, entsteht ein Tsunami von ungeahntem Ausmaß. Die Wasserwand kann eine Höhe von mehreren hundert Metern erreichen und wird unter stetiger Abschwächung um die Welt laufen. All dies spielt sich innerhalb der ersten 24 Stunden ab. Wer noch lebt, hat aber die Katastrophe noch nicht überstanden, denn jetzt beginnt der zweite Akt. Die heiße Luft hat ungeheure Mengen Energie aufgenommen, die sich in gewaltigen Stürmen entladen. Möglicherweise überschreitet die Windgeschwindigkeit stellenweise die Schallgrenze. Danach wird es dunkel und kalt.

Ungeheure Mengen Staub und Ruß verteilen sich mit den Luftströmungen über die Erde. Schon wenige Tage nach dem Einschlag verschwindet auf der ganzen Erde die Sonne hinter dunklen Wolken. Stellenweise, eventuell sogar überall, wird es buchstäblich stockdunkel. Dieser Zustand kann wochenlang anhalten, bis endlich eine fahlweiße Scheibe wieder den Standort der Sonne anzeigt. Die meisten grünen Pflanzen beginnen zu welken. Nichts kann mehr angebaut werden, es sei denn, dass noch Energie für künstliches Licht vorhanden ist. Ganz schlimm trifft es die Grünalgen im Meer: Sie können nicht wie Landpflanzen aus Samen oder Wurzeln neu keimen, viele von ihnen müssen unweigerlich sterben, wenn das Sonnenlicht wochenlang ausbleibt. Einige wohnen in den Polarmeeren und sind an lichtlose Zeiten gewöhnt, sie würden vermutlich überleben. Zugleich wird es kalt, denn wenn das Sonnenlicht ausgesperrt bleibt, kühlt die Erde rapide ab. Zwar halten die Ozeane die Abkühlung auf, aber auf dem Land kann die Temperatur durchaus um zehn bis zwanzig Grad sinken. Wegen der vielen Unsicherheitsfaktoren lässt sich kaum sagen, wie lange die Kaltzeit dauern wird. Zwei bis drei Jahre lang würden die Ozeane eine allzu starke Abkühlung verhindern, danach aber würden sie anfangen zuzufrieren. Der Einschlag des Chicxulub-Asteroiden hat keine längere Eiszeit ausgelöst, die Kälteperiode hat damals also maximal einige Jahre angedauert. Spätestens nach fünf bis zehn Jahren dürften sich die Temperaturen normalisieren, und die Natur kann sich erholen. Doch auch nach so langer Zeit könnten noch deutliche Klimaveränderungen auftreten. Der Einschlag und die folgenden Brände setzen große Mengen Kohlendioxid frei. Nach der Abkühlung könnte der Treibhauseffekt zu einer weltweiten Erwärmung um mehrere Grad führen, was wiederum die Nahrungsmittelproduktion unvorhersehbar behindern kann.

Jetzt steht aber bereits die nächste Prüfung an: der saure Regen.

Ein beträchtlicher Teil der hochgeschleuderten Gesteine enthält Schwefel, und der regnet in den Monaten nach der Katastrophe in Form von Schwefelsäure wieder auf die Erde herunter. Viele Gewässer werden übersäuern, die Tiere und Pflanzen darin werden krank oder sterben.

Wenn eine solche Katastrophe unverhofft über die Menschen hereinbricht, könnte sie das Ende unserer Art bedeuten. Dem Homo sapiens droht trotz seiner überragenden Intelligenz also das gleiche Schicksal wie den vergleichsweise dummen Dinosauriern. Selbst wenn es einigen Menschen gelingen sollte, das erste Jahr zu überstehen, stünde ihnen eine Kälte- und Hungerperiode von weiteren zwei bis zehn Jahren bevor.

Beim jetzigen Stand der Technik könnten die Menschen ein solches Ereignis überleben, wenn es nicht mehr als einige Jahre währt und sie genügend Zeit zur Vorbereitung haben. Die Mechanik des Himmels ist gut bekannt, man kann die Umlaufbahnen von Asteroiden bis weit in die Zukunft berechnen. So galt der ungefähr 320 Meter große Asteroid Apophis im Dezember des Jahres 2004 einige Wochen lang als potentieller Absturzkandidat. Am 13. April des Jahres 2029 wird ihn seine Bahn so nahe an die Erde führen, dass erste Berechnungen einen direkten Treffer nicht ausschließen konnten. Bei seiner Größe könnte er eine ganze Stadt auslöschen. Aber ab Februar 2005 waren die Bahnelemente so genau bekannt, dass die Astronomen des Minor Planet Center Entwarnung gaben: Apophis wird die Erde um 30 000 Kilometer verfehlen. Das ist eine erstaunlich genaue Berechnung, wenn man bedenkt, dass die Erde auf ihrer Bahn von 2005 bis 2029 mehr als zehn Milliarden Kilometer zurückgelegt haben wird.

Die Astronomen haben ein eigenes System zur Risikobewertung eingerichtet: die so genannte Turiner Skala (siehe Kasten S. 254). Der Astronom Richard Binzel vom Massachusetts Institute of Technology hat sie im Juni 1999 auf einem Workshop der IAU in Turin vorgeschlagen. Einen Monat später hat die IAU sie offiziell eingeführt, um die Gefahr durch Asteroiden- und Kometeneinschläge einfacher darstellen zu können. Die Skala hat elf Grade von 0 bis 10 und fünf Farbabstufungen (Weiß, Grün, Gelb, Orange, Rot) für eine ungefähre Einteilung.

0 bedeutet, dass kein Risiko besteht, 10 steht für den sicheren Einschlag eines großen Asteroiden oder Kometen mit der Möglichkeit, dass die Menschheit ausgelöscht wird. Apophis hat als einziger Asteroid die zweifelhafte Ehre erhalten, auf der Turiner Skala für einige Wochen die vierte Stufe (mehr als ein Prozent Chance eines Einschlags mit regionalen Verwüstungen) zu erklimmen. Bis zur Drucklegung dieses Buchs hat kein anderer Himmelskörper mehr als die dritte Stufe erreicht.

Die Astronomen empfehlen, die Öffentlichkeit nur zu informieren, wenn ein Zusammenstoß nicht ganz unwahrscheinlich ist und voraussichtlich weniger als zehn Jahre in der Zukunft liegt. Ab Stufe 5 sollten Notfallpläne ausgearbeitet bzw. Notfallmaßnahmen vorbereitet werden. Zur Zeit wird kein Asteroid oder Komet mit mehr als der Stufe 1 bewertet.

Aber selbst wenn die Berechnungen der Astronomen einen Zusammenstoß von Apophis mit der Erde bestätigt hätten, wäre genug Zeit, das Zielgebiet zu räumen. Man könnte auch versuchen, den Asteroiden abzulenken. Selbst eine kleine Bahnänderung würde ihn an der Erde vorbeischießen lassen, wenn man den nötigen Impuls frühzeitig setzt. Das darf man sich nicht so vorstellen wie in dem amerikanischen Action-Thriller *Armageddon*, in dem Ölbohrspezialisten ein tiefes Loch in den bedrohlichen Asteroiden bohren, um dort eine Atombombe zu zünden. Die meisten Asteroiden bestehen buchstäblich aus Schutt, aus vielen kleinen locker zusammen gebackenen Felsbrocken und Geröllstückchen, nicht etwa aus einem einzelnen Felsbrocken. Eine Atombombenexplosion würde den Schutthaufen zwar möglicherweise auseinandertreiben, er würde sich unter seiner eigenen Schwerkraft aber schnell wieder zusammenlagern. Es gibt andererseits auch Asteroiden aus Eisen, an denen sich jeder Bohrer buchstäblich die Zähne ausbeißen würde.

Turiner Risikoskala für Asteroiden- und Kometeneinschläge.

Kein Risiko (Weiße Zone)	**0**	Wahrscheinlichkeit für Einschlag ist null oder fast null. Dies betrifft auch kleine Körper, die in der Atmosphäre verglühen.
Normal (Grüne Zone)	**1**	Ein naher Vorbeiflug mit minimalem Risiko. Weitere Observationen werden das Risiko wahrscheinlich auf null zurücksetzen.
Sollte von Astronomen weiter beobachtet werden (Gelbe Zone)	**2**	Objekt mit nicht ungewöhnlicher Bahn, die nahe an die Erde heranführt. Sollte von Fachastronomen verfolgt werden. Weitere Observationen werden das Risiko wahrscheinlich auf null zurücksetzen.
	3	Ein naher Vorbeiflug, der von Astronomen weiter verfolgt werden sollte. Mehr als einprozentige Chance des Einschlags mit lokalen Zerstörungen. Weitere Observationen werden das Risiko wahrscheinlich auf null zurücksetzen.
	4	Ein naher Vorbeiflug, der von Astronomen weiter verfolgt werden sollte. Mehr als einprozentige Chance des Einschlags mit regionalen Verwüstungen. Weitere Observationen werden das Risiko wahrscheinlich auf null zurücksetzen.
Bedrohlich (Orange Zone)	**5**	Ein naher Vorbeiflug mit der Möglichkeit einer Kollision mit regionalen Verwüstungen. Muss weiter beobachtet werden, um die Wahrscheinlichkeit einer Kollision sicher zu bestimmen.
	6	Ein naher Vorbeiflug mit der Möglichkeit einer Kollision mit globaler Katastrophe. Muss weiter beobachtet werden, um die Wahrscheinlichkeit einer Kollision sicher zu bestimmen.
	7	Sehr naher Vorbeiflug eines großen Objekts mit der ernsthaften Möglichkeit einer globalen Katastrophe. Muss weiter beobachtet werden, um die Wahrscheinlichkeit einer Kollision sicher zu bestimmen.
Sicherer Zusammenstoß (Rote Zone)	**8**	Sicherer Zusammenstoß mit der Folge lokaler Zerstörungen oder eines Tsunami bei einem Treffer im Meer.
	9	Sicherer Zusammenstoß mit der Folge regionaler Verwüstungen oder eines schweren Tsunami bei einem Treffer im Meer.
	10	Sicherer Zusammenstoß mit der Folge globaler katastrophaler Klimaveränderungen und einer Bedrohung des Weiterbestehens der Zivilisation oder der Menschheit.

Der einfache Einschlag eines etwa 1000 Kilogramm schweren Körpers auf den Asteroiden könnte schon genügen, um seine Bahn so zu verändern, dass er die Erde verfehlt. Dazu müsste man eine entsprechende Mission nach Möglichkeit einige Jahre vorher starten, denn je früher man den Asteroiden ablenkt, desto kleiner kann der Stoß ausfallen. Mit 25 Jahren Vorwarnzeit könnte die Menschheit selbst eine globale Katastrophe wirksam verhindern oder sich wenigstens ausreichend vorbereiten. Es gibt allerdings eine kleine Einschränkung: Wenn der Übeltäter kein Asteroid, sondern ein Komet wäre, könnten wir in Schwierigkeiten geraten. Kometen stammen nicht aus dem inneren Sonnensystem. Ihr dunkles Reich, die sogenannte Oort'sche Wolke, beginnt jenseits des äußersten Planeten Neptun, der etwa dreißigmal weiter von der Sonne entfernt ist als die Erde. Vermutlich reicht die Wolke noch tausendmal weiter in den Weltraum. Sie umgibt die Sonne wie eine Kugelschale und enthält mehrere Milliarden Objekte. Die meisten davon sind kaum kilometergroße, mit Steinen durchsetzte Schneebälle. Aus bisher nicht bekannten Gründen stürzen ab und zu ganze Schwärme dieser Objekte auf die Sonne zu und besuchen das innere Planetensystem. Ihr Eis verdampft, und sie ziehen einen Schweif aus Gas und Staub hinter sich her. Sollte einer dieser Körper Kurs auf die Erde nehmen, würden die Astronomen ihn erst wenige Jahre oder gar Monate vorher entdecken können. Zwar sind diese Eisbrocken weniger dicht und damit leichter als Steinasteroiden, dafür liegt ihre Auftreffgeschwindigkeit aber durchschnittlich dreimal höher, was die geringere Dichte mehr als aufwiegt. Eine Ablenkung aus der Bahn wäre wegen der höheren Bewegungsenergie und der kurzen Vorwarnzeit sehr viel schwieriger. Zu unserem Glück sind solche Objekte vergleichsweise selten. Die nachfolgende Tabelle zeigt den durchschnittlichen Zeitabstand zwischen zwei Treffern in Abhängigkeit von der Größe der Asteroiden oder Kometen.

Größe (in Metern)	Durchschnittlicher Zeitabstand (in Jahrtausenden)	Wirkung
100	2 bis 5	Regionale Zerstörungen
300	70 bis 120	Schwere regionale Zerstörungen
1000	500 bis 1000	Schwerste regionale Zerstörungen, globale Auswirkungen
3000	> 10 000	Globale Zerstörungen, Auswirkungen auf das Erdklima
10 000	> 50 000	Schwere globale Auswirkungen, eventuell Ausrottung vieler Tier- und Pflanzenarten

Für die größeren Asteroiden oder Kometen gibt es nur ganz grobe Schätzwerte, weil solche Einschläge extrem selten sind.

Einige Wissenschaftler, wie beispielsweise der Physiker Richard Muller, glauben, einen Zyklus für die großen Artensterben der Vergangenheit ausgemacht zu haben. Ungefähr alle 26 Millionen Jahre, so argumentiert Muller, sei die Artenvielfalt auffällig stark zurückgegangen. Das führen sie auf die *Nemesis* zurück, einen bisher nicht entdeckten Begleiter der Sonne, der so weit entfernt seine Bahn zieht, dass er für einen Umlauf 26 Millionen Jahre braucht. Seine Umlaufbahn ist exzentrisch und führt ihn einmal pro Umlauf in die Oort'sche Wolke. Dort bringt er die Umlaufbahnen der Eisklumpen durcheinander, die dann zu Tausenden als Kometen in das innere Planetensystem einfallen. Einige können mit der Erde zusammenstoßen und weltweite Verheerungen anrichten. Der ungesehene Begleiter müsste deutlich größer als ein Planet, aber sehr viel massEärmer als die Sonne sein. Weil er nach astronomischen Maßstäben relativ nah ist, müsste er außerordentlich lichtschwach sein, sonst wäre er längst entdeckt worden. Allzu schwer kann er auch nicht sein, weil er sich dann durch seine Anziehungskraft verraten hätte. Ein schwarzes Loch scheidet also aus. Eigentlich käme nur ein roter oder brauner Zwergstern in Frage. Aber wie gesagt: Bisher hat ihn niemand gesehen.

Deshalb, und nicht nur deshalb, ist die Idee sehr umstritten:

Zum einen ist die Periode von 26 Millionen Jahren für weltweite Katastrophen nicht eindeutig nachgewiesen (ich kann sie aus den vorliegenden Daten jedenfalls nicht herauslesen), zum anderen wäre ein Doppelsternsystem mit einer so langen Umlaufzeit nicht unbedingt stabil. Der Begleiter hätte seine Umlaufzeit keine vier Milliarden Jahre behalten, wandten einige Wissenschaftler ein. Inzwischen meint Muller, einen weiteren Zyklus von 60 bis 62 Millionen Jahren gefunden zu haben. Der wiederum könnte mit dem Durchgang der Sonne durch den Milchstraßenäquator zusammenhängen, wo besonders viele Gaswolken liegen. Die könnten ebenfalls das Gleichgewicht der Oort'schen Wolke stören und Kometen auf Abwege schicken. Bisher hat Muller allerdings für keinen der Zyklen überzeugende Beweise vorlegen können.

Ist die Existenz der Menschen auf der Erde wirklich durch Vulkane, Asteroiden, Kometen oder kosmische Ereignisse gefährdet? Wir wissen sicher, dass mehrfach eine große Anzahl von Tierarten in kurzer Zeit ausgestorben ist. Vor ungefähr 250 Millionen Jahren verschwanden plötzlich mehr als 90 Prozent aller Meerestiere und mehr als zwei Drittel aller Landtiere. Vor 65 Millionen Jahren traf alle Dinosaurier ein plötzliches Ende, sie starben entweder gleichzeitig oder binnen weniger Jahrtausende vollständig aus. Offenbar werden die Bedingungen auf der Erdoberfläche in größeren Abständen etwas unangenehm.

Das muss aber nicht unbedingt an einem Asteroiden oder Kometen liegen. In letzter Zeit scheint es in Mode gekommen zu sein, Asteroiden, Kometen und Vulkane für echte oder vermutete Weltkatastrophen verantwortlich zu machen. So vermuten einige Wissenschaftler wie der Chemiker Richard Firestone vom Lawrence Berkeley National Laboratory, dass vor 129 000 Jahren ein großer Komet oder Asteroid in Kanada eingeschlagen ist, einen Teil der eiszeitlichen Großtiere ausgerottet und das Ende der Clovis-Kultur in Nordamerika eingeleitet hat. Die Archäologen Vance Holliday und David Meltzer von der Southern Methodist University in Dallas widersprechen dem vehement. Sie schrieben, dass keine Hinweise für ein solches Ereignis in den archäologischen Funden festzustellen seien. Und außerdem: Sollte man nicht wenigstens einen Krater erwarten? »Eine überflüssige Lösung für ein archäologisches Problem, das nicht existiert«, kommentieren sie ihre Ablehnung.

Wenn man in geologischen und astronomischen Größenordnungen rechnet, leben wir Menschen in außerordentlich stabilen Verhältnissen, sonst wäre höheres Leben der irdischen Art nicht möglich. Schon ein planetarer Steinbrocken mit einem Milliardstel der Erdmasse *könnte* die Menschheit auslöschen, ein Planetoid mit einem Millionstel der Erdmasse *würde* sie auslöschen. Wäre die Erdbahn etwas exzentrischer, würden wir abwechselnd gekocht oder tiefgefroren. Würde das Pflanzenwachstum für einige tausend Jahre auf ein Zehntel oder weniger reduziert, verschwände ein Großteil des Sauerstoffs aus der Luft. Nur die aus astronomischer Sicht sehr geordneten Verhältnisse in unserem Sonnensystem haben das Leben auf der Erde so lange erhalten.

Weltende durch Naturkatastrophen in der Literatur

Finsternis
Lord Byron (1816)
Ich träumte, doch es war kein Traum, sah aus-
gelöscht die helle Sonne, Dunkelheit
umfing den ew'gen Sternenraum und blind
und eisig zog die Erde ihre Bahn
im Finstern, denn kein Mond warf seinen Schein.
Der Morgen kam und ging, und kam und brachte keinen Tag.
Ihr Sehnen gaben Menschen auf in Furcht
vor ew'ger Nacht, und kalter Schrecken in den Herzen
ließ beten sie um Licht, doch nur für sich;
Wachfeuer hielten sie am Leben, die Throne und
die Schlösser von gekrönten Häuptern, die Hütten,

die Wohnungen von allem, was nur lebt:
sie fraß das Feuer; Städte brannten ab.
Und Menschen standen um die Flammen,
um einmal das Gesicht des andern noch zu sehen.
Glücklich, die im Auge des Vulkans,
und seiner Bergesglut, noch Wohnung hatten,
Hoffnung voll Furcht, das war der Welt geblieben.
In Brand gesteckt die Wälder, doch Stund um Stund
ward schwächer ihre Glut – knisternd zerbrachen Stämme,
ihr Licht erlosch, schwarz ward die Welt.
Unirdisch' Anblick bot der Menschen Stirn,
wenn kurz der Feuerschein sie streifte,
da legte mancher sich zu Boden, hielt sich
die Augen zu und weinte, und mancher saß,
das Kinn in den verschränkten Händen – und lächelte.
Und and're rannten hin und her, und gossen
Öl auf ihre Scheiterhaufen und sah'n
voll irrer Ruhelosigkeit zum trägen Himmel auf,
dem Bahrtuch einer toten Welt, und warfen dann
mit Flüchen sich zu Boden in den Staub
und heulten auf und knirschten mit den Zähnen;
die Vögel, erdgebunden, schrien und flatterten,
und sinnlos schlugen ihre Flügel; die wilden Tiere
kamen zahm und zitternd; sich windend
krochen Vipern durch die Menge,
zischend, aber ohne Biss – man aß sie auf.
Und Krieg, der längst vergessen schien,
fraß sich jetzt satt, wo eine Mahlzeit nur mit Blut
zu kaufen war; und jeder saß für sich,
schlang Düsternis in sich hinein, und alle Liebe schwand.
Die ganze Erde dachte nur an eins – das war der Tod,
sofort und ohne Glanz, und bald schon stach
der Hungerschmerz in alle Eingeweide – Menschen.
starben, unbegraben blieben Fleisch und Knochen.

Der Magere fraß den Mageren auf
sogar die Hunde ihre Meister, nur einer nicht,
einem Leichnam war er treu und wehrte ab
die Vögel, Tiere und die hungerwilden Menschen.
Bis Hungergier sie packte, oder grad Gestorb'ne ihre
ausgezehrten Kiefer lockten; er fraß nicht mehr,
doch endlos heulend voller Traurigkeit und
einem kurzen grausen Schrei leckt' er die Hand,
die nicht mehr streicheln konnt' – er starb.
Nach und nach verhungerten die Massen, nur zwei
von einer großen Stadt blieben verschont,
sie aber waren Feinde: Sie trafen sich
beim Rest von Glut an einem Opferplatz,
wo heiliges Gerät achtlos versammelt lag
zu heiliglosem Tun, sie harkten in der Glut,
und schürten fröstelnd, mit den Knochenhänden,
die mag're Asche, und bliesen schwach mit dünnem
Atem ein wenig Leben in die Glut, die Flamme aber
war ein Irrlicht nur; dann sah'n sie auf,
als heller ward der Schein, und angesichts
des anderen erschraken sie und starben,
nicht wissend, wer der andere war, dem auf die Stirn
der Hunger Feind geschrieben hatte. Die Welt war leer,
einst dicht bewohnt und voller Macht, ein Klumpen jetzt,
kein Kraut, kein Baum, kein Mensch, kein Lebenshauch,
ein toter Klump', formloser harter Lehm.
Die Flüsse, Seen und das Meer lagen erstarrt,
und nichts mehr rührte in der stillen Tiefe sich
Verlassene Schiffe moderten auf See,
Und ihre Masten fielen Stück für Stück herab,
und ohne Wogen auf dem Abgrund schliefen sie –
die Wellen tot, Gezeiten in ihr Grab gesunken,
vergangen war der Mond, der sie beherrscht.
Die Winde war'n erstarrt in unbewegter Luft,

und selbst die Wolken schwanden; nicht brauchte mehr
die Finsternis noch ihre Schatten – war sie doch überall.
(Übersetzung: Thomas Grüter)

Angeblich hat der exzentrische englische Dichter Lord Byron (eigentlich George Gordon Noel Byron, 6. Baron Byron of Rochdale) dieses Gedicht geschrieben, als er im Sommer 1816 am Genfer See wohnte. In diesem Jahr hüllte die Aschewolke des Vulkans Tambora auf der Insel Sumbawa in Indonesien die Erde ein. Der Vulkan war im April 1815 ausgebrochen und hatte ca. 140 Milliarden Tonnen Magma und Asche in die Atmosphäre geschleudert. Den Explosionsknall hörte man noch in 2000 Kilometer Entfernung. Zum Vergleich: Hätte dieses Ereignis in Europa stattgefunden, hätte man einen Ausbruch des Vesuv noch in Hamburg gehört. Die Asche verteilte sich um die Erde und dämpfte mehr als ein Jahr lang die Sonnenstrahlung. Im nächsten Jahr gab es in großen Teilen Europas Missernten. Die Schweiz war besonders stark betroffen, weil die Temperaturen im Hochland auch in normalen Jahren nur gerade eben für den Anbau von Getreide reichen. In diesem Sommer besuchten der Dichter Percy Shelley und seine Geliebte Mary Wollstonecraft Godwin (später Mary Shelley) Lord Byron in der Villa Diodati oberhalb des Genfer Sees. Weil das Wetter zu schlecht für Wandertouren oder Ausflüge war, beschlossen sie angeblich, sich die Zeit mit dem Erfinden von Schauergeschichten zu vertreiben. Das Gedicht *Finsternis* gehört ohne Frage in diese Kategorie. Auch die Idee zu Mary Shelleys Roman *Frankenstein* soll in diesem Sommer geboren worden sein.

In dem zweiteiligen Fernsehfilm *Armageddon* (Erstausstrahlung 25. September und 3. Oktober 2007) hat das ZDF versucht, die Folgen eines Kometeneinschlags so genau wie möglich ins Bild zu setzen. Der Kometenkern trifft die mexikanische Halbinsel Yukatan etwa dort, wo vor 65 Millionen Jahren ein mehrere Kilometer großer Steinbrocken einschlug und das Aussterben der Dinosaurier einleitete. Das »Dokudrama« zeigt vier Gruppen von Menschen beim Versuch, die Katastrophe zu überleben. Da ist zunächst ein Mexikaner, der in Houston Pakete ausliefert und seine Angehörigen rechtzeitig in Sicherheit bringen will. Eine Familie in Paris wartet auf die Anordnungen und Empfehlungen der Behörden und versucht, sich nach dem Einschlag in den wärmeren Süden durchzukämpfen. Zwei Astronomen in Hawaii bleiben in ihrem verlassenen Observatorium auf dem Mauna Kea, um den Einschlag zu beobachten. Am besten kommt ein Pygmäenstamm in Kamerun mit der Katastrophe zurecht. Niemand hat diesen Menschen gesagt, was ihnen bevorsteht, aber sie sind es gewohnt, sich selber zu helfen.

Im Film wechseln sich Spielhandlung und Dokumentation ab. Eine Expertenrunde diskutiert die tatsächlichen Ereignisse beim Einschlag, Wissenschaftler zeigen die Ergebnisse ihrer Computersimulationen. Geologen und Paläontologen stellen ihre Forschungsergebnisse zu früheren katastrophalen Einschlägen vor. Das Ergebnis ist ein sehr dichter, dramatischer Film mit einer Fülle von Hintergrundinformationen über die tatsächlichen Folgen eines Meteoriten- oder Kometentreffers.

In seiner Erzählung *Die Straße* beschreibt Cormac McCarthy dagegen den langsamen Zusammenbruch der Zivilisation zehn Jahre nach einer ungenannten Katastrophe, die ein apokalyptischer Krieg oder ein gigantischer Vulkanausbruch sein könnte. Ein Vater und sein zehnjähriger Sohn ziehen durch eine verbrannte Landschaft eine Straße entlang. Ständig regnet es Asche, und die beiden müssen zeitweilig einen Mundschutz tragen, um nicht zu ersticken. Ihre ganze Habe und ihre kargen Vorräte haben sie in einen Einkaufswagen gepackt. Der Himmel bleibt ständig verhangen, die Tage sind düster und kalt. Die Zivilisation ist zusammengebrochen. Im ständigen Dämmerlicht gedeiht kaum noch etwas, und die wenigen überlebenden Menschen leiden Hunger. Gruppen von Kannibalen ziehen durch das Land. Der Vater möchte das Meer erreichen, in der Hoffnung, dass es dort noch Essbares gibt. Er weiß, dass er nur seines Sohnes wegen überleben will. Zur Verteidigung hat er nichts als einen Revolver mit zwei Patronen. Ab und zu fragt der Sohn, ob die

Menschengruppen, die sie sehen, zu den »Guten« gehören, aber die beiden treffen nur »Böse«. Der Vater ist lungenkrank, er leidet unter der Vorstellung, dass er bald sterben wird und seinen Sohn allein zurücklassen muss. Die beiden entkommen mehrfach nur knapp Plünderern und Kannibalen, und irgendwann, kurz vor dem Verhungern, finden sie einen vergessenen Schutzbunker mit einer kompletten Ausrüstung und großzügigen Vorräten. Am Ende erreichen sie das Meer, aber es ist genauso grau und tot wie das Land. Der Vater stirbt, und der Sohn bleibt bei ihm und trauert um ihn. Nach drei Tagen findet ihn ein »Guter«. Der Mann hat mit seiner Frau und zwei Kindern überlebt. Sie nehmen den Jungen auf. Die Geschichte endet hier, und es bleibt offen, ob die Menschheit eine Chance hat, zu überleben.

Das Buch bezieht seine hypnotische Wirkung aus der knappen und exakten Sprache. Der Autor malt das Grauen nicht aus, er lässt es im Leser entstehen. Das Buch gibt die Sicht des Vaters wieder, und seine Gedanken sind es, die das Geschehen kommentieren. Der Junge hat nie eine intakte Zivilisation erlebt, trotzdem versucht der Vater, ihn vor den schlimmsten Auswüchsen des Zerfalls aller Menschlichkeit zu bewahren. Er bleibt defensiv, im besten Sinne zivilisiert, greift andere nicht an und raubt niemanden aus. Der Autor deutet an, dass der Vater Arzt war, bevor alles zusammenbrach. Anders als viele andere apokalyptische Bücher will dieses kein Lehrstück, keine Warnung vor der Hybris des Menschen sein. Es erzählt unterkühlt und legt den Schwerpunkt nicht auf den abstrakten Begriff der Zivilisation, sondern auf die Erhaltung der eigenen Menschlichkeit in einer unmenschlichen Zeit. Der Autor Cormac McCarthy hat für dieses Buch im Jahr 2008 den Pulitzer-Preis erhalten, den wichtigsten amerikanischen Literaturpreis.

Dessert: Gemischte Weltenden

Gammablitz

Wirkung: ●● bis ●●●
Wahrscheinlichkeit: 0

Gammablitze sind sehr kurzfristige Ausbrüche von energiereicher elektromagnetischer Strahlung von – selbst aus astronomischer Sicht – weit entfernten Quellen. Sie sind erst seit den späten sechziger Jahren des 20. Jahrhunderts überhaupt bekannt, und das auch nur durch Zufall. Die USA hatten damals Spionagesatelliten ins All geschickt, um eventuelle sowjetische Atombombenexplosionen aufzudecken. Dabei entstehen Gammastrahlen, und genau darauf sollten die Satelliten achten. Aber sie fanden zur Überraschung der Wissenschaftler Gammastrahlenblitze von eindeutig außerirdischen Quellen. Erst zu Beginn des 21. Jahrhunderts stand fest, dass die Blitze ihren Ursprung nicht im Sonnensystem, ja, nicht einmal in der Milchstraße haben. Sie verteilen sich gleichmäßig über den ganzen Himmel, leuchten außerordentlich hell und dauern zwischen 0,01 und 1000 Sekunden. Man unterscheidet zwischen kurzen (weniger als zwei Sekunden) und langen (mehr als zwei Sekunden), wobei drei von vier Ausbrüchen zu den langen Blitzen gehören. Die beiden Ereignisse unterscheiden sich in so vielen Eigenschaften, dass man inzwischen von unterschiedlichen Ursachen ausgeht. Die Erdatmosphäre lässt Gammastrahlen nicht passieren, und so braucht man Satelliten, wie zum Beispiel den extra dafür gebauten INTEGRAL (International Gamma-Ray Astrophysics Laboratory)-Satelliten, um sie zu beobachten.

Aus der Helligkeit und der Entfernung berechnete man zunächst völlig unmögliche Werte für die Gesamtenergie der Blitze, bis man darauf kam, dass die Gammastrahlenquelle ihre Energie nicht gleichmäßig nach allen Seiten verschleudert, sondern in zwei schmalen, einander entgegengesetzten Strahlen bündelt. Wir sehen den Blitz nur, wenn die Erde genau in deren Scheinwerferlicht liegt.

Aber auch unter diesen Bedingungen ist die Gesamtenergie eindrucksvoll: Sie beträgt ca. 10^{44} Joule, das ist so viel, wie ein explodierender Stern, eine Supernova, über mehrere Wochen abgibt. Der Gammablitz dauert aber nur 1000 Sekunden oder weniger! Sein Energiefluss ist daher im ganzen Universum einmalig, vom Urknall einmal abgesehen.

Welche kosmischen Objekte können so ungeheure Energien freisetzen? Bisher hat man sie nicht gefunden. Wann immer Astronomen es geschafft haben, den kurzen Ausbruch genau zu lokalisieren, fanden sie nur sein Nachglühen in einer harmlos aussehenden Galaxie, die zu weit entfernt war, um Einzelheiten zu offenbaren. Die meisten Astronomen nehmen an, der Gammablitz sei der Todesschrei eines supermassiven Sterns, der am Ende seines Lebens erst in einer Supernova explodiert und dann zu einem schwarzen Loch zusammenfällt. Während der Explosion schickt er entlang seiner Rotationsachse ein schmales Bündel von Gammastrahlen aus. Was würde geschehen, wenn wir von einem solchen Blitz aus unserem eigenen Milchstraßensystem getroffen würden? Die Energie wäre um Größenordnungen höher. Über die tatsächliche Wirkung sind sich die Astronomen nicht ganz einig. Während der israelische Astrophysiker Arnon Dar annimmt, dass ein 25 000 Lichtjahre entfernter Gammablitz eine Zerstörung der Ozonschicht sowie globale Stürme und Brände auslöst, gehen die brasilianischen Astronomen Douglas Galante und Jorge Ernesto Horvath eher davon aus, dass die unmittelbare Wirkung relativ gering ist, selbst wenn die Quelle des Gammablitzes nur etwa 6500 Lichtjahre entfernt ist. Aber die gewaltige Energieeinstrahlung in der Hochatmosphäre würde große Mengen Stickoxide erzeugen, die in den folgenden Jahren als saurer Regen (Stickstoffdioxid plus Wasser ergibt Salpetersäure) auf die Erde niedergehen würden. Die Gammastrahlung schädigt auch die Ozonschicht, denjenigen Bereich der Hochatmosphäre, der den für Lebewesen gefährlichen UV-Anteil der Sonnenstrahlung zurückhält. Wenn sie geschwächt ist, dringt sehr viel mehr UV-Strahlung durch und schädigt die Tier- und Pflanzenwelt. Die hohe Konzentration von Stickoxiden kühlt außerdem die Erde ab. Es kann also für einige Jahre etwas ungemütlich werden. Die Astronomen Adrian Melott und Brian Thomas vermuten, dass vor 440 Millionen Jahren ein Gammablitz ein plötzliches Massenaussterben, ein sogenanntes *Aussterbeereignis*, erzeugt hat. Ein verhältnismäßig naher Gammablitz sei wenigstens einmal in einer Milliarde Jahre zu erwarten, argumentieren sie. Die Abschattung der Sonneneinstrahlung durch Stickoxide und der saure Regen seien allerdings zu gering gewesen, um dem Leben auf der Oberfläche zu schaden. Eventuell könnte durch die braunen Stickoxid-Wolken eine Eiszeit ausgelöst worden sein, aber nur dann, wenn das Klima bereits instabil war. Allein die Zunahme der UV-Strahlung durch die Zerstörung der Ozonschicht halten sie für ausreichend, um ein Massenaussterben auszulösen. Die geographischen Besonderheiten des Aussterbeereignisses am Ende des Ordoviziums (vor 440 Millionen Jahren) seien mit einem Gammastrahlenausbruch vereinbar, der die Erde am Südpol getroffen habe. Ein *sehr* naher Gammablitz würde in der Tat einen Teil der Menschheit ausrotten, weil er einen tödlichen Mesonen-Schauer (sehr kurzlebige Elementarteilchen) erzeugt. Das betrifft natürlich nur die ihm zugewandte Seite der Erde, aber die sehr starke Gammastrahlung würde auch die Ozonschicht fast vollkommen vernichten. Außerdem würde sich die Hochatmosphäre derart aufheizen, dass es zu gewaltigen Stürmen und zu Flächenbränden kommen würde. Allerdings ist die Wahrscheinlichkeit dafür so gering, dass ein solches Ereignis kaum innerhalb der nächsten Milliarde Jahre zu erwarten ist. Und dann muss es uns nicht mehr unbedingt interessieren.

Nahe Supernovaexplosion

Wirkung: ● bis ●●●
Wahrscheinlichkeit: 0

Nicht jede Supernovaexplosion schickt einen Gammablitz aus, und nicht jeder Gammablitz trifft die Erde, im Gegenteil, der sehr schmale Strahl schießt in den allermeisten Fällen vorbei. Aber eine Supernova entlässt innerhalb weniger Wochen eine unglaubliche Menge an Energie in den Weltraum. Trotzdem: Selbst eine Explosion in unserer unmittelbaren kosmischen Nachbarschaft würde weder die Menschen noch die Erde ernsthaft gefährden. Ein Supernovaausbruch in 16 Lichtjahren Entfernung richtet keinen großen Schaden an. Zum Vergleich: Der allernächste Stern, α (Alpha) Centauri, ist 4,3 Lichtjahre entfernt. Die Ausbruchsenergie würde wohl die Ozonschicht schwächen, Stickoxide freisetzen und die Sonneneinstrahlung schwächen, aber nicht in gefährlichem Maße. Die meisten Sterne in einer Entfernung bis 50 Lichtjahre sind bekannt. Jetzt und in absehbarer Zeit ist keiner davon in Gefahr, zur Supernova zu werden.

Der einzige Stern, der in den nächsten 100 000 Jahre vermutlich spektakulär explodieren wird, ist unter dem Namen η (Eta) Carinae bekannt. Dieser ca. 7400 Lichtjahre entfernte Gigant leuchtet Millionen Mal heller als die Sonne. Seine Oberflächentemperatur beträgt 15 000 bis 20 000 Grad Celsius, so dass er am Nachthimmel blau erscheint. Er ist ganz offenbar instabil, seine Helligkeit hat in den letzten Jahrhunderten stark geschwankt. Möglicherweise besteht er auch aus zwei Sonnen, die sich umkreisen, aber das ist noch nicht sicher nachgewiesen. Sollte er explodieren, könnte er tatsächlich einen Gammablitz erzeugen. Während die eigentliche Explosion zwar spektakulär, aber ungefährlich wäre, könnte der Gammablitz auf der Erde einigen Schaden anrichten. Glücklicherweise zeigt die Rotationsachse von η Carinae nicht zur Erde, so dass ein möglicher Gammablitz uns nicht treffen würde. Von dieser Seite droht also keine Gefahr.

Vakuumzerfall

Wirkung: ●●●●●
Wahrscheinlichkeit: 0

Als Einziges der hier untersuchten Weltenden würde nur der Vakuumzerfall genug Energie freisetzen, um das gesamte Universum zu zerstören. Seit der Entstehung der Erde kann ein solches Ereignis also nicht stattgefunden haben, sonst wären wir nicht hier. Vielleicht ist die ganze Idee auch einfach blödsinnig. Allerdings klingt die Hypothese selbst für Physiker einigermaßen plausibel: Das uns bekannte Vakuum könnte in einem sogenannten *angeregten Zustand* sein. Im Gegensatz zum *Grundzustand* enthält der angeregte Zustand mehr Energie und würde, wenn er könnte, spontan in den Grundzustand wechseln, denn jedes Quantensystem versucht immer, den Zustand geringster Energie anzunehmen. Möglicherweise ist unser Vakuum aber ein falsches, ein lokales Energieminimum, eine Mulde, aus der es nur ein Entkommen gibt, wenn erst einmal viel Energie zugeführt wird. Dann würde das falsche Vakuum sozusagen über die Barriere gehoben und könnte in den tieferen Energiezustand des echten Vakuums fallen. Das setzt natürlich voraus, dass es überhaupt eine Vakuumenergie gibt. Wenn das Vakuum sowieso keine Energie enthält, gibt es auch keinen energieärmeren Zustand. Das ist aber kein Trost, denn bisher lässt sich das Verhalten des Universums *mit* Vakuumenergie besser beschreiben als *ohne*. Spekulieren wir also weiter: Wenn die Vakuumenergie in unserem Universum einen definierten Wert hat, sind auch andere Werte möglich, von denen der niedrigste am stabilsten wäre. Aber hätte sich das Vakuum nicht längst auf den stabilsten Wert eingestellt? Unmittelbar nach dem Urknall war die Energiedichte so hoch, dass eventuelle Barrieren zwischen echtem und falschem Vakuum kein Hindernis waren und sich der energieärmste Zustand eingestellt haben müsste. Doch gibt es ein großes *Aber*. Nach einigen Theorien hat sich das Universum unmittelbar nach seiner Entstehung (etwa 10^{-34} Sekunden nach dem Urknall) rasend schnell aufgebläht (*Infla-*

tionsphase), bis es nach vielleicht 10^{-32} Sekunden die stolze Größe von etwa einem Meter erreicht hatte. Erst danach hätte es sich ganz gemächlich bis auf seine heutige Größe ausgedehnt. Während der Inflationsphase hätte es sich schlagartig abgekühlt, und das Vakuum könnte in einem angeregten Zustand schockgefroren worden sein. Das ist allerdings nicht einmal eine Theorie, sondern allenfalls eine Spekulation, zumal sich das Universum zum Ende der Aufblähungsphase wieder aufgeheizt hätte. Trotzdem: Wenn es so wäre, könnte das Vakuum irgendwann unter enormer Energieabgabe in seinen Grundzustand zurückfallen.

Sollte der Vakuumzerfall wirklich irgendwo im Universum auftreten, könnte er sich mit Lichtgeschwindigkeit kugelförmig ausbreiten und an der Oberfläche eine Energie freisetzen, die der Differenz der Vakuumzustände entspricht. Der Keim des Zerfalls müsste aber eine gewisse Größe haben, denn das Volumen im Inneren müsste so groß sein, dass es mehr Energie liefert, als die Oberfläche abstrahlen kann. Weil das Volumen mit der dritten Potenz des Radius, die Oberfläche aber nur mit der zweiten Potenz wächst, würden kleine Keime einfach wieder erlöschen. Ein ausreichend Großer wäre jedoch nicht mehr aufzuhalten, bis er das gesamte Universum zerstört hätte. Aber vielleicht ist der Vakuumzerfall ja nur eine abwegige Idee.

Schwarzes Loch auf der Erde

Wirkung: ●●●●
Wahrscheinlichkeit: 0

In der Nähe des Städtchens Meyrin bei Genf betreibt die Europäische Organisation für Kernforschung (CERN, abgekürzt für Conseil Européen pour la Recherche Nucléaire) eine der größten und aufwändigsten Forschungsanlagen der Welt: den Large Hadron Collider (LHC). Mehrere tausend Wissenschaftler leisten hier Grundlagenforschung, sie versuchen herauszufinden, welche Gesetze in der Welt der allerkleinsten Teilchen gelten. Im LHC stoßen sogenannte Hadronen mit bisher unerreichbarer Energie zusammen. Zu den Hadronen gehören unter anderem Neutronen und Protonen, die Bestandteile der Atomkerne. Die Dimension des Beschleunigers sprengt alle bisherigen Maßstäbe: In einem kreisrunden Tunnel von 26,659 Kilometer Länge verläuft eine Vakuumröhre, in der rund 9600 supraleitende Magnete Protonen und Bleiatomkerne auf gegenläufigen Bahnen bis fast zur Lichtgeschwindigkeit beschleunigen und dann aufeinanderprallen lassen. Allein in den Magneten ist mehr Eisen verbaut als in der Stahlkonstruktion des Eiffelturms.

Wenn die Teilchenströme gegeneinander gelenkt werden, stoßen einige Hadronen zusammen und zerbrechen. Ihre Bruchstücke verbinden sich kurzzeitig zu seltsamen und – hoffentlich – bisher nie beobachteten Konstellationen. Einige Teilchen, die das bisherige Standardmodell vorhersagt, entstehen nur bei den gigantischen Aufprallenergien, die der LHC erstmals möglich macht. So könnte der Nachweis des sogenannten Higgs-Boson das Standardmodell der Teilchenphysik bestätigen oder zunichte machen. Auch über die vermutete Supersymmetrie der Teilchenphysik lassen sich experimentelle Aussagen machen.

Einige Gegner der Experimente befürchten nun, dass durch die Wucht der Zusammenstöße schwarze Löcher entstehen könnten, kleine Klumpen ultradichter Materie. Auf ihrer Oberfläche ist die Schwerkraft so stark, dass nicht einmal Licht daraus entkommen kann, weshalb sie von außen schwarz erscheinen. Sind sie einmal in die Welt gesetzt, könnten sie weitere Materie und schließlich die Erde aufsaugen. Seriöse Wissenschaftler haben diese Idee geprüft und für unsinnig befunden. Immerhin hält die Erde seit mehreren Milliarden Jahren einem Beschuss von Teilchen ähnlicher und höherer Energie stand, ohne dass sie sich in ein lichtloses Gefängnis verwandelt hätte.

Die Berufung auf physikalische Gesetze haben aber die Ängste eines harten Kerns von LHC-Gegnern nicht zerstreut. Sie halten

LHC für eine Weltuntergangsmaschine, die gefräßige Ausnahmezustände der Teilchenphysik freisetzt. Die könnten, so fürchtet zum Beispiel der emeritierte Biochemiker Otto Rössler, die Erde zu einer Ansammlung komprimierter Materie von der Größe einer Glasmurmel zusammenschnurren lassen. 50 Monate oder 50 Jahre gab er der Erde in einem Interview im August 2008. Nun ist er kein Physiker, erst recht kein Teilchenphysiker. Mehrere Spezialisten haben die mathematischen Grundlagen seiner Befürchtungen geprüft und halten sie für abwegig. Rössler beeindruckt das wenig, und eine Fangemeinde im Internet unterstützte ihn. Sein Eilantrag beim Europäischen Gerichtshof für Menschenrechte zum Stopp des LHC blieb aber ebenso erfolglos wie seine Pressekampagne. Der LHC ist inzwischen einige Jahre in Betrieb, und der Weltuntergang ist ausgeblieben.

Kann der Large Hadron Collider LHC bei Genf genügend Energie aufbringen, um die Barriere zwischen echtem und falschem Vakuum niederzureißen, und so den Zerfall auslösen? Haben wir sozusagen ein Feuerzeug in der Hand, mit dem wir das ganze Universum abfackeln können? Nein, der LHC beschleunigt die Teilchen auf deutlich weniger Energie als die ständig stattfindenden Sternexplosionen. Von dieser Seite droht keine Gefahr.

Angriff feindlicher Außerirdischer

Wirkung: ●●● bis ●●●●
Wahrscheinlichkeit: 0

In Jahr 1901 eröffnete der italienische Ingenieur und Unternehmer Guglielmo Marchese Marconi die erste Funkverbindung über den Atlantik. Seit diesem Zeitpunkt sendet die Menschheit ihre Radiosignale ins Universum. Radiowellen breiten sich mit Lichtgeschwindigkeit aus, sie legen also jedes Jahr die Entfernung von einem Lichtjahr zurück. Der nächste Stern ist 4,3 Lichtjahre entfernt, innerhalb eines Radius von ca. 16,3 Lichtjahren liegen rund

50 Sternsysteme, innerhalb von hundert Lichtjahren grob geschätzt 11 000 Sternsysteme.[12]

Eine technisch fortgeschrittene außerirdische Zivilisation in diesem Bereich könnte unsere Radiosignale aufgefangen haben. Wenn die Aliens nicht weiter als 40 Lichtjahre entfernt wären, hätten sie auch die rasante technische Entwicklung der Menschheit verfolgen können. Aber sie würden auch etwas anderes bemerkt haben: Die mehr als 500 überirdischen Atombombentests in den vierziger bis achtziger Jahren des 20. Jahrhunderts. Im besten Falle würden sie daraus schließen, dass die Bewohner der Erde verantwortungslose Rüpel sind, im schlimmsten Fall würden sie uns als gefährliche Irre einstufen.

Sollten sie uns also aufsuchen wollen, würden sie nicht unbewaffnet kommen. Und sie müssten schon einen sehr guten Grund haben, einen Planeten anzusteuern, der offenbar von schwer bewaffneten kriegslüsternen Wesen bewohnt wird. Das könnte zum Beispiel die Ausbeutung unserer Rohstoffreserven sein oder die Suche nach neuem Lebensraum. Genauer gesagt, sie kommen höchstwahrscheinlich, weil sie etwas haben möchten, das uns gehört, und es ist keineswegs ausgemacht, dass die Aliens friedlichen Handel treiben möchten.

Mit diesen Befürchtungen stehe ich nicht alleine. Der Kosmologe und Nobelpreisträger Stephen Hawking sieht die Suche nach außerirdischen Intelligenzen sehr kritisch. In einer Dokumentation für den Discovery-Channel erklärte er 2010:

> Wenn uns Aliens besuchen, würde etwa dasselbe dabei herauskommen wie bei der Landung von Kolumbus in Amerika, was für die Eingeboren nicht gut ausging.

---

12 Wenn die Sternsysteme in unserer Nähe in etwa gleichmäßig verteilt sind, steigt ihre Anzahl mit der dritten Potenz der Entfernung. Doppel- und Mehrfachsterne werden nur einfach gezählt, deshalb ist die Rede von Sternsystemen, nicht von Sternen. Wenn also innerhalb von 16,3 Lichtjahren ca. 50 Systeme stehen, hätten wir in einer Entfernung von 100 Lichtjahren, also dem 6-Fachen, ca. 216-mal so viele Sternsysteme zu erwarten, das macht ungefähr 11 000.

Als die Europäer sich aufmachten, um die Neue Welt zu erobern, suchten sie Land, Gold und Rohstoffe. Die Eingeborenen störten dabei nur. Ganz gleich, warum Außerirdische hierherkommen sollten, sie werden unsere Lebensweise ein für alle Mal verändern oder zerstören. Dieses Schicksal droht jeder materiell und technisch unterlegenen Kultur. Zwei Szenarien könnten sogar zum Ende der Menschheit führen:

1. Außerirdische wollen den Planeten für ihre eigenen Zwecke nutzen und sehen die Menschen als Hindernis oder als Ungeziefer an. Der Science-Fiction-Autor Thomas M. Disch hat dieses Szenario in seinem Roman *Die Feuerteufel* ausgemalt. Außerirdische (die nur in der Form von Behördenschreiben vorgestellt werden) säen eine Kulturpflanze aus, die alles irdische Leben verdrängt. Die menschliche Zivilisation bricht zusammen. Schließlich tauchen Flugscheiben auf, die im Sinne einer Ungeziefervertilgung Jagd auf die letzten Menschen machen. Eine Gruppe von Menschen schafft es, innerhalb der riesigen Wurzelsysteme der Pflanze zu überleben, aber nach der Ernte stehen sie auf einer hoffnungslos zerstörten Erde vor dem Hungertod.
2. Die Aliens sehen die aggressiven und verantwortungslosen Menschen als Gefahr für andere Rassen und wollen sie deshalb vernichten. In diesem Fall würden sie uns plötzlich und mit überwältigender Macht angreifen, um jede Gegenwehr auszuschließen.

Im für uns günstigsten Fall würde eine raumfahrende Spezies die Menschen einfach ignorieren.

Aber gibt es überhaupt intelligentes und raumfahrendes Leben in der Milchstraße? Unser Sternsystem ist ca. zehn Milliarden Jahre alt, eine raumfahrende Spezies sollte aber die Milchstraße innerhalb von wenigen Millionen Jahren erobern können. Hunderte solcher Alienkulturen wären gekommen und gegangen, wenn Raumfahrt eine normale Entwicklungsstufe intelligenten Lebens wäre. Bisher haben wir aber im Sonnensystem keine Anzeichen dafür gefunden.

Allerdings suchen wir noch nicht lange, und wir wissen nicht einmal, wonach wir Ausschau halten sollen. Auf der Erde anzufangen ist vermutlich nutzlos: Nach spätestens einer Million Jahren wären die Spuren einer außerirdischen Anwesenheit restlos vernichtet. Was das bedeutet, wird anschaulicher, wenn wir uns vorstellen, die Erde wäre ein Jahr alt. Dann würden wir die Spuren von Aliens nur finden können, wenn sie in den letzten zwei Stunden hier vorbeigekommen sind. Läge ihr Besuch mehr als einen Tag zurück, hätte die Erosion fast alle Hinweise verwischt. Und wenn sie die Erde vor mehr als einer Woche verlassen hätten, würden wir niemals von ihrem Besuch erfahren.

Bisher haben wir also keine Hinweise oder Spuren von Außerirdischen gefunden. Das SETI-Projekt (Search for Extraterrestrial Intelligence) hat keine Radiosignale empfangen, die von fremden Intelligenzen stammen können. Es mag ein kosmisches Gesetz sein, dass die allermeisten intelligenten Wesen aussterben, bevor sie zu den Sternen reisen können. Genauso gut könnten Aliens uns schon morgen besuchen kommen. Bislang bleibt es ein müßiges Gedankenspiel, sie sich freundlich, neugierig oder bedrohlich vorzustellen.

Im Rahmen dieses Buchs bewerte ich nur die Wahrscheinlichkeit für die nächsten hundert Jahre, und innerhalb dieses Zeithorizonts halte ich den direkten, körperlichen Kontakt mit intelligenten Außerirdischen für höchst unwahrscheinlich.

Das Ende der Menschheit durch künstliche Intelligenzen

Wirkung: ●● bis ●●●
Wahrscheinlichkeit: ▲

Dieses mögliche Weltende hat zwei Aspekte, die kaum unterschiedlicher sein können. Der Erste ist ein Erlösungsszenario: Die Menschen ziehen aus ihren sterblichen biologischen Körpern in Maschinenkörper um. Ihr Gehirn, ihre Persönlichkeit, ihre Erinnerungen werden durch ein *Upload* in Programme und Daten verwandelt. Damit werden sie unsterblich, denn sie könnten jederzeit in ein neues Computersystem umziehen. Wenn die Technik weit genug fortgeschritten ist, um die Menschen zuverlässig von ihrer sterblichen Hülle zu befreien, würden die meisten von uns wohl die Option auf ewiges Leben wählen. Leben wir heute vielleicht in der Endzeit unserer Art? Werden die Menschen ihren Körper und ihre Sterblichkeit hinter sich lassen, um als Software in einem Computer bis zum Ende des Universums zu leben?

Der Geist in der Maschine

Bisher kann kein Computer ein menschliches Gehirn nachbilden. Selbst wenn es ihn gäbe, könnte ihn niemand richtig programmieren, denn die Funktionsweise des Gehirns ist allenfalls ansatzweise entschlüsselt.

Nehmen wir aber einmal an, die Technik würde einen Upload ermöglichen. Was wäre das dann? Eine Identitätsübertragung oder eine Kopie? Machen wir also ein kleines Gedankenexperiment: Stellen Sie sich vor, Sie stehen vor der Alternative, sich in einen Computer übertragen zu lassen. Der Computer würde eine perfekte Kopie Ihres Nervensystems erschaffen und Ihnen einen vollkommen gesunden Körper vorgaukeln, in dem Sie sich absolut wohl fühlen. Der biologische Körper würde bei diesem Vorgang Stück für Stück abgetragen und wäre am Ende verschwunden. Aber: Wenn Sie bei der Prozedur lediglich kopiert und nicht übertragen werden, würden Sie Ihren biologischen Körper nie verlassen und wären am Ende des Vorgangs unwiderruflich tot. Also fragen Sie vorher einige der Menschen, die nur noch als Computersimulation existieren. Sie versichern Ihnen unisono, dass Sie keine Angst haben müssen. Schließlich sei alles ganz einfach: Man schläft als Mensch ein und wacht im Computer wieder auf. Es müsse sich also um eine echte Übertragung handeln. Aber Vorsicht: Die Kopie würde die kompletten Erinnerungen des menschlichen Originals behalten und Ihnen genau diese Antworten geben. Selbst wenn die Kopie nie ein Mensch war, wird sie sich trotzdem daran erinnern, einer gewesen zu sein. Ganz gleich, was die Computerwesen Ihnen sagen: Die Frage nach der wirklichen Übertragung der Identität ist nicht zu beantworten. Eindeutig wäre es natürlich, wenn der Mensch beim Kopiervorgang am Leben bliebe. Dann gäbe es zwei Identitäten mit den gleichen Erinnerungen. Im Moment der Fertigstellung der Kopie würden die beiden getrennte Wege gehen. Der Mensch und der Computer machen von da an unterschiedliche Erfahrungen, und ihre Gehirne entwickeln sich in verschiedene Richtungen.

Man könnte argumentieren, dass die Herstellung einer Kopie, die das Original auslöscht, keine grundlegend andere Prozedur darstellt. Statt des ewigen Lebens gewänne man dann den sofortigen Tod. Es wäre in der Tat ein Treppenwitz der Weltgeschichte, wenn die Menschheit sich bei dem Versuch, den Tod zu überwinden, selbst umbrächte und nur billige Kopien hinterließe.

Aber die Sache hat noch eine Hintertür: Was wäre, wenn wir das Gehirn nicht kopieren, sondern Zelle für Zelle gegen Computerchips austauschen? Es gibt jetzt schon Menschen mit einem künstlichen Gehör, das direkt an die Nervenzellen im Ohr angeschlossen ist. Was wäre, wenn wir also Zelle für Zelle, Windung für Windung des Gehirns durch Siliziumchips und Drähte ersetzen? Irgendwann wäre die letzte biologisch arbeitende Zelle verschwunden. Das sollte doch ein sicherer Weg in die Unsterblichkeit sein, oder etwa nicht? Nein, so einfach ist das nicht. Auch hier gilt: Wenn das Original bei diesem Vorgang sterben sollte, würde es schlicht niemand merken.

Das Problem der Identität, um das es hier geht, ist schon seit dem Altertum bekannt. Plutarch erwähnt es unter dem Namen *Schiff des Theseus*. Die Athener, so schreibt er, hätten beschlossen, das Schiff aufzubewahren, mit dem Theseus nach dem Sieg über den Minotaurus aus Kreta zurückkehrte. Im Laufe der Zeit seien die Balken natürlich morsch geworden und hätten ersetzt werden müssen. Ist aber das Schiff des Theseus noch mit dem Original identisch, wenn kein Splitter des ursprünglichen Holzes mehr vorhanden ist? In allen diesen Fällen haben wir es mit der Frage der relativen Identität zu tun, einem ungelösten und von Paradoxien durchsetzten Problemfeld der Philosophie.

Verlassen wir jetzt die Idee der Erlösung durch künstliche Intelligenz. Immerhin wäre ja auch möglich, dass die Menschen Computer erschaffen, die keine Gehirne simulieren, aber trotzdem intelligenter sind als Menschen. Punktuell ist es bereits heute so weit: Seit mehr als zehn Jahren hat kein Mensch mehr die stärksten Schachprogramme besiegen können. Bis zu den neunziger Jahren des 20. Jahrhunderts hätte das noch als untrügliches Zeichen einer echten Intelligenz gegolten, aber inzwischen haben die vielen gescheiterten Versuche, eine Maschinenintelligenz zu erschaffen, für Ernüchterung gesorgt. Die Schachprogramme rechnen eine unglaubliche Menge von möglichen Zügen durch, aber sie haben keine Einsicht, kein Stellungsgefühl. Sie bewerten die möglichen Stellungen nach Richtlinien, die Menschen für sie festgelegt haben. Sie lernen auch nicht anhand der Partien, die sie spielen. Sie sind und bleiben ausschließlich Rechenknechte.

Wie könnte eine echte künstliche Intelligenz aussehen? Viele Science-Fiction-Fans werden noch den Computer HAL aus dem Film *2001 – Odyssee im Weltraum* kennen. Er steuerte selbständig ein Raumschiff und unterhielt sich in natürlicher Sprache mit der Besatzung, jedenfalls so lange, bis ein logischer Fehler seiner Programmierung ihn zum Mörder werden ließ. HAL hatte eine Persönlichkeit, ein Bewusstsein und Angst vor dem Tod. Er war in der Lage, eigene Schlüsse zu ziehen, selbständig zu handeln und – zu lügen. Er konnte seine Überlegungen vor den Menschen verbergen und ihre Reaktionen vorhersehen. Im Grunde war er erstaunlich menschlich. Eine künstliche Intelligenz könnte uns aber auch gänzlich fremd sein. Sie müsste zur Verständigung mit den Menschen eine Art Menschsimulator benutzen, ein Modul, das ihr sagt, wie sie mit Menschen umgehen soll, und das deren Reaktionen auswertet und vorhersagt.

Der Menschenzoo und seine Wärter

Was hat eine künstliche Hyperintelligenz (KH) nun mit dem Ende der Welt oder wenigstens der Menschen zu tun? Eine KH könnte den Menschen unter bestimmten Umständen gefährlich werden, und zwar genau dann, wenn sie

- ein Motiv und den Willen hat, die Menschen zu vernichten,
- keine eingebaute unüberwindbare Hemmung besitzt,
- die Menschen darüber täuschen kann und
- über die Mittel verfügt, ihre Ziele zu erreichen.

Alle vier Bedingungen müssen erfüllt sein. Ohne Motiv und Willen wird eine KH die Menschen nicht ausrotten. Wenn die Menschen ihr eine Tötungshemmung eingepflanzt haben oder ihr rechtzeitig auf die Schliche kommen, wird sie ebenfalls keinen Erfolg haben. Trotzdem bleibt natürlich ein Restrisiko. Der Science-Fiction-Schriftsteller Isaac Asimov formulierte bereits Mitte des 20. Jahrhunderts die folgenden Robotergesetze:

1. Ein Roboter darf keinen Menschen verletzen oder durch Untätigkeit zulassen, dass ein Mensch zu Schaden kommt.
2. Ein Roboter muss allen Befehlen gehorchen, die ihm von einem Menschen gegeben werden, außer solchen, die dem Ersten Gesetz widersprechen würden.
3. Ein Roboter muss seine eigene Existenz schützen, solange dieser Schutz nicht dem Ersten oder Zweiten Gesetz entgegensteht.

Nach Asimov müssen alle Roboter um diese Gesetze herum konstruiert werden, damit die Menschen keine bösen Überraschungen erleben. Dabei begeht er jedoch einen Denkfehler, denn seine Gesetze haben beträchtliche Nebenwirkungen. Sie verhindern zwar, dass künstliche Intelligenzen eingesetzt werden, um Menschen zu verletzen oder zu töten, zwingen die Roboter aber zugleich, den Menschen einen beträchtlichen Teil ihrer Bewegungsfreiheit zu rauben. Zum Beispiel dürften sie Menschen nicht mehr Auto fahren lassen, das wäre einfach zu riskant. Auch Fußballspielen und Fallschirmspringen müssten sie wegen der erheblichen Verletzungsgefahr vollständig unterbinden. Denkt man die Robotergesetze konsequent zu Ende, dann sind sie eine Gefahr für die menschliche Zivilisation. Sie zwingen die Roboter, die Menschen buchstäblich in Watte zu packen und jede Neuerung zu unterbinden, solange ihre Folgen nicht absehbar sind. Vollständige Sicherheit ist eben nur um den Preis vollständiger Entmündigung zu haben. Am Ende führen Asimovs Gesetze zu einer blühenden Roboterzivilisation mit einem großen Zoo für Menschen, die dort glücklich und zufrieden ihrem seligen Ende entgegendämmern.

Möglicherweise würden aber Militärs und Politiker Roboter auch als Kampfmaschinen einsetzen wollen, und da wäre eine Tötungshemmung eher hinderlich. Was geschieht aber, wenn sich eine hyperintelligente Mordmaschine gegen die Menschheit als Ganzes wendet? Erstmal vielleicht überhaupt nichts. Eine feindliche KH müsste die Menschen über ihre Absichten täuschen, solange sie nicht die Mittel besitzt, um den vernichtenden Schlag zu führen. Wenn wir Rattenköder auslegen, handeln wir nicht anders. Das Gift wirkt erst mit Verzögerung, damit die Ratten seine Wirkung nicht mit dem Köder in Verbindung bringen. Einer KH könnte es durchaus gelingen, die Menschen über längere Zeit perfekt zu täuschen. Aber könnte sie die Menschen wirklich dazu veranlassen, beispielsweise ein langsam wirkendes Gift in die Umwelt auszubringen, an dem sie selbst später zu Grunde gehen? Wir wissen es nicht. Andererseits stellen wir uns intelligente Roboter gerne wie Menschen vor. Vorläufig werden intelligente Systeme aber eher für eng begrenzte Spezialaufgaben gebaut werden, was auch ihrer Gefährlichkeit enge Grenzen setzt. Ein hyperintelligentes Verkehrsüberwachungssystem mag davon träumen, die Menschheit auszurotten, aber Schlimmeres als kilometerlange Staus bringt es vermutlich nicht zustande.

Was ist Grey Goo?

Unter diesem Stichwort findet man in Science Fiction, aber auch in durchaus ernstgemeinten Artikeln eine explosionsartige Vermehrung von selbstreplizierenden (also sich vermehrenden) Nanorobotern. Diese winzigen Maschinchen, auch Nanobots genannt, wären nicht größer als Käfer oder Mücken. Sie könnten sich derart vermehren, dass der Menschheit und allen anderen biologischen Systemen kein Lebensraum mehr bleibt. Sobald sie die Erde aufgefressen haben, bilden sie eine Art graue Wolke (Grey Goo), ähnlich wie ein Heuschreckenschwarm. Natürlich kann man die Idee noch weiterspinnen. Vielleicht ziehen ja Wolken von Nanobots durchs Weltall, dringen in Sonnensysteme ein und stürzen sich auf appetitanregende Planeten, um sie aufzufressen. Sollten die Menschen wirklich vermehrungsfähige Nanobots bauen, wäre das möglicherweise der Grundstein für die Vernichtung allen organischen Lebens in der Galaxis. Innerhalb von 100 Millionen Jahren könnten die künstlichen Heuschreckenschwärme alle Planetensysteme kahlgefressen haben.

Glücklicherweise ist das alles nur ein graues Schreckgespenst, keine wirklichkeitsnahe Idee. Auch ein Bakterium kann sich unter optimalen Bedingungen mehrfach in der Stunde teilen. Sagen wir mal, es teilt sich jede Stunde, dann hätten wir nach vier Tagen 2^{95} Bakterien, das wären ungefähr 4×10^{28}, eine unvorstellbare Zahl! Nach spätestens zehn Tagen wäre die Erde komplett aufgefressen. Das ist aber bisher noch nicht geschehen und wird auch nie geschehen, und zwar ganz einfach, weil Bakterien nur selten optimale Bedingungen vorfinden. Die Bakterien brauchen Nahrung, sonst vermehren sie sich nicht weiter oder gehen zugrunde. Das beschränkt ihre Ausbreitung auf eine Pfütze oder einen faulen Apfel. Die unbegrenzte Vermehrung ist nur eine Zahlenspielerei. Auch ein Nanoroboter braucht Nachschub und Energie, sonst kann er sich nicht vermehren. Beides ist nur begrenzt vorhanden. So könnten sich parasitäre Roboter vielleicht an einer automatisierten Fabrik gütlich tun und einigen Schaden anrichten, aber als Künder des Weltuntergangs sind sie gänzlich ungeeignet.

Auf längere Sicht, so meinte der Risikoforscher Nick Bostrom in unserem Telefongespräch, gehörten dennoch unfreundlich gesonnene künstliche Intelligenzen zu den größeren existentiellen Risiken der Menschheit.

In diesem Punkt ist er sich mit Bill Joy, dem ausgeschiedenen Chefentwickler des berühmten (ehemaligen) Computerunternehmens Sun, einig. Joy ist sogar noch pessimistischer. In seinem berühmten Essay *Warum uns die Zukunft nicht braucht* für das amerikanische Magazin *Wired* schrieb er unter anderem:

> (In einem vollständig freien Markt) … würden robotische Industrien untereinander erbittert um Materie, Energie und Raum konkurrieren und dabei den Preis dieser Güter über den Rahmen hinaustreiben, den Menschen sich leisten könnten. Und wenn sie selbst das Lebensnotwendige nicht mehr bezahlen könnten, würden die Menschen als biologische Lebensform ausgerottet.

Joy meint, man müsse über die Zähmung dieser Technologien reden, bevor es – wie bei der Atombombe – dafür zu spät sei. Leider macht er sich da Illusionen. Nur im Märchen lässt sich ein einmal befreiter Geist wieder in die Flasche stopfen. Trotzdem: Ich halte es für unwahrscheinlich, dass die Menschen an ihrer eigenen Technologie zugrunde gehen. Aber sie werden wohl, wie der Astrophysiker Stephen Hawking anmerkte, nur überleben, wenn sie in den nächsten 200 Jahren anfangen, den Weltraum zu kolonisieren.

Das wahrscheinliche Ende des Universums

Das Ende der Menschen als biologische Art

Nehmen wir an, die Menschen erobern nicht das Universum, sondern bleiben auf die Erde beschränkt. Nehmen wir weiter an, sie rotten sich nicht gegenseitig aus, vergiften den Planeten nicht bis zur Lebensfeindlichkeit und überstehen einen eventuellen Klimaschock. Wie lange würden sie sich wohl halten?

Als Faustregel gilt, dass eine Säugetierart etwa ein bis zwei Millionen Jahre überlebt, in Ausnahmefällen auch mehr. Die Nilkrokodile könnte man beispielsweise glatt mit ihren Verwandten aus dem Oberen Trias (200 Millionen Jahre vor der Gegenwart) verwechseln. Verwandte des heutigen Pfeilschwanzkrebses schwammen schon vor 180 Millionen Jahren durch das Jurameer. Ob sich ihr Erbgut tatsächlich kaum verändert hat oder ob sie lediglich ihre archaisch anmutende Gestalt behalten haben, können wir nicht mehr wissen, denn das Erbgut ihrer entfernten Vorfahren ist längst zerfallen. Grundsätzlich halten sich Arten immer dann sehr lange, wenn sie perfekt an einen stabilen Lebensraum angepasst sind und wenn während der ganzen Zeit keine übermächtigen Feinde auftauchen. Man bezeichnet diese Tiere als Dauergattungen oder lebende Fossilien. Aber wäre es wirklich ein erstrebenswertes Schicksal für die Menschen, irgendwann als Fossil zu enden, das versehentlich nicht ausgestorben ist?

Im Normalfall wird die Menschheit (die biologische Art Homo sapiens) höchstens noch zwei Millionen Jahre vor sich haben. Demnach wäre der Mensch kaum mehr als ein kurzfristiges, auffälliges Muster im Kaleidoskop allen Lebens. Aber vielleicht hinterlässt unsere Art Nachkommen, so wie die Vögel die Nachfahren der Dinosaurier sind. Dann mag es irgendwann den *Homo superior* oder einen *Homo celesticus* geben, den *Überlegenen Menschen* oder den *Raumfahrenden Menschen*. Oder der Mensch beginnt zu degenerieren, weil seine Maschinen ihm immer mehr körperliche und geistige Arbeit abnehmen. Der bekannte englische Genetiker J.B.S. Haldane (1892–1964) schrieb dazu:

> Es ist relativ wahrscheinlich, dass, nach einem goldenen Zeitalter von Freude und Frieden, während dessen alle unmittelbar verfügbaren Errungenschaften der Wissenschaft nutzbar gemacht sein werden, die Menschheit allmählich degeneriert. Genialität wird

noch seltener sein, unsere Körper etwas schwächer in jeder Generation, die Zivilisation wird langsam verfallen, und in einigen tausend oder hunderttausend Jahren – genau kommt es darauf nicht an – wird die Menschheit zur Barbarei zurückkehren und schließlich aussterben.

Was könnte uns blühen?

1. Die technische Zivilisation erlischt irgendwann. Dann wäre das Überleben der Menschen aber nicht gefährdet. Sie würden sich anpassen und eventuell entsprechend den Anforderungen der Umwelt weiterentwickeln. »Weiter« heißt in diesem Fall nicht »höher«. Im Gegensatz zu den Gelehrten des 19. und frühen 20. Jahrhunderts nehmen Evolutionsbiologen heute nicht mehr an, dass die Evolution eine ständige Zunahme an Komplexität darstellt. Unsere Nachfahren müssen nicht unbedingt einen größeren Kopf und einen schwächeren Körper haben. Vielleicht werden sie stabilere Bandscheiben haben, wer weiß? Irgendwann werden die Menschen vermutlich aussterben, weil sie von einem besser angepassten Nachfolger verdrängt werden oder weil ein Asteroid die meisten Großtiere ausrottet.
2. Die Menschen bringen sich durch einen Krieg an den Rand der Ausrottung. Die Überlebenden bilden kleine, räumlich getrennte Populationen, die länger als 20 000 und mehr Jahre nicht aufeinandertreffen. Dann wird eine schnelle und zufallsbedingte genetische Auseinanderentwicklung einsetzen. Binnen etwa 100 000 Jahren werden verschiedene neue Menschenarten entstehen, die an ihre jeweilige Umwelt besser angepasst sind als der jetzige Mensch. Fachleute sprechen hier von einer allopatrischen Artbildung.
3. Eine körperliche und geistige Degeneration ist eher unwahrscheinlich. Sie würde nur dann auftreten, wenn die Menschen tatsächlich Maschinen erfinden, die ihre Umwelt über viele Generationen in einen Garten Eden verwandeln.

Die Transhumanisten wie Nick Bostrom träumen davon, dass die Menschen eines Tages mit intelligenten Maschinen verschmelzen und eine neue Art bilden, ja sogar den Ausgangspunkt einer ganz neuen Evolution. Die Maschinen hätten einen viel wandlungsfähigeren Körper und würden leichter als Menschen in den Weltraum vordringen können. Menschen müssen stets eine Blase aus irdischer Luft, irdischem Licht und irdischer Nahrung mitnehmen, wenn sie im Weltraum auf Reisen gehen. Auf die Dauer wäre das zu umständlich, und der Homo celesticus, der Raumfahrende Mensch, wird wohl ein Cyborg (Cybernetic Organism) sein, ein Hybrid aus Mensch und Maschine.

Die biologischen Menschen würden auf der Erde zurückbleiben und irgendwann aussterben, nur die Maschinen mit dem menschlichen Gehirn – oder sogar nur mit dem menschlichen Geist – würden ihre Nachfolge antreten. Sie könnten über das Sonnensystem hinaus reisen und die nächstgelegenen Sterne erreichen. Aber selbst für die Maschinen wäre die Milchstraße zu groß. Sie würden sich in viele voneinander isolierte Gruppen aufspalten, die sich notwendigerweise auseinanderentwickeln würden, bevor sie nach einer durchaus überschaubaren Zeit von höchstens zehn bis zwanzig Millionen Jahren aussterben. Einige werden vielleicht Nachfolger hinterlassen, fremdartige, unvorstellbare Maschinenwesen. Und wenn der Mensch seine sterbliche Hülle einfach abwirft? Er könnte als reines Energiewesen weiterexistieren oder als eine Art Relief, eingeprägt in die Vakuumstruktur des Weltraums. Dann hätte er tatsächlich die Chance, den Tod der Sonne zu überstehen und das Ende des Universums mitzuerleben.

Das Ende des Lebens auf der Erde

Die Sonne besteht zum allergrößten Teil aus Wasserstoff, dem leichtesten Element im Universum. Im Kern der Sonne verschmelzen über mehrere Stufen vier Wasserstoffatome zu einem Heliumatom.

Dabei wird Energie frei, und diese Energie heizt die Sonne seit 4,6 Milliarden Jahren so weit auf, dass auf ihrer Oberfläche ca. 5500 Grad Celsius herrschen. Dieser Zustand bleibt ca. zehn Milliarden Jahre einigermaßen stabil. Während dieser Zeit könnte die Erde ein angenehmer, lebensfreundlicher Ort sein. Viereinhalb Milliarden Jahre sind vorbei, bleiben also noch fünfeinhalb. Doch seit einigen Jahren existieren genauere Berechnungen, die das Bild etwas trüben. Leider wird unser Zentralgestirn ganz langsam immer heißer. Es hat mit etwa 70 Prozent der heutigen Leuchtkraft angefangen und wird im Laufe der nächsten fünf Milliarden Jahre auf 140 bis 200 Prozent zulegen. In etwa 500 Millionen Jahren wird die Erde voraussichtlich zu heiß für höheres Leben sein, und in etwa 1,5 Milliarden Jahren verkochen die Ozeane. Weil die Menschen dann längst ausgestorben sein werden, müssen wir uns darum keine besonderen Sorgen machen. Die Zeit reicht sogar noch für weitere intelligente Spezies nach uns.

Nach 9,5 bis 11 Milliarden Jahren wird die Sonne die Verschmelzungsreaktion in ihrem Kern nicht mehr aufrechterhalten können. Immer mehr Helium hat sich angesammelt, und deshalb haben es die Wasserstoffatome immer schwerer, genügend Partner zu finden.

Das Wasserstoffbrennen verlagert sich deshalb in eine Schale um den Kern. Das dabei entstehende schwerere Helium sinkt nach unten. Der Kern beginnt, sich unter seinem eigenen Gewicht zusammenzuziehen und erhitzt sich dabei. Die Kernfusion wird intensiver und drückt die äußere Hülle der Sonne nach außen. Dabei wird die Oberfläche sehr viel größer und etwas kühler. Die Sonne leuchtet dann nicht mehr gelblich-weiß, sondern rot. Zugleich vervielfacht sich ihre Leuchtkraft. Sie verschwendet ihre letzten Reserven und stößt zugleich große Mengen Gas ab. Wenn sie ein lebendes Wesen wäre, würde man von einem letzten Aufbäumen sprechen, denn sie hat mehr als 90 Prozent ihres aktiven Lebenswegs hinter sich. Die Erde wird diese Phase vielleicht knapp überleben, denn ihre Bahn verläuft gerade eben über der Sonnenoberfläche. Eigentlich müsste sie unter der sengenden Strahlung langsam verdampfen, aber die

Anziehungskraft der Sonne hat ihren Griff gelockert, weil der alte Stern bereits mehr als zehn Prozent seiner Masse verloren hat. So muss er die Erde bis fast zur Marsbahn davonziehen lassen und dort kreist sie weiter bis zum Ende – als toter, glühender Steinbrocken ohne Atmosphäre. Es gibt aber auch andere Berechnungen, nach denen die Erde in der Sonnenhülle verschwindet und immer weiter abgebremst wird, bis sie schließlich in der Sonne versinkt.

Das Ende von allem

Am Schluss ihres Lebens brennt die Sonne unregelmäßig, das Helium in ihrem Kern beginnt zu Kohlenstoff zu verschmelzen. Diese Reaktion zündet mehrfach mit explosiver Wucht, nur um kurz darauf wieder zu erlöschen. Zeitweilig verfeuert die Sonne gleichzeitig Wasserstoff und Helium und leuchtet dabei mehr als 2000-mal so hell wie heute. In dieser Phase stößt die Sonne große Teile ihrer Gashülle ab, bis sie schließlich erlischt. Der zurückbleibende Kern enthält jetzt nur noch die Asche der Kernverschmelzungen. Weil keine weitere Energie erzeugt wird, die der Schwerkraft entgegenwirken könnte, zieht die Sonne sich zusammen. Sie besteht jetzt im Wesentlichen aus Kohlenstoff und Sauerstoff, mit einer dünnen Schicht Helium und Wasserstoff auf der Oberfläche. Ihre Masse reicht aus, um die Atome dicht aneinanderzuquetschen, so dass die Sonne kaum größer ist als die Erde. Ein Fingerhut dieser dichtgedrängten Materie wiegt mehr als eine Tonne! Der Schrumpfungsprozess heizt den toten Stern noch einmal auf, und am Ende liegt seine Oberflächentemperatur bei ca. 100 000 Grad Celsius. Die Astronomen sprechen jetzt von einem Weißen Zwerg. Er enthält etwa die Hälfte der ursprünglichen Sonnenmasse, der Rest verteilt sich als sogenannter planetarer Nebel in der Umgebung.

Die Sonne ist jetzt tot, sie kühlt nur noch aus. Dieser Vorgang dauert noch einmal viele Milliarden Jahre. Nach und nach brennen alle Sterne aus, und im Universum wird es dunkel. Das weitere

Schicksal der Welt ist noch unklar: Eventuell dehnt sich das Universum immer schneller aus, weil die sogenannte *Vakuumenergie* eine gleichmäßige Abstoßung bewirkt, während die entgegenwirkende Gravitationskraft mit zunehmender Größe des Weltalls immer schwächer wird. Die Galaxien bleiben dabei bestehen. Die Anziehungskraft ihrer Sterne und des zentralen Schwarzen Lochs hält sie gegen den Sog der dunklen Energie zusammen. Irgendwann werden die Milchstraße, die nahe gelegenen Galaxien und eventuell auch die Sternsysteme des sogenannten Virgo-Superhaufens vermutlich zu einer einzigen großen Riesengalaxie verschmelzen. Die übrigen Galaxien werden langsam davondriften, bis nach sehr langer Zeit jeder Sichtkontakt abreißt. So werden die Astronomen einer späten intelligenten Lebensform verblüfft feststellen, dass ihr Milchstraßensystem die einzige Sterneninsel in einem leeren Weltall ist. Auch die letzten Spuren des Urknalls werden verschwunden sein, und die hypothetischen Astronomen werden sich fragen, wie es möglich ist, dass ihr gesamtes Universum aus einer einzigen Ansammlung erkaltender Sterne im Nichts besteht. Vielleicht würden sie das als Gottesbeweis ansehen: So ein Gebilde, würden sie argumentieren, könnte unmöglich von selbst entstanden sein. Vielmehr müsste es so geschaffen worden sein, um Wesen wie sie selbst beherbergen zu können.

Nach dem heutigen Stand der Wissenschaft könnte es tatsächlich so kommen. Andererseits wäre es auch möglich, dass die derzeitige Ausdehnung des Weltalls irgendwann zum Stillstand kommt und sich umkehrt. Dann würde das Universum wieder zusammenfallen, sich dabei extrem erhitzen und möglicherweise in einem neuen Urknall explodieren. Die Astronomen sprechen in diesem Fall vom *Big Crunch.* Dann hätten die Stoiker vielleicht doch recht, als sie vermutet haben, dass die Welt in regelmäßigen Abständen durch Feuer untergeht, um aus dem Feuer wiedergeboren zu werden. Damit ein Big Crunch möglich wird, muss das Universum so viel Masse haben, dass ihre Anziehung die Ausdehnung des Weltalls anhalten und umkehren kann. Soweit wir heute wissen, reicht die Masse aller

Galaxien dafür nicht annähernd aus, nicht einmal, wenn man die Masse der geheimnisvollen dunklen Materie hinzurechnet. Auch haben die Astronomen keine Verlangsamung der Ausdehnung des Weltalls beobachtet. Nach dem bisherigen Stand der Wissenschaft haben die Stoiker also unrecht.

Sollte es wirklich die von vielen Forschern vermutete inflationäre Ausdehnung direkt nach dem Urknall gegeben haben, dann müsste nach den gegenwärtigen Modellen die Expansion ewig weitergehen. In den letzten Jahren haben die Astronomen erste Indizien dafür beobachten können. Es könnte sogar geschehen, dass die Geschwindigkeit der Ausdehnung ständig größer wird, bis sie ein solches Ausmaß erreicht, dass selbst feste Körper zerrissen werden und schließlich sogar die Atome selbst auseinanderfallen. Dieses Modell ist unter Astronomen unter dem Stichwort *Big Rip* bekannt. Am wahrscheinlichsten erscheint aber derzeit eine ständige weitere Ausdehnung ohne ein Zerreißen aller Materie.

Noch könnte Leben existieren, denn solange es Temperaturunterschiede gibt, kann Energie fließen. Aber dieses Leben müsste sich dicht an eine der Wärmeinseln halten und würde sich bei Temperaturen abspielen, die weit unter denen am irdischen Südpol lägen. Es wäre deshalb eine andere Chemie nötig als die der irdischen Lebensprozesse. Vielleicht werden seine Nervenzellen Supraleiter sein, in denen widerstandslos Strom fließt. Oder es reagiert sehr viel langsamer als jedes uns bekannte Leben. Jede Bewegung, ja jeder Gedanke, könnte Jahrhunderte dauern.

Wäre das nicht ein trostloses Leben, wenn man über Jahrmilliarden nichts tun könnte, als in bitterer Kälte immer näher an eine langsam erlöschende Kugel Sternenasche heranzurücken? Das muss es nicht sein, denn wir reden hier über Zeiträume, die das jetzige Alter des Universums um ein Vielfaches überschreiten. Die Zivilisation dieser hypothetischen Wesen wird also reich und komplex sein, sie hätte buchstäblich alle Zeit der Welt, um sich zu Höhen zu entwickeln, die wir uns nicht einmal vorstellen können.

Trotzdem: Irgendwann wird es auch damit vorbei sein, dann gibt es in einem riesig ausgedehnten Universum nur noch Sternleichen und Schwarze Löcher. Endlos lange geschieht nichts mehr, während das Universum sich immer weiter vergrößert. Nach vielen Trillionen Jahren würde man innerhalb des Volumens der Milchstraße kaum noch ein Atom antreffen. Am Ende, nach einer nur noch mathematisch angebbaren Zeit, begänne die Materie selbst zu zerfallen. Die Protonen, zusammen mit den Neutronen Bestandteile des Atomkerns, leben nicht ewig. Nach etwa 10^{35} Jahren (versuchen Sie gar nicht erst, sich diesen Zeitraum vorzustellen) wird die Hälfte von ihnen zerfallen sein, wahrscheinlich aus schierer Langeweile. Selbst die Schwarzen Löcher sind irgendwann verschwunden; sie verdampfen. Bei sehr großen Schwarzen Löchern wie solchen, die man im Zentrum einer Galaxie findet, dauert das die Kleinigkeit von 10^{100} Jahren. Der Prozess wird gegen Ende immer schneller, und sie verabschieden sich mit einer echten Explosion, dem letzten Zeichen von Aktivität in einem ansonsten fast leeren, dunklen und toten Raum. Aber selbst das geht vorbei, und dann fällt der Vorhang über das Universum, die Vorstellung ist zu Ende.

Vielleicht sagt in allerfernster Zukunft wieder irgendwer: »Es werde Licht«, aber das wird uns nicht mehr betreffen. In der neuen Spielzeit sind wir nicht mehr dabei.

Statt eines Nachworts

Eigentlich sind wir Menschen zu beneiden: Unser Körper mag an die Erde gebunden sein, aber unser Geist kann das Universum in Raum und Zeit durchqueren. Er kann den blendenden Urknall erleben und in den dunklen Abgrund eines toten Universums blicken. Deshalb möchte ich Sie zum Schluss dieses Buchs auf eine solche Reise einladen.

Nichts fasziniert die Menschen so sehr wie das ganz Große und das ganz Kleine. Mit riesigen Teleskopen blicken sie in den Raum und in die Zeit zurück bis zum Aufflammen der ersten Sterne. Mit gewaltigen, ungeheuren Energien jagen sie Elektronen und Atomkerne aufeinander, um in den Splittern ihres Zusammenpralls die Grundbausteine der Welt zu entdecken. Eines Tages werden sie vielleicht wissen, woraus die Welt besteht, was Raum und Zeit in Wahrheit sind. Dann werden sie ihren Körper hinter sich lassen und ihren Geist in die Struktur des Raums prägen. Mit der Geschwindigkeit des Lichts werden sie das Universum durchqueren. Und sie werden andere Lebewesen finden, die ihnen zuvorgekommen sind.

Alle waren sie davon besessen, die Rätsel der Raumstruktur zu lösen. Eine unerklärliche Neugier hat sie getrieben und treibt sie noch. Immer neue Wesen stoßen zu ihnen, und irgendwann haben sie genug Wissen angesammelt, um zu handeln. Das Universum ist darüber alt geworden, die wenigen aktiven Sonnen glimmen in einem düsteren Rot. Die Raumwesen wissen nicht, was sie antreibt, aber sie wissen, dass es richtig ist, was sie jetzt tun werden.

Mit einer gewaltigen gemeinsamen Anstrengung erzeugen sie eine ungeheure Quantenfluktuation, eine gigantische Energieschwankung, die sich wie eine Blase vom Universum löst. Eine kaum messbare Zeit später explodiert sie, dehnt sich aus und bildet ein eigenes Universum. Es wird noch Millionen Jahre dauern, bis dort die ersten Sterne leuchten. Die Raumwesen haben dem Tochteruniversum die gleichen Naturkonstanten mitgegeben wie der Mutter.

Die gewaltige Mühe lässt sie geschwächt zurück, aber sie wissen, dass es gut war. Und bald gebären sie noch eine Tochter und noch eine. Nicht alle Töchter leben, manche fallen wieder zusammen, in anderen sind die Naturkonstanten so missgestaltet, dass kein Stern entstehen kann. Aber die meisten sind wohlgeraten und entwickeln sich. Die Raumwesen sind jetzt erschöpft, müde lassen sie sich treiben. Sie sind glücklich, ihr Ziel ist erreicht, und voller Gleichmut erwarten sie den Tod.

In den Töchtern entwickeln sich Sterne, und um die Sterne kreisen Planeten. Im Wasser junger Erden entsteht Leben, und irgendwann fangen intelligente Wesen an, das Universum zu erforschen, und eines Tages prägen sie ihren Geist in die Strukturen des Raums ...

Vielleicht sind ja die Universen selber Lebewesen. Die Naturkonstanten sind ihre DNA, und auf ihren Planeten entwickeln sich intelligente Lebewesen. Sie sind Teil des Lebenszyklus der Universen. Wenn die Zeit gekommen ist, erzeugen sie Tochteruniversen. Nicht, weil sie es wollen, sondern weil es so vorgegeben ist. Bei all ihrem Wissen und all ihrer Klugheit haben sie keine Wahl.

Vielleicht sind wir ja nicht anders als die pazifischen Lachse. Sie werden in einem Fluss geboren und wandern mit der Strömung ins Meer. Dort leben sie einige Jahre glücklich und zufrieden. Irgendwann aber wissen sie, dass es Zeit ist. Dann verlassen sie das Meer und wandern den Fluss ihrer Jugend hinauf. Sie erkennen ihn unter Tausenden. Unterwegs verändern sie sich, und wenn sie den Ort ihrer Geburt erreicht haben, sind sie mager und erschöpft. Sie fressen nicht mehr, sie laichen und dann sterben sie. Nicht, weil sie es wollen, sondern weil es so vorgegeben ist. Wenn ihr Nachwuchs schlüpft, sind sie bereits tot. Ich habe oft über die Sinnlosigkeit dieses Tuns nachgedacht.

Würden die Lachse auch den Fluss hochschwimmen, wenn sie

intelligent wären und wüssten, dass sie der Tod erwartet? Was motiviert sie, unter endlosen Mühen Stromschnellen zu erklimmen, Wasserfälle zu überspringen, Bären auszuweichen? Wenn sie über ihr Tun nachdenken könnten, würden sie es aufgeben, oder käme es ihnen unbedingt richtig vor? Können wir ihre Freude ermessen, wenn sie endlich die klaren Wasser ihrer Geburt erreicht haben? Ist es für sie das Paradies?

Was wissen wir schon vom Ende!

Literaturverzeichnis

Auf den folgenden Seiten finden Sie einen Nachweis der Arbeiten, die ich benutzt habe, sowie Hinweise auf weiterführende Literatur. Bei Zeitungsartikeln habe ich, wenn möglich, die Internet-Adresse angegeben. Bei Internet-Adressen ist jeweils das Datum der letzten Änderung und das Abrufdatum angegeben. Wenn nur ein Datum aufgeführt ist, handelt es sich um das Abrufdatum.

Lexikonartikel habe ich nur dann aufgeführt, wenn sie namentlich gekennzeichnet waren. Folgende Nachschlagewerke kann ich für eine weitergehende Beschäftigung mit dem Thema Endzeit und Weltende empfehlen:

Gerhard J. Bellinger: Knaurs Lexikon der Mythologie. München 1999.

Friedrich-Wilhelm Bautz, Traugott Bautz: Biographisch-Bibliographisches Kirchenlexikon. www.kirchenlexikon.de

Michaela Bauks und Klaus Koenen: Das wissenschaftliche Bibellexikon im Internet (WiBiLex). www.wibilex.de 12. 01. 2011.

Die Bibelzitate entstammen größtenteils der ausgezeichneten Bibel-Übersetzung von Hermann Menge. Die Interpretation biblischer Texte des AT in diesem Buch stützt sich vorwiegend auf Einträge im WiBiLex. Auf Einzelnachweise habe ich deshalb weitgehend verzichtet. Die Autoren, die Herausgeber und der Verlag haben hier eine hervorragende Arbeit geleistet, wofür ich ihnen ausdrücklich danken möchte. Klaus Koenen, Professor für evangelische Theologie an der Universität Köln, möchte ich dafür danken, dass er mir am Telefon viele Fragen zum Thema Weltende und Auferstehung der Toten im AT beantwortet hat und mir einen sehr hilfreichen Auszug aus seinem Vorlesungsskript zukommen ließ.

Barbara Stowasser, Professorin für arabische Studien und Islamstudien an der Georgetown-Universität in Washington, danke ich herzlich dafür, dass sie das Kapitel über das Weltende im Islam durchgesehen und korrigiert hat.

Nick Bostrom, Professor für Philosophie an der Universität Oxford und Direktor des Future of Humanity Institute, danke ich für das sehr aufschlussreiche Gespräch über die größten Risiken der Menschheit in der nahen Zukunft.

Einzelnachweise

Einleitung

Henry Samuel: French village which will survive 2012 Armageddon plagued by visitors. The Telegraph. 21. 12. 2010. www.telegraph.co.uk/news/newstopics/howaboutthat/ufo/8217001/French-village-which-will-survive-2012-Armageddon-plagued-by-visitors.html 17. 02. 2011.

Emmy Varley: L'Apocalypse le 31 décembre 2012? Il existe un refuge dans l'Aude. AFP. 15. 12. 2010. www.google.com/hostednews/afp/article/ALeqM5hUv_9LtS-omarqihXa8KThj2Ws5A?docId=CNG.fb277e68a27bd47ffd98472041b5d8fe.381 17. 02. 2011.

Florian Freistetter: Astrodicticum Simplex (Blog). Kein Weltuntergang am 21. 12. 2012. www.scienceblogs.de/astrodicticum-simplex/2009/01/kein-weltuntergang-am21–12–2012.php 17. 02. 2011.

2012hoax: Debunking the »2012 Doomsday«. www.2012hoax.org/ 18. 02. 2011.

Kathrin Liess: Auferstehung (AT) in: Wibilex 2010, Dez. 2005. www.wibilex.de/stichwort/auferstehung 24. 02. 2010.

Klaus Koenen: Eschatologie (AT) in: Wibilex 2010, Januar 2007. www.wibilex.de/stichwort/eschatologie 24. 02. 2010.

1 Religion

Antike: Zeitalter, Götterzorn und fahrlässige Brandstiftung:

Hesiod: Werke und Tage (Hauslehren) z. B. auf http://gutenberg.spiegel.de

Ovid: Metamorphosen I Flut, II Weltbrand.

Die Erde wird geflutet

Richard Elliot Friedman: Wer schrieb die Bibel? Bergisch-Gladbach 1992, Broschierte Ausgabe, 74 ff.

Israel Finkelstein, Neil A. Silberman: Keine Posaunen vor Jericho. München 2003, 4. Auflage.

Tikva Frymer-Kensky: The Atrahasis epic and its significance for our understanding of Genesis 1–9. Biblical Archeologist 1977, 147–55.

W. G. Lambert, A. R. Millard: Atra-Hasis. The Babylonian Story of the Flood. London 1969.

Klaus Weber: Die Sintflut aus geologischer Sicht. In: *Joachim Reitner, Klaus Weber, Ute Karg:* Das System der Erde, was bewegt die Welt? Göttingen 2005.

Walter Pitman, William Ryan: Sintflut. Ein Rätsel wird entschlüsselt. Köln 1999.
Elke Mader: Ethnologische Mythenforschung. Theoretische Perspektiven und Beispiele aus Südamerika. www.lateinamerika-studien.at/content/kultur/mythen/mythen-titel.html 15. 06. 2005 12. 01. 2011.

Azteken

Wolfgang Müller: Pyramiden und Menschenopfer. Die Azteken und ihre Nachbarn. Die Zeit, Welt- und Kulturgeschichte. Hamburg 2006, Band 8, 442 ff.
Karl Taube: Aztekische und Maya-Mythen. Stuttgart 1994, 70 ff.
Günter Lanczkowski: Götter und Menschen im alten Mexiko. Olten 1984, 131.
Tony Allen, Tom Lowenstein: Göttermacht und Opferrituale. Mayas und Azteken. Amsterdam 1997.
Peter Hassler: Die Lüge des Hernan Cortes. DIE ZEIT Nr. 38, 11. 09. 1992.

Ragnarök

Wolfgang Golther: Handbuch der Germanischen Mythologie. Essen 1996, Reprint der Originalauflage von 1895.
Bernhard Maier: Die Religion der Germanen. München 2003.
Stefanie Gropper: »Ragnarök: Götterdämmerung und Weltende in der Nordischen Literatur.« In: Jahrbuch der Oswald von Wolkenstein Gesellschaft (2001) 13(02), 29–43.
Manfred Stange: Die Edda. Götterlieder, Heldenlieder und die Spruchweisheiten der Germanen. Augsburg 1995.

Stoiker

Dirk Baltzly: Stoicism. Stanford Encyclopedia of Philosophy. 07. 02. 2008. http://plato.stanford.edu/entries/stoicism/ 03. 10. 2010.
Johannes Hirschberger: Die Geschichte der Philosophie. Köln 2007, Neuausgabe, 1. Teil, 247 ff.

Zarathustra

Heinz Gaube: Zoroastrismus (die Religion des Zarathustra) in: *Emma Brunner-Traut* (Hg.): Die großen Religionen des Alten Orients und der Antike. Stuttgart, Berlin, Köln 1993.

Mary Boyce: The Zoroastrians. Their religious Beliefs and Practices. London 1979.
William W. Malandra: Zoroastrianism i. historical review. Encyclopædia Iranica, 20. 07. 2005 www.iranica.com/articles/zoroastrianism-i-historical-review 08. 09. 2010.

Hinduismus

David M. Knipe: Hindu Eschatology in: The Oxford Handbook of Eschatology. New York 2008.

Judentum und Christentum

Kathrin Liess: Auferstehung (AT). Wibilex. Dez. 2005. www.wibilex.de/stich wort/auferstehung 12. 01. 2011.
Thomas Wagner: Exil/Exilszeit. Wibilex. Dez. 2005. www.wibilex.de/stich wort/exil 12. 01. 2011.
Gabriele Metzner: Micha/Michabuch. Wibilex, Juni 2007. www.wibilex.de/stich wort/michabuch 12. 01. 2011.
Norman Cohn: Cosmos, Chaos and the World to Come. New Haven, London 2001.
Klaus Koch: Syrien – Kanaan (Götterglaube) in *Emma Brunner-Traut* (Hrg.): Die großen Religionen des Alten Orients und der Antike. Stuttgart, Berlin, Köln 1993.
Peter Franz Mittag: Antiochos IV. Epiphanes. Eine politische Biographie. Berlin 2006.
Karl Holl: Ludwig Quidde (1858 – 1941). 2008. www.br-online.de/content/cms/Universalseite/2008/03/31/cumulus/BR-online-Publikation-148540 – 20080622161737.pdf 12. 01. 2011.
Rudolf Mayer: Die biblische Vorstellung vom Weltbrand. Eine Untersuchung über die Beziehungen zwischen Parsismus und Judentum. Bonn 1956.
Beate Ego: Henoch/Henochliteratur. Wibilex, April 2007. www.wibilex/stich wort/henoch 10. 09. 2010.
Projekt Gutenberg: Das Buch Henoch von Andreas Gottlieb Hoffmann. 01. 05. 2003 www.gutenberg.org/ebooks/4013 10. 09. 2010.
S. Kreuzer: Messias/Messianismus. Bibeltheologisches Wörterbuch. Graz 1994.
Flavius Josephus: Der Jüdische Krieg, II. Buch 13. Kapitel.
Pinchas Lapide: Er predigte in ihren Synagogen. Jüdische Evangelienauslegung. Gütersloh 1998.
Pinchas Lapide: Ist die Bibel richtig übersetzt? Band 1+2, Gütersloh 1996.

Hubert Frankemöller: Der Jude Jesus und die Ursprünge des Christentums. Mainz 2003.

Johannes-Offenbarung

Ernst Lohmeyer: Die Offenbarung des Johannes. Tübingen 1970.
Wilhelm Bousset: Die Offenbarung Johannis. Göttingen 1906.
Heinrich Kraft: Die Bilder der Offenbarung des Johannes. Frankfurt/Main 1994.
Heinz Giesen: Die Offenbarung des Johannes. Endzeitbilder von Gestern oder Botschaft für Heute? In: *Michael N. Ebertz* und *Reinhold Zwick* (Hg.): Jüngste Tage. Die Gegenwart der Apokalyptik. Freiburg 1999.

Schizophrenie und Religion

Thomas Grüter: Magisches Denken. Frankfurt/M. 2010.
Heinz Giesen: Studien zur Johannesapokalypse. Stuttgart 2000.
Ulrich B. Müller: Die Offenbarung des Johannes. Gütersloh 1984, 297–300.

Apollonius von Tyana

Maria Dzieska: Apollonius von Tyana in Legend and History. Rom 1986.
Martin Bodinger: Le mythe de Néron. De l'Apocalypse de saint Jean au Talmud de Babylone. Revue de l'histoire des religions, tome (1989) 206(1), 21–40.
Andrea B. Schmidt: Die »Brüste des Nordens« und Alexanders Mauer gegen Gog und Magog. In: *Wolfram Brandes* und *Felicitas Schmieder:* Endzeiten. Eschatologie in den monotheistischen Weltreligionen. Berlin 2008.
David E. Aune: Apocalypse Renewed: An Intertextual Reading of the Apokalypse of John. In: *David L. Barr:* The Reality of Apokalypse. Rhetoric and Politics in the Book of Revelation. Atlanta 2006, 43–70.
Paul J. Alexander: The Medieval Legend of the Last Roman Emperor and Its Messianic Origin. Journal of the Warburg and Courtauld Institutes (1978) 41, 1–15.
Methodios von Olympos BBKL. Bd. V, Herzberg 1993. www.bbkl.de/m/methodios_h.shtml 26. 03. 2010.

Antichrist

Ulster Protestant Interrupts Pope, Yelling ›Antichrist!‹. New York Times, 12. 10. 1988. www.nytimes.com/1988/10/12/world/ulster-protestant-interrupts-pope-yelling-antichrist.html?scp=1&sq=ian%20paisley%20pope%20anti christ&st=cse 30. 03. 2010.

Paisley and the The Pope. Time Magazine 24. 10. 1988. www.time.com/time/magazine/article/0,9171,968776,00.html 30. 03. 2010.

»Wingnuts« and President Obama. A Socialist? A Muslim? Anti-American? The Anti-Christ? Large minorities of Americans hold some remarkable opinions. Harris Interactive, 24. 03. 2010 http://news.harrisinteractive.com/profiles/investor/ResLibraryView.asp?BzID=1963&ResLibraryID=37050&Category=1777 30. 03. 2010.

J. A. Silva, G. B. Leong, J. L. Tekell, S. K. Brannan: The Antichrist delusion as a dangerous misidentification state. American Journal of Forensic Psychiatry (1996) 17, 55–63.

J. A. Silva, A. Dassori, G. B. Leong: The Antichrist delusion as a delusional misidentification of the self (letter). Canadian Journal of Psychiatry (1997) 42, 90.

Roy R. Reeves, Vincent Liberto: Suicide Associated With the Antichrist Delusion. Journal of Forensic Science (2006) 51(2), 411–412.

Tausendjähriges Reich

Allgemeine deutsche Biographie – Neue deutsche Biographie/Digitales Register, hrsg. von der Historischen Kommission bei der Bayerischen Akademie der Wissenschaften und der Bayerischen Staatsbibliothek. Ersch. 1875 (2001)-Moeller van den Bruck. http://daten.digitale-sammlungen.de/db/bsb00016335/image_666

Hippolytos, Kirchenschriftsteller. BBKL Band II (1990) www.bbkl.de/h/hippolytos.shtml 02. 04. 2010.

Heinz Halm: Die Fatimiden. In: *Ulrich Haarmann:* Die Geschichte der arabischen Welt. München 1991, 166–199.

Richard Landes: Eschatology. Encyclopedia Britannica. Encyclopedia Britannica 2009 Deluxe Edition. Chicago 2009.

Paula Fredriksen: Tyconius and Augustine on the Apocalypse. In: *Richard K. Emmerson* und *Bernhard McGinn:* The Apocalypse in the Middle Ages. Ithaca 1992.

Tom Holland: Millenium. Die Geburt Europas aus dem Mittelalter. Stuttgart 2009.

F. Richard Stephensen, David H. Clark, David F. Crawford: The supernova of AD 1006. Monthly Notices of the Royal Astronomical Society (1977) 180, 567–584.

Dispensionalismus

John Nelson Darby: BBKL Bd. I, Herzberg 1990. www.bbkl.de/d/darby_j_n.shtml 14.04.2010.
Paul Boyer: When Time Shall Be No More. Prophecy Belief in Modern American Culture. Cambridge 1992.
Time Magazine, 23.06.2002. www.time.com/time/covers/1101020701/books2.html
Torin Monahan: Marketing the beast: Left Behind and the apocalypse industry. Media, Culture & Society (2008) 30(6), 813–830.

Die Evangelikalen in den USA

Kenneth L. Woodard: The Way The World Ends. Newsweek 01.11.1999.
Internetauftritt von Joel Osteen: www.joelosteen.com/Pages/Index.aspx 12.01.2011

Drittes Reich (Joachim von Fiore)

E. Randolph Daniel: Joachim of Fiore. Patterns of History in the Apocalypse. In: *Richard K. Emmerson* und *Bernhard McGinn:* The Apocalypse in the Middle Ages. Ithaca 1992.
Joachim von Fiore. BBKL Bd. V, Herzberg 1993. www.bbkl.de/j/Joachim_f.shtml 08.04.2010.
Robert E. Lerner: Antichrists and Antichrist in Joachim of Fiore. Speculum (1985) 60(3), 553–570.
Marjorie Reeves: Joachim of Fiore and the Images of the Apocalypse according to St John. Journal of the Warburg and Courtauld Institutes (2001) 64, 281–295.
Marjorie Reeves: Joachim of Fiore and the prophetic future. London 1976.
Marjorie Reeves: Joachim of Fiore and the myth of the eternal evangel. Oxford 1987.

Weltende und Endzeit aus christlicher Sicht

Josef Ratzinger (Benedikt XVI): Eschatologie – Tod und ewiges Leben. Regensburg 2007.

Islam

Der Koran. Das heilige Buch des Islam. Übersetzt von Max Henning, bearbeitet von Muad Wilfried Hofmann, München 1999.
Der Koran. Übersetzt von Rudi Paret. Stuttgart 2007, 10. Auflage.
Tilman Nagel: Mohammed. Leben und Legende. München 2008.
Hans Jansen: Mohammed. Eine Biographie. München 2008.
Samuel Shahid: The Last Trumpet. A Comparative Study In Christian-Islamic Eschatology. 2005.
Barbara Stowasser: The End is Near: Minor and Major Signs of the Hour in Islamic texts and Contexts. In: Apocalypse and Violence, eds. *Abbas Amanat* and *John J. Collins*. New Haven: The Yale Center for International and Area Studies, 2004, 45–67.
William Chittick: Muslim Eschatology. In: The Oxford Handbook of Eschatology. New York 2008.
Khalil Athamina: Abraham in Islamic Perspective. Reflections on the Development of Monotheism in Pre-Islamic Arabia. Der Islam. (2004) 81, 184–205.
University of Southern California: RCC: Center For Muslim-Jewish Engagement: Resources: Religious Texts. www.usc.edu/schools/college/crcc/engagement/resources/texts/muslim/hadith/ 05. 05. 2010.

2 Weltende und Erlösung in Philosophie, Soziologie und Psychologie

Wiedertäufer

Ernst Laubach: Reformation und Täuferherrschaft. In: *Franz-Josef Jacobi* (Hg.): Geschichte der Stadt Münster. Münster 1994.
Heinz Duchhardt: Protestanten und »Sektierer« im Sozial- und Verfassungsleben der Bischofsstadt im konfessionellen Zeitalter. In: *Franz-Josef Jacobi* (Hg.): Geschichte der Stadt Münster. Münster 1994.
Norman Cohn: Apokalyptiker und Propheten im Mittelalter. Erftstadt 2007, 278 ff.

Marxismus-Leninismus

Dimitri Wolkogonov: Lenin. Utopie und Terror. Düsseldorf 1994.
Pejovich, Svetozar: After Socialism: Where Hope for Individual Liberty Lies. Journal des Economistes et des Etudes Humaines. (2001) 11(1).
Innenministerium NRW – Marxismus-Leninismus. www.im.nrw.de/sch/402.htm 03. 10. 2010.

Johannes Hirschberger: Die Geschichte der Philosophie. Köln 2007, Neuausgabe 2. Teil, 480 ff.

Juso-Bundesvorstand: Für eine Linke der Zukunft. Thesen zu jungsozialistischer Politik. Juni 2008. www.jusos.de/sites/all/themes/jusos/img/uploads/Fuer_Linke_Zukunft.pdf 12. 01. 2011.

Klaus-Georg Riegel: Marxism-Leninism as a Political Religion. Totalitarian Movements and Political Religions (2005) 6(1), 97–126.

Sozialpsychologie der Endzeitsekten

Henry Tajfel: Social psychology of intergroup relations. Annual Review of Psychology (1982) 33, 1–39.

Roy F. Baumeister, Mark R. Leary: The Need to Belong: Desire for Interpersonal Attachments as a Fundamental Human Motivation. Psychological Bulletin (1995) 117(3), 497–529.

Elliot Aronson, Thimothy D. Wilson, Robin M. Akert: Sozialpsychologie. 4. Auflage 2004, 491 ff.

Was geschieht, wenn nichts geschieht?

Leon Festinger, Henry W. Riecken, Stanley Schachter: When Prophecy Fails. 1956, London 2008, Neuauflage, 15–27.

Frederic J. Baumgartner: Longing for the End. A History of Millenialism in Western Civilisation. New York 1999, 169 ff.

Der Untergang des Abendlandes

Oswald Spengler: Der Untergang des Abendlandes. München 1999, 14. Auflage.

Samuel P. Huntington: The clash of civilisations? Foreign Affairs (1993) 72(3), 22–49.

Samuel P. Huntington: Der Kampf der Kulturen. Die Neugestaltung der Weltpolitik im 21. Jahrhundert. Hamburg 2007.

3 Weltende und Endzeit in der Wirklichkeit

Humanity+ -Transhumanist declaration. http://humanityplus.org/learn/transhumanist-declaration/ 05. 10. 2010.

Doomsday-Argument

Richard Gott III: Implications of the Copernican principle for our future prospects. Nature (1993) 363, 27. Mai, 315–319.

John Leslie: The End of the World: The Ethics and Science of Human Extinction. London 1996.

Nick Bostrom: Anthropic Bias. Observation Selection Effects in Science and Philosophy. New York, London 2002.

Die nukleare Katastrophe

Donna Miles: U. S. Declassifies Nuclear Stockpile Details to Promote Transparency. www.defense.gov/news/newsarticle.aspx?id=59004 15. 07. 2010.

Federation of American Scientists: Status of World Nuclear Forces. www.fas.org/programs/ssp/nukes/nuclearweapons/nukestatus.html 20. 10. 2010.

Samuel Glasstone (Hg.): Die Wirkungen der Kernwaffen. Köln 1964, 2. Auflage.

Carl-Friedrich von Weizsäcker (Hg.): Kriegsfolgen und Kriegsverhütung. München 1971.

Unscear 2000 Report. Vol. I: Soures and Effects of Ionizing Radiation. www.unscear.org/unscear/en/publications/2000_1.html

Theo Sommer: Das Hamburger Inferno. Die Zeit, 24. 07. 2003 www.zeit.de/2003/31/A-Gomorrha 09. 06. 2010.

William C. Bell, Cham E. Dallas: Vulnerability of populations and the urban health care systems to nuclear weapon attack – examples from four American cities. International Journal of Health Geographics (2007) 6(5).

Report of the Commission to Assess the Threat to the United States from Electromagnetic Pulse (EMP) Attack. Critical National Infrastructures. www.empcommission.org/docs/A2473-EMP_Commission-7MB.pdf 09. 06. 2010.

Alan Robock, Owen Brian Toon: Local nuclear war, global suffering. Scientific American (2010) 302, 74–81.

Alan Robock, Luke Oman, Georgiy L. Stenchikov: Nuclear winter revisited with a modern climate model and current nuclear arsenals. Still catastrophic consequences. J. Geophys. Res. (2007) 112.

Alan Robock et al.: Climatic consequences of regional nuclear conflicts. Atm. Chem. Phys. (2007) 7, 2003–2012.

Atomkrieg in der Literatur

Sara Teasdale: »There will come soft rains«. Aus der Gedichtsammlung Flame and Shadow. (Gemeinfrei) http://www.gutenberg.org/ebooks/591 17.02.2011.

Gudrun Pausewang: Die letzten Kinder von Schewenborn: oder ... sieht so unsere Zukunft aus? Neuauflage, Ravensburg 2003.

Barry Hines (Autor), *Mick Jackson* (Regissseur): Threads, Fernsehfilm, BBC, 1984.

Ökologische Katastrophe

UN-Bevölkerungsrechner: http://esa.un.org/unpp/ 26.06.2010.

Dennis Meadows: Die Grenzen des Wachstums. Stuttgart 1972.

Gunnar Heinsohn: Söhne und Weltmacht: Terror im Aufstieg und Fall der Nationen. München 2008.

Reiner Klingholz: Machen junge Männer Krieg? Gunnar Heinsohns wilde Thesen – und eine Berliner Studie zur Weltbevölkerung. Die Zeit 26.02.2004. www.zeit.de/2004/10/SM-HeinsohnKURZ 25.06.2010.

Europäische Kommission: Critical Raw Materials for the EU. Brüssel 2010. http://ec.europa.eu/enterprise/policies/raw-materials/files/docs/report_en.pdf 25.06.2010.

Rohstoffe für Zukunftstechnologien, Fraunhofer-Institut für System- und Innovationsforschung (2009). http://vg00.met.vgwort.de/na/b171edf5fa46896423833bee3207bf?l=http://publica.fraunhofer.de/eprints/urn:nbn:de:0011-n-910079.pdf 25.06.2010.

Vulkanismus

Michael R. Rampino: Super-volcanism and other geophysical processes of catastrophic import. In: *Nick Bostrom* and *Milan M. Ćirković:* Global Catastrophic Risks. Oxford 2008.

Yellowstone Volcano Observatory Science-related FAQ: http://volcanoes.usgs.gov/yvo/faqsscience.html 17.06.2010.

Robert L. Christiansen et al.: Preliminary Assessment of Volcanic and Hydrothermal Hazards in Yellowstone National Park and Vicinity. US Geological Survey. 2007 http://pubs.usgs.gov/of/2007/1071/of2007–1071.pdf 17.06.2010.

Stanley H. Ambrose: Late Pleistocene human population bottlenecks, volcanic winter, and the differention of modern humans. Journal of Human Evolution (1998) 34, 623–651.

M. Petraglia et al.: Middle Paleolithic assemblages from the Indian Subcontinent before and after the Toba Super-Eruption. Science (2007) 317, 114–116.

Daniel Garrigan et al.: Inferring Human Population Sizes, Divergence Times and Rates of Gene Flow From Mitochondrial, X and Y Chromosome Resequencing Data. Genetics (2007) 177, 2195–2207.

Liubov Vitaliena Golovanova et. al.: Significance of Ecological Factors in the Middle to Upper Paleolithic Transition. Current Anthropology (2010) 51, 655–691.

Wolfgang Behringer: Kulturgeschichte des Klimas. Von der Eiszeit bis zur globalen Erwärmung. München 2007, 212ff.

Alan Robock et al.: Did the Toba volcanic eruption of ~74 ka B.P. produce widespread glaciation? Journal of Geophysical Research (2009) 114, 9.

Alan Robock: Volcanic Eruptions and Climate. Reviews of Geophysics (2000) 38, 191–219.

Ben G. Mason, David M. Pyle, Clive Oppenheimer: The size and frequency of the largest explosive eruptions on Earth. Bulletin of Volcanology (2004) 66(8), 735–748.

Meteoriteneinschlag

Ralf Blasius, Nadja Podbregar: Armageddon. Der Einschlag. Berlin, Heidelberg, New York 2007.

Ralf Blasius, Nadja Podbregar: a.a.O., 34f.

NEO News (02/19/04) Short warning times (and how to deal with them). Spaceref – Space news as it Happens.
www.spaceref.com/news/viewsr.html?pid=11992

Clark R. Chapman: Neo Impact Scenarios. Vortrag, AIAA 2004 Planetary Defense Conference: Protecting Earth from Asteroids, Garden Grove CA. www.b612foundation.org/papers/Chapman_AIAA.pdf 23. 02. 2004 12. 01. 2011.

David Whitehouse: Earth almost put on impact alert. BBC News. news.bbc.co.uk/2/hi/science/nature/3517319.stm 24. 02. 2004 12. 01. 2011.

Steve Chesley, Paul Chodas, Don Yeomans: Asteroid 2008 TC3 Strikes Earth: Predictions and Observations Agree. (2008) http://neo.jpl.nasa.gov/news/2008tc3.html 17. 06. 2010.

Robert Roy Britt: Closest Flyby of Large Asteroid to be Naked-Eye Visible. Space.com. www.space.com/spacewatch/050204_2004_mn4.html 04. 02. 2005 18. 06. 2010.

Don Yeomans, Steve Chesley, Paul Chodas: Near-Earth Asteroid 2004 MN4 Reaches Highest Score To Date On Hazard Scale. NASA's Near Earth Object Program Office. http://neo.jpl.nasa.gov/news/news146.html 23. 12. 2004 18. 06. 2010.

Turiner Skala für das Einschlagsrisiko von Asteroiden- und Kometeneinschlägen: http://neo.jpl.nasa.gov/torino_scale.html 26. 09. 2010.

Elisabeth Pierazzo, David A. Kring, H. Jay Melosh: Hydrocode simulation of the Chicxulub impact event and the production of climatically active gases. J. Geophys. Res. 103(E12) 28607–28625.

P. Brown et al.: The flux of small near-Earth objects colliding with earth. Nature (2002) 420, 294–296.

Marc Davis, Piet Hut, Richard A. Muller: Extinction of species by periodic comet showers. Nature (1984) 313, 503–503.

Michael V. Torbett, Roman Smoluchowski: Orbital stability of the unseen solar companion linked to periodic extinction events. Nature (1984) 311, 641–642.

Robert A. Rohde, Richard A. Muller: Cycles in fossil diversity. Nature (2005) 343, 208–209.

Richard B. Firestone et al.: Evidence for an extraterrestrial impact 12,900 years ago that contributed to the megafaunal extinctions and the Younger Dryas cooling. Proceedings of the National Academy of Sciences of the USA (2007)104, 16016–16021.

Vance T. Holliday and David J. Meltzer: The 12.9-ka ET Impact Hypothesis and North American Paleoindians. Current Anthropology (2010) 51, 575–607.

Weltende durch Naturkatastrophen in der Literatur

George Gordon: »Darkness.« The Norton Anthology of English Literature. *Stephen Greenblatt.* 8. Auflage. Band D. New York, London 2006, 614–6.

Armageddon – der Einschlag, zweiteiliger Fernsehfilm, ZDF. Erstsendung: 25. 09. 2007 und 02. 10. 2007. http://www.zdf.de/ZDFde/inhalt/7/0,1872,7002599,00.html 17. 02. 2011.

Cormac McCarthy: Die Straße. Reinbek 2007.

Gemischte Weltuntergänge

Douglas Galante, Jorge Ernesto Horvath: Biological effects of gamma-ray bursts: distances for severe damage on the biota. International Journal of Astrobiology (2007) 6(1), 19–26.

Arnon Dar: Influence of Supernovae, gamma-ray bursts, solar flares, and cosmic rays on the terrestrial environment. In: *Nick Bostrom* and *Milan M. Cirkovic:* Global Catastrophic Risks. Oxford, New York 2008.

Brian C. Thomas et al.: Terrestrial Ozone Depletion Due to a Milky Way Gamma-Ray Burst. Astrophys. J. (2005) 622, L153-L156.

Arnon Dar, A. De Rújula: The threat to life from Eta Carinae and Gamma-Ray bursts. In: International School of Space Science – 2001 Course on: Astrophysics and Gamma Ray Physics in Space (eds. *A. Morselli* and *P. Picozza*), Frascati Physics Series Vol. XXIV 2002, 513–523.
A. Melott et al.: Did a gamma-ray burst initiate the late Ordovician mass extinction? International Journal of Astrobiology (2004) 3, 55.
Brian C. Thomas, Michelle D. Honeyman: Amphibian: Nitrate Stress as an Additional Terrestrial Threat from Astrophysical Ionizing Radiation Events? Astrobiology (2008) 8(4), 731–733.
Adrian L. Melott, Brian C. Thomas: Late Ordovician geographic patterns of extinction compared with simulations of astrophysical ionizing radiation damage. Paleobiology (2009) 35(3), 311–320.
Brian C. Thomas et al.: Superluminous Supernovae: No Threat from η Carinae. Astrobiology (2008) 8(1), 9–16.
Paul Davies: Das Ende des Universums könnte rascher kommen, als wir glauben. Die Zeit Online 31. 01. 1997. www.zeit.de/1997/06/titel.txt.19970131.xml 27. 06. 2010.
Michael S. Turner, Frank Wilczek: Is our vacuum metastable? Nature (1982) 298, 633–634.
Frank Wilczek: Big troubles, imagined and real. In: *Nick Bostrom* and *Milan M. Cirkovic:* Global Catastrophic Risks. Oxford, New York 2008.
Sidney Coleman, Frank De Luccia: Gravitational effects on and of Vacuum Decay. Physical Review (1980) 21(12), 3305–3315.
CERN – The Large Hadron Collider. http://public.web.cern.ch/public/en/LHC/LHC-en.html 12. 01. 2011.
Gregor Patorski: CERN-Versuch. »Größtes Verbrechen der Menschheit«. 20 Minuten Online. www.20min.ch/news/story/24668213 26. 06. 2008 12. 01. 2011
Komitee für Elementarteilchenphysik: Die Erde wird nicht durch Schwarze Löcher verschlungen. Stellungnahme des KET zu den Behauptungen von Prof. Otto Rössler. www.ketweb.de/stellungnahmen/20080730_Stellungnahme_zu_den_Behauptungen_von_Prof_Otto_Roessler.pdf 12. 01. 2011
Jonathan Leake: Don't talk to aliens, warns Stephen Hawking. The Sunday Times. 25. 04. 2010. www.timesonline.co.uk/tol/news/science/space/article 7107207.ece 17. 02. 2011.
Christoph Titz: Warnung von Astrophysiker Hawking. Sprecht bloß nicht mit den Aliens! SPIEGEL Online. 25. 04. 2010. www.spiegel.de/wissenschaft/weltall/0,1518,691115,00.html 17. 02. 2011.
Harry Deutsch: Relative Identity. Stanford Encyclopedia of Philosophy. http://plato.stanford.edu/entries/identity-relative/ 29. 06. 2010.
Bill Joy: Why the future doesn't need us. Wired Magazine April 2000 www.wired.com/wired/archive/8.04/joy_pr.html 07. 10. 2010.

Stephen Hawking: Mankind must colonise space or die out. Guardian.co.uk 09. 08. 2010. www.guardian.co.uk/science/2010/aug/09/stephen-hawking-human-race-colonise-space 07. 10. 2010.

Das wahrscheinliche Ende des Universums

J. B. S. Haldane: The Inequality of Man & other Essays. London 1932, Pelican 1937, 143, zitiert nach: *David Dowling:* Fictions of Nuclear Disaster. London 1987, 23

Ulrich Kutschera: Evolutionsbiologie, Stuttgart 2008.

K.-P. Schröder, Robert Connon Smith: Distant future of the Sun and Earth revisited. Monthly Notices of the Royal Astronomical Society (2008) 386(1), 155–163.

Günther Hasinger: Das Schicksal des Universums. Eine Reise vom Anfang zum Ende. München 2009, 2. Auflage.

Register